정보통신행정연구소 연구총서	3
방송통신 정책과 조직	

한국 방송통신위원회와 미국 연방통신위원회(FCC)에 대한 비교법적 연구

지 성 우

도서출판 대영문화사

발간사

디지털 융합 시대의 도래를 준비하기 위해 방송통신위원회가 출범한 지 4년이 지났다. 그러나 아이폰 쇼크로 대변되는 방송·통신·인터넷 부문의 침체와 미디어법의 통과에 따른 논란은 디지털 융합 시대의 바람직한 방송통신 정책 담당 정부조직과 정책 방향에 대한 논의를 촉발하고 있다. 이러한 논의들에 대한 이해와 바람직한 결론 도출에 필요한 기초 정보들을 담는 작업으로서, 서울대학교 행정대학원 정보통신행정연구소는 <방송통신 정책과 조직>이라는 연구총서 시리즈를 발간하게 되었다.

이 연구총서 시리즈는 디지털 융합환경에서 방송통신 정책과 쟁점들에 대한 전문가 박상인 외 다섯 명의 논의를 묶은 제1권 『방송통신 정책과 쟁점』, 방송통신위원회, 미국 연방통신위원회(FCC), 캐나다 방송통신위원회(CRTC)의 심의 및 의결 과정을 다룬 방송통신위원회 김정태 과장의 제2권 『한국, 미국, 캐나다 3개국의 방송통신 주무기관 비교 연구』, 그리고 방송통신위원회 설립의 준거틀로 고려되었던 미국 연방통신위원회와 방송통신위원회의 조직과 권한에 대해 비교법적 관점에서의 연구인 지성우 교수의 제3권 『한국의 방송통신위원회와 미국 연방통신위원회(FCC)에 대한 비교법적 연구』 등 세 권의 책으로 구성되었다. 연구총서가 적시에 출간될 수 있도록 열과 성을 다해 주신 집필자분들께 다시 한 번 감사드린다.

<방송통신 정책과 조직> 연구총서 시리즈가 출간되기까지 많은 분의 도움이 있었다. 정보통신행정연구소의 최슬기 조교와 서울대학교 행정대학원

박사과정의 장경아 씨가 저자들과 대영문화사 사이에서 연구총서 작업의 연결 고리 역할을 성실히 수행해 주었다. 또한 연구총서 시리즈의 출판을 흔쾌히 수락해 주신 대영문화사의 임춘환 사장님과 실무 책임자로 노고를 아끼지 않은 정재훈 과장님의 도움이 없었다면 적시에 출간이 불가능했을 것이다. 아울러 원고의 수정과 편집을 도와 준 대영문화사의 편집부에도 지면으로나마 감사의 말씀을 드린다.

끝으로, 많은 분의 수고와 도움으로 출간하게 된 <방송통신 정책과 조직> 연구총서 시리즈가 디지털 융합 시대의 바람직한 방송통신 정부조직과 정책 방향에 대한 실마리가 될 수 있기를 기대한다.

2011년 12월

박상인
서울대학교 행정대학원 교수
정보통신행정연구소 소장

머리말

우리 헌법상 표현의 자유는 민주 체제에서 불가결한 본질적 요소이며, 사회구성원이 자신의 사상과 의견을 자유롭게 표현할 수 있도록 하기 위한 민주사회의 토대이다. 만일 사상의 자유로운 교환을 위한 열린 공간이 확보되지 않는다면 민주정치는 결코 기대할 수 없기 때문에 표현의 자유는 다른 기본권들보다도 훨씬 강한 보호를 받아왔다.

표현의 자유가 본격적으로 논의되기 시작한 지난 수백 년 동안 사상과 의견을 표현하고 교환하는 주된 매체는 단순한 인쇄물에서 신문·라디오·TV방송·인터넷 등으로 진화해 왔다. 그동안 세계 각국에서 표현의 자유 법리는 표현 매체의 기술적 진화에 대한 인식과 반응을 수용하여 자율과 규제를 병행하며 변화해 왔다.

최근 인터넷상 전자게시판, 블로그(blog), SNS, Web TV 등에 의한 표현의 자유가 확산되면서 방송과 통신으로 양분되었던 전통적인 미디어의 구분이 더 이상 유효하지 않은 제3의 중간 영역, 즉 개인 통신의 성격을 가지는 방송 유형과 기존의 매스미디어에 버금가는 사회적 영향력을 가지는 통신 유형이 발생하게 되었다. '방송·통신의 융합'은 이렇게 현재의 경제 섹터들 간 기술적·경제적 경계가 모호해지는 현상을 말하며, 네트워크·서비스·기업조직 등 세 가지 측면에서 진행된다고 한다.

향후 미디어 관련 기술의 발전으로 인해 표현 매체의 진화와 새로운 매체의 등장은 지속적으로 진행될 것이다. 따라서 새로운 매체에 의한 표현의 자유의 표출 양식을 기존의 법리로, 더욱이 특정한 의도를 가지고 제한하는 것은 바람직하지 못하며, 가능하지도 않다는 것이 과거로부터의 경험이다. 이러한 의미에서 보면 표현의 자유의 헌법적 보장이라는 근본적인 취지에 기초하여 끊임없이 진화하는 매체의 기술적 특성을 신속·정확하게 수용할 수 있도록 합리적인 범위 내에서 규범의 논리적 일관성과 유연성을 유지할 수 있도록 하는 것이 현대 헌법학에 부여된 새로운 과제일 것이다.

헌법학자인 본인이 표현의 자유, 그 중에서도 특히 방송과 통신 영역에 관심을 가지게 된 기회는 너무도 우연히 찾아왔다. 법과대학원을 졸업하고 입대한 군생활 중 전혀 예상치 못했던 정훈 특기를 부여받아 3년간 신문과 방송을 제작하고 신문사·방송사 관련 업무를 처리하면서 매스미디어의 매력에 빠졌었다. 전역 후 독일 유학을 준비하던 1998년 '방송·통신의 융합'이라는 현상을 접하고 새로운 제3의 기본권 체계를 구축할 수도 있겠다는 희망을 가졌다. 독일의 리델(Eibe Riedel) 교수님 역시 첫 만남에서 흔쾌히 이 주제를 받아들이셨다. 그 후 몇 년간 표현의 자유에 대한 기초 이론과 방송·통신 제도 및 세계 각국의 규제·정책의 문제에 대해 다양한 주제로 공부할 수 있는 기회를 가지게 되었다.

귀국 후 방송·통신 융합의 문제가 본격화되면서 방송위원회, 정보통신부, 정보통신정책연구원, 방송·통신 관련 사업자, 관련 단체들과 다양한 협의를 통해 관련 분야에서 이해의 폭을 넓힐 수 있었고, 1년여의 방송위원회 연구위원 재직 기간 중에는 정책·규제기관에서의 실무를 경험할 수 있게 되었다. 대학에 부임한 이후에도 주로 표현의 자유 관련 이론을 계속 공부하고 있지만 그야말로 자고나면 새로운 기술과 이슈가 제기되기 때문에 잠시도 방심할 수 없는 일상이다.

미디어 분야는 물론이고 다른 헌법 분야에서도 평소 '이론적 측면이나 원칙은 양보할 수 없지만, 제도의 문제는 해당 국가의 사회적 환경과 시대 가치에 따라 매우 탄력적인 것'이라고 배워 왔다. 시대를 관통하는 헌법 원칙, 인간의 자유와 존엄에 대한 보편적 가치 등에 대해서는 양보할 수 없지만 제도, 특히 정부조직의 문제는 시대와 정치적·경제적 상황에 따라 변화할 수 있는 것이므로 입법자는 국민들의 자유와 복지가 실현될 수 있는 최적의 제도를 창설·운영할 수 있다.

미디어 분야의 정책·규제기구는 현재 방송통신위원회로 거의 일원화되어 있다. 이번 정부에서는 다양한 장점에도 불구하고 1980년대 후반 이후

'민주화운동의 결정체(結晶體)인 방송위원회'와 '정보통신정책의 선구자(先驅者)인 정보통신부'를 해체하고 방송통신위원회로 통합했다. 현재는 하드웨어적인 통합은 이루어졌으나 미디어 분야에서의 법제도가 통합되지 않은 어정쩡한 형태로 운영되고 있다. 매스미디어적 · 정치적 속성이 강한 방송 분야와 개인적 · 경제적 목표를 추구하는 통신 영역을 아우르는 것은 이론적으로는 매우 바람직하지만 실제로는 조직의 운영 원리와 목표가 양분되는 문제점이 있을 것이라는 점은 제도 창설 이전부터 지적되었다.

몇 년 전 국민들은 제2의 금융위기를 경험하면서 경제적 위기를 하루속히 극복할 수 있는 비전을 제시할 수 있는 정부조직을 원했고, 급증하는 융합형 미디어들에 대한 효율적인 규제 체계의 대응 방안 중 하나로 양 기관을 통합한 회의체적 정부 형태가 창안되었다. 사실 미디어 정책기관을 방송통신위원회로 통합하는 방안은 이미 노무현 정부에서 정부 · 학계 · 산업계 등 수십 명의 전문가로 구성 · 운영되었던 국무총리 자문기구인 '방송통신융합추진위원회'에서의 다수안이었다. 물론 대통령 직속기구, 위원장의 권한 확대 등 원안과 핵심적인 몇 가지 부분에서 아주 다른 모습이 된 점도 없지 않으나 상당 부분 당시의 안대로 설치 · 운영되고 있다. 당시 전문위원으로 융합추진위원회의 최종보고서안 작성에 의견을 개진했던 필자 역시 '이론적인 부분은 차치하고 설마 정말로 양 기관을 통합할 수 있을까? 너무 많은 문제점이 일시에 노정(露呈)되지 않을까?' 하고 생각했었기 때문에 오랜 논의의 결과물이었음에도 불구하고 당장 실현가능성이 높다고는 생각하지 않았다. 하지만 그 후 2008년 정부 출범 초기 작은 정부의 필요성과 아울러 부처 간의 다양한 이해관계가 대립하는 복잡한 상황이 전개되면서 매우 신속하게 조직이 통합되었다.

방송통신위원회는 창설 이후 표현의 자유와 경제적 자유라는 상이한 가치관 중 후자를 우선한다는 등 다양한 비판에 직면하고 있고, 학계, 정 · 관계, 시민단체에서 모두 차기 정부에서는 방송통신위원회를 어떤 식으로든 개편해야 한다는 의견을 개진하고 있다.

방송통신위원회가 현재의 모습으로는 방송통신 분야를 아우르는 미디어 분야 전반을 관할하기에는 무리라고 하지만 이것이 본질적으로 우리나라에 미국의 연방통신위원회(FCC)와 같은 회의체적 구조의 정부조직이 적합하지 않은 문화적 환경 때문인지, 아니면 외국의 제도를 잘못 도입한 것인지에 대해서는 별다른 논의를 하지 않고 있는 것은 매우 유감스러운 일이다.

또한 조직개편의 필요성을 제기하는 견해들을 검토해 보면 변경의 이유를 모두 표현의 자유라는 관점 또는 경제적 관점 중 어느 한쪽에서만 바라보고 있다는 느낌을 지울 수가 없다. 정부조직의 합리적인 개편을 위해서는 표현의 자유를 최대한 보장하면서도 방송통신에 대한 통합기구를 설립해야 한다고 보았던 본래의 이유, 즉 정보통신 기술의 발전은 필연적으로 미디어와 관련될 수밖에 없다는 엄연한 현실을 유효적절하게 규제할 수 있는 규범과 조직을 창설할 것인지에 대해 다시 한 번 차분히 논의해 보아야 할 필요가 있다.

이 책은 이러한 문제점, 즉 현재의 방송통신위원회와 이 조직의 모델이 되었던 FCC의 조직·운영 원리·운영 실태 등에 대해 비교법적 측면에서 분석하고 있다. 집필을 시작했을 때 이미 정부조직의 개편 필요성이 강하게 주장되기 시작했으므로 혹여 무위(無爲)의 연구를 하는 것이 아닐까라는 생각도 해보았다. 하지만 막상 차기 정부에서 조직이 개편되고 나면 관련 자료를 수집하기가 불가능한 점, 방송통신위원회에 대해 법학적 차원에서 전면적인 학문적 검토가 거의 없었던 점, 향후 조직개편 시 현재의 구조에 대한 문제점 파악을 위한 기초 자료로서의 활용가능성 등을 다양하게 고려하여 저술했다.

방송통신위원회를 구성할 때 미국 연방통신위원회(FCC)의 조직과 기능을 참고했기 때문에 양 기관을 비교하는 데에는 별반 무리가 없을 것이라고 보았다. 하지만, 막상 상세히 검토해 보니 조직·법적 성격·인력·기능 등에서 양자는 많은 차이가 있었고, 시간의 제약으로 인해 예상보다는 쉽지 않은 작업이었음을 고려하더라도 능력이 일천하여 부족한 부분이 한두 군데가 아니다. 향후에도 많은 보완이 이루어질 수 있도록 질정(叱正)을 바라마지 않는다.

헌법과 언론법 분야에서 초석을 다진 선배 학자님들의 업적이 이 책의 든든한 바탕이 되었다. 언론법학회의 원우현, 김진홍, 유일상, 권영설, 한위수 고문님들과 성낙인 공법학회 고문님, 박용상 변호사님, 박선영, 문재완, 김종철, 이인호, 이승선, 이재진 교수님들과 같은 언론법의 선구자분들께 입은 학문적 은혜가 너무 크다. 특히 정재황 현 언론법학회 회장님의 도움이 컸다.

이 책이 출간될 수 있도록 물심양면으로 도와 주신 서울대 행정대학원 박상인 교수님과 커다란 인내심으로 기다려 주신 대영문화사의 임춘환 사장님을 비롯한 정재훈 과장님, 편집부 선생님들께 깊이 감사드린다.

이 책에서 제시된 이론의 대부분은 필자가 방송위원회와 단국대학교에 재직하던 시절부터 차곡차곡 정리한 것이다. 한국의 미디어 정책을 현장에서 체험할 수 있는 소중한 기회를 주신 2기 방송위원회의 노성대 위원장님, 이효성 부위원장님, 성유보, 양휘부, 박준영 위원님들께 감사드린다. 또한 학문적 토대를 구축할 수 있도록 훌륭한 연구환경을 만들어 주신 단국대학교 장호성 총장님과 강재철 부총장님, 김석현, 조성용 교수님을 비롯한 동료 교직원들의 배려를 잊을 수 없다. 미디어센터장으로 잠시 인연을 같이 했던 단국대 신문사·방송사의 학생 기자들과 켜켜이 쌓은 정과 그리움이 늦은 시간까지 연구실을 지킬 수 있는 힘이 되었다. 그리고 성균관대 법학전문대학원의 발전을 위해 불철주야 애쓰시는 손기식 원장님, 박광민, 정재황 부원장님들, 학문의 길의 동반자로서 인생을 밝혀 주는 조언을 해주시는 성재호, 김성돈, 김민호, 김일환, 이진기, 김연미 교수님들께도 감사드린다. 또한 고경화, 정선화, 최하경 조교들은 부족한 원고의 교정을 위해 많은 애를 써주었다. 모두의 학문적 대성을 빈다.

자식들을 위해 한평생 새벽기도를 마다하지 않으시는 부모님들과 아내, 혜민, 혜린, 현배 세 아이들에게는 함께하는 시간을 많이 가지지 못해 항상 미안하고 고마운 마음을 가지고 있다. 늘 '자랑스럽고 가정과 사회에서 존중받을 수 있는' 자식·남편·아빠가 되겠다고 다짐하곤 한다.

20여 년간 한결같이 변함없는 믿음과 교훈으로 부족한 제자들의 앞길을 살펴주시는 고(故) 문홍주 교수님, 김영수 교수님, 리델(Eibe Riedel) 교수님, 김형성 교수님의 학은에 머리 숙여 깊은 감사드리며 이 책을 스승님들께 바친다.

2011년 12월
명륜동 연구실에서
지성우

차 례

제1장 서 론

현행 헌법 제21조에서 규정하고 있는 언론·출판의 자유는 현대 민주주의 국가의 존립과 발전에 필수불가결한 기본권으로서, 대다수 자유민주주의 국가의 헌법에서는 이를 중요한 기본권의 하나로 보장하고 있다.[1] 언론의 자유는 단순히 국민 개개인의 '주관적 공권'으로서의 측면뿐만 아니라 정보의 전달 과정에서 핵심적인 역할을 하고 있는 '제도적 보장'으로서의 성격을 가진다.[2] 이러한 언론·출판의 자유는 그 매체적 속성을 기준으로

1) 헌재 1991.9.16. 89헌마165; 헌재 1998.4.30. 95헌가16; 한국헌법학회(2007), 『헌법주석서』, 법제처, 630-634면; 성낙인(2011), 『헌법학』, 법문사, 518-519면; 정재황(2010), 『신헌법입문』, 박영사, 347-366면; 정종섭(2011), 『헌법학원론』, 박영사, 581-604면; 김백유(2010), 『헌법학(II)』, 조은, 512-567; 한수웅(2011), 『헌법학』, 법문사, 700-738면; 문재완(2008), 『언론법』, 늘봄, 26-34면; Stern, Klaus(2006), *Das Staatsrecht der Bundesrepublik Deutschland Bd. IV/I*, München: C.H.Beck, §109f.; Isensee, Joseph & Kirchhof, Paul(2001), *Handbuch des Staatsrechts der Bundesrepublik Deutschland Bd. IV*, C.F.Müller: Karlsruhe, §141f. 미국에서 표현의 자유에 관한 논의는 Sarat, Austin(2010), *Speech and Silence in American Law*, New York: Cambridge University Press, pp. 143-172; Fraleigh, Douglas M. & Tuman, Joseph S.(2011), *Freedom of Expression in the Marketplace of Ideas*, Thousand Oaks: Sage 등을 참조. 또한 미국에서의 표현의 자유의 역사적 전개에 대해서는 박지웅·이지은(역)(2007), 『우리가 싫어하는 생각을 위한 자유』, 간장[원저: Lewis, Anthony(2007), *Freedom for the Thought That We Hate: a Biography of the First Amendment*, New York: Basic Books]을 참조.

2) 제도적 보장이라 함은 정당제도, 선거제도, 공무원제도, 지방자치제도, 교육제도, 대학자

출판·신문·방송 등으로 분화되어, 같은 언론·출판의 자유라 할지라도 각기 상이한 규제 원리가 적용되어 왔다.

반면, '통신'은 양방향성을 가지고 소수의 선택된 참여자들 간에 음성 및 데이터 정보를 송·수신하는 것으로서, 통신의 자유는 시장 원리와 효율성을 바탕으로 하는 경제적·산업적 측면과 송·수신자 간의 개인 정보 보호가 강조된다.[3] 이러한 통신의 특성에 근거하여 통신 관련 법제는 통신의 비밀 보호 등의 이용자 보호, 기술 및 독과점 규제, 공정경쟁 환경 조성 등을 위한 정책과 아울러 통신 인프라 구축을 통한 원활한 통신 서비스 이용을 목표로 규범화되어 있다.

종래 언론·출판의 자유와 통신의 자유는 전혀 이질적인 매체를 통해 전달되는 것으로서 전자는 매스미디어적 속성을, 후자는 개인적 정보 전달 매개체로서의 속성을 지니는 것으로 인식되어 왔고, 이에 따라 양자에 적용되는 법리 역시 현격한 차이가 있었다. 이러한 이원론적 접근법에 의해 헌법상 언론의 자유에 근거를 둔 언론 관계 법제는 각국에서 종래 「출판법」, 「신문법」, 「인쇄 및 시청각 매체법」, 「커뮤니케이션법」, 「시청각 커뮤니케이션법」, 「미디어법」 등의 명칭으로, 통신 관련 법제는 「통신법」, 「정보통신법」, 「전기통신법」 등으로 명명되면서 각기 다른 방향으로 발전해 왔다.

그러나 네트워크, 서비스, 단말기, 산업 등이 융합되어 고유한 매체적 속성과 함께 다른 매체의 속성을 공유하는 서비스, 가령 인터넷을 통한 신문 서비스, 방송과 통신의 양면성을 가지는 방송·통신 융합형 서비스 등 기존의 언론·출판이나 통신의 유형에 속하지 않는 새로운 서비스들이 등장하면서부터 수직적인 서비스 분류 제도나 법제의 변화가 불가피하게 되었다. 이러한 사회 현실의 변화로 인해 그간 각기 다른 헌법적 원리에 의해

치제도, 군사제도, 사유재산제, 가족제도 등 국가 존립의 기반이 되는 일정한 제도를 헌법의 수준에서 보장함으로써 당해 제도의 본질을 유지하려는 것을 말한다. 상기한 자유권을 제도적으로 보장한다는 것은 이를 통해 헌법적 차원에서 일정한 제도의 창설을 보장하고 입법부가 임의적으로 그 제도를 폐지하거나 본질을 훼손할 수 없도록 구속을 받게 한다는 데 그 의의가 있다. 상세한 사항은 김형성(2005), 『헌법학』, 일진사, 209-215면; 권영성(2011), 『헌법학원론』, 박영사, 187-190면 참조.

3) 통신의 자유와 사생활의 보장에 대해서는 정종섭(2011), 앞의 책, 602-653면 참조.

규율되던 언론·출판과 통신 영역이 「언론정보법」 또는 「커뮤니케이션법」[4]으로 확대·발전되고 있다.

어떠한 명칭이든 간에 미디어(관련)법이 안고 있는 많은 문제점 중 가장 시급히 개선되어야 할 점은 방송과 통신의 개념적 구별과 아울러 급변하는 신기술에 의해 새로이 등장하는 여러 가지 매체에 대한 규제 방식과 규제의 수준을 정하는 문제이다. 현재 네트워크 기술의 발전에 기반한 방송과 통신의 융합에 따라 방송과 통신 어느 쪽에도 속하는 것으로 획정하기 어려운 경계 영역의 서비스가 속속 출현하고 있는데, 이러한 서비스를 어떤 기준으로 구분하고, 개념 규정할 것인지의 문제가 시급한 법제적 과제가 되고 있기 때문이다.

최근 기술적인 측면에서 매체별 경계가 무너지고 기존의 개인 통신과 매스미디어로서의 방송, 양자의 성격을 모두 가진 융합형 서비스들이 등장하고 있다. 이에 따라 기업 간·매체 간의 자유로운 경쟁을 유도하고 정보 이용자가 자율적·능동적으로 정보를 선택·형성할 수 있도록 하기 위해 세계 각국에서는 고전적인 방송과 통신의 개념과 중간적 영역에 속하는 미디어들의 개념을 유형화하고 이에 적합한 규제 수준을 정하려는 다양한 시도를 하고 있다.[5]

방송·통신의 융합이라고 일컬어지는 매체 간의 융합 현상은 그 언어적 표현이 융합일 뿐, 상호 화학적으로 융합하여 제3의 매체를 탄생시키거나 이로 인해 현재까지 구축되어 있는 기본권 체계와 부합하지 않는 전혀 새로운 개념의 기본권이 출현하는 것이 아니다. 융합이란 방송의 자유권과 통신의 자유권 양자가 확장되면서 중간적 영역으로 수렴 내지 중첩되어 물리적으로 결합하는 개념이므로 전통적인 의미에서 방송과 통신의 기본권적 속성이나 규제철학은 변화하지 않을 것이다.

이렇게 헌법적 차원에서는 제3의 기본권 개념 창출이 불가능함에도 불구

4) 여기서 '커뮤니케이션'이라 함은 통신 등의 '개인커뮤니케이션'과 신문·방송 등 '사회적 커뮤니케이션(소위 매스커뮤니케이션)' 양자를 포괄하는 개념이다.

5) 이에 대해서는 많은 문헌이 있으나 대표적으로 김국진(2007a), 『방송통신 융합의 이해(개정판)』, 나남 참조.

하고 현실적으로 방송과 통신의 속성을 모두 가지는 매체가 계속 등장하는 추세에 있으며, 향후 산업적으로는 전통적인 의미에서의 방송과 통신 영역은 점점 축소되고 융합 영역이 확장될 것이다. 이러한 융합 영역을 규제하기 위해 헌법상의 기본권 체계를 유지하면서 방송 영역에서는 공공성의 기준을 일부 하향 조정하는 한편, 통신 영역에서는 사업성을 일부 포기하는 방향으로 규제철학을 정립해 나가야 한다. 또한 단일기관형을 채택하든 분리형을 채택하든 방송의 공공성과 통신의 경제성을 조화시킬 수 있는 미디어 서비스 분류 체계를 완비해야 할 것이다.

이와 아울러 미디어법의 또 한 가지 중요한 과제는 다양한 정책 과제들을 면밀하게 계획하고 추진할 수 있는 기구의 조직과 권한의 적정한 범위를 설정하는 것이다.

가장 이상적인 것은 방송정책기구와 통신정책기구가 서로 협력하여 시장 질서를 유지하면서 조화롭게 발전할 수 있도록 하는 것이다. 하지만 과거 방송과 통신의 정책기관이 각각 방송위원회와 정보통신부로 구분되어 방송과 통신의 개념에 대한 소모적인 논쟁을 계속한 전례가 있다.

이러한 문제점을 해결하기 위해 노무현 정부에서 조직되었던 '방송통신융합추진위원회'에서는 방송위원회와 정보통신부를 해체하고 독립된 위원회를 설치하라고 의견을 개진한 바 있으며, 이 건의를 수용하여 지난 2008년 이명박 정부는 방송위원회와 정보통신부를 방송통신위원회(이하 '방통위')로 통합했다.[6] 현정부에서 신설된 방통위는 방송 · 통신 융합의 다양한 정책을 시행할 정책 · 규제기관으로 사회적 합의의 중요성을 고려하여 독임제 정부부처 형태를 지양하고 회의제 형태로 구성 · 운영되고 있다.[7]

---

6) (구)방송위원회는 1987.11.28. 법률 제3978호로 제정된 「방송법」에 의거, 1988년 8월 3일 신설되어 1999년 소위 통합방송법 체제를 거쳐 현행 방통위 출범 직전인 2008년 3월까지 존속했으며, 방통위의 출범과 함께 해체되었다. 또한 정보통신부는 1948년 정부 수립과 함께 체신부로 발족하여, 1994년 「정부조직법」 개정 시에 정보통신부로 개편되어 21세기 정보화사회에 능동적으로 대처하고 정보통신산업을 집중 육성하는 역할을 하다가 지난 2008년 「정부조직법」이 일부 개정됨에 따라 방송위원회와 함께 폐지되고 대통령 소속의 방통위로 개편되었다.

7) 방송 · 통신 융합에 대비한 규제기구의 정비 필요성에 대해서는 김동욱(1999), "통신방송

그러나 이렇게 방송·통신 융합 현상에 대응하기 위해 관할 범위가 다른 방송위원회와 정보통신부를 폐지하고 방통위로 일원화했음에도 불구하고 방송 분야에서는 방송의 공공성이 상당 부문 희석되었으며, 통신 분야에서는 IT산업의 견인차가 사라짐으로써 통합의 시너지 효과보다는 부작용이 더욱 크다는 문제점이 강하게 지적되었다. 이러한 주장에 의하면 IT산업의 추진체 역할을 할 기관이 필요하므로 IT산업 분야의 발전을 견인할 수 있는 정부부처를 다시 설립해야 한다.[8]

반대로 방통위를 폐지하고 (구)정보통신부를 부활하거나 IT와 미디어 분

융합에 대응하는 방송통신위원회의 설계에 관한 연구", 「한국정책학보」 제8권 제2호, 205-230면; 김동욱(2009), "융합과 경쟁 환경에서의 방송통신 규제정책", *Telecommunications Review* 제19권 제1호, 40-50면; 김국진(2007b), "방송통신위원회 논의의 한계와 개선 방안", 「방송문화연구」 제15권 제1호, 9-34면. 방송통신 분야 정책·규제기구의 통합 과정에 대해서는 지성우(2008a), "방송·통신 융합에 따른 행정기구 개편 과정의 회고와 전망", 「성균관법학」 제20권 제1호, 35-63면 참조. 통합 후의 문제점에 대해서는 윤석민·이현우(2008), "이명박 정부 하의 방송통신 정책결정 체계 재편과 방송정책의 변화 방향", 「방송문화연구」 제20권 제1호, 35-68면; 최우정(2008), "'방송통신위원회 설치 및 운영에 관한 법률'에 대한 법리적 문제점에 관한 연구: 공영방송을 중심으로", 「방송문화연구」 제20권 제1호, 187-218면; 김대식(2008), "<방송통신위원회> 시대의 방송정책과제에 관한 연구: 규제기구의 법리적 문제를 중심으로", 「방송연구」 제66호, 23-47면; 박상원(2009), "방송통신위원회 조직 출범에 대한 조직 형성 과정 분석: 김대중 정부와 노무현 정부의 논의 과정 비교를 중심으로", 「국가정책연구」 제23권 제3호, 115-163면; 김대규(2010), 『방송위원회와 정보통신부의 통합과정 사례연구』, 석사학위논문(서울대); 김대규·윤석민(2010), "방송위원회와 정보통신부의 통합 과정: 인사와 조직문화를 중심으로", 「한국방송학보」 제24-3호, 50-97면.

8) 최근 바른 과학기술사회 실현을 위한 국민연합(이하 '과실연')은 차기 정부에서는 방통위를 폐지하고 ICT정책을 일관성 있게 추진할 수 있는 정부부처로 '정보미디어부(가칭)'를 신설해야 한다고 주장했다. 과실연은 미래 예측을 바탕으로 국가 발전 방향을 정립한다는 기조 아래 파격적인 정부조직안을 제시했다. 과실연의 정부조직안은 크게 정보통신기술(ICT)·과학기술·혁신 관련 부처로 나뉜다. 정부·방송·ICT 관련 부처조직에서 가장 큰 변화는 정보미디어부의 신설이다. 과실연에 의하면 정보미디어부는 현 정부 우선순위에서 밀린 정보화 시대를 뛰어넘는 산업과 기술을 총괄하며 현재와 미래 먹을거리, 성장 동력을 마련한다는 취지에서 신설되어야 한다고 주장한다. 이에 의하면 정보미디어부(가칭)는 현 정부에서 방통위, 지식경제부, 문화체육관광부에서 담당했던 업무를 흡수하게 된다. 디지털산업 육성, 방송통신정책 수립, 방송통신사업자 허가·육성, 방송통신발전기금 조성·운용, 우정사업, 주파수관리, 국가정보화, 인터넷 역기능 방지 등이 주요 기능이다. 한편, 현 방통위는 공공방송위원회로 축소 변경돼 방송편성과 내용규제 등을 담당하게 된다(전자신문, 2011.12.21. 참조).

야를 통할하는 '정보미디어부'를 조직하는 것은 적합하지 않으며, 오히려 산업 진흥 기능은 다른 정부부처로 이관하고 방통위를 미국의 연방통신위원회(Federal Communications Commission, 이하 FCC)나 한국의 공정거래위원회와 유사하게 전문 규제기관 또는 정책·규제를 아우르는 회의제 조직으로 전환해야 한다는 반론도 제기되고 있다.9)

어떠한 견해에 의하건 현재 학계에서는 방송·통신 융합 현상에 대비하기 위해 통합된 현재의 방통위 조직이 독립적·효율적으로 운영되지 못하고 있다는 데 대체로 동의하고 있는 듯하다.10) 차기 정부에서는 이러한 점을 고려해 방송과 통신 본래의 개념과 역할에 상응하게 함으로써 방송의 공공성과 통신의 산업성이라는 정책 목표를 동시에 달성할 수 있도록 최적의 정부조직 개편이 이뤄져야 할 것이다.

이 책에서는 단기적으로는 향후 바람직한 정부의 조직 개편 방향은 물론이고, 장기적인 차원에서 IT·미디어 분야의 정책·규제의 기본 이념에 대해 학문적인 차원에서 시론적으로 논의했다.

구체적으로는 '방송'과 '통신'의 헌법적·단행법적 개념과 융합으로 인한 정책·규제기구 개편의 당위성과 아울러 방통위의 조직 모델이 되었던 미국의 FCC와 현재의 방통위를 비교해 양자 간의 공통점과 차이점을 규명했다. 이를 위해 한국의 방통위와 미국의 정책·규제기관인 FCC의 연혁, 조직, 예산, 권한, 의사 진행 절차 등의 제반 문제에 대해 비교법적으로 검토하고 있다.

귤화위지(橘化爲枳)라는 격언이 있다. 귤이 회수(淮水)를 건너면 토양과

9) 대표적으로는 이남표(2012.3.23), "방송개혁 과제의 검토와 제안", 『미디어공공성포럼 토론회 발제문』. 이에 의하면 방통위는 미국의 FCC를 모델로 설립되었으나 행정위원회의 가장 특징 중의 하나인 정치적 독립성과 위원 및 기구의 전문성을 제대로 확보하지 못했으므로 향후 방송·통신 융합이라는 시장 흐름을 반영하여 산업 육성 기능을 최소화하고 명실상부한 합의제 위원회로의 구조 변화가 필요하다고 한다. 또한 IT 경쟁력 하락은 IT 컨트롤 타워 부재의 문제라기보다는 하드웨어 중심의 IT 경쟁력을 쌓아온 우리 산업의 내재적 한계의 문제로서 독임제 부처였더라도 동일한 문제가 반복되었을 것이라고 지적한다.

10) 박상인 외(2011), 『바람직한 방송통신 정책 주관 정부조직에 관한 연구』, 이용경 의원실.

기후가 다르기 때문에 탱자가 된다는 의미이다. 평범하지만 해외의 제도를 수용·이식할 때에는 항상 해당 국가와 우리나라의 상황에 차이가 있다는 점에 각별히 유념해야 한다. 반면, 제도 이식 초기에 약간의 문제가 있다고 해서 당해 제도가 우리나라에 전혀 적합하지 않다고 단정하는 것도 장기적 측면에서는 온당한 태도가 아니다.

제도 창설·폐지에서 또 한 가지 유의해야 할 점은 시공을 초월해 완벽하거나 절대적인 제도가 존재할 수 없다는 점이다. 제도는 시대 상황의 반영이며, '국민의 기본권 보장'(구체적으로 방송·통신 분야에서는 표현의 자유의 보장과 통신 분야의 프라이버시 보호와 경제적 활성화일 수 있음)이라는 궁극적인 목표를 달성하기 위한 수단적 성격을 가지고 있다. 따라서 입법자·정책담당자는 부단히 온고지신(溫故知新)[11]의 자세를 견지하고, 최대한 시대정신과 정치·경제 등 제반 상황을 고려해 거시적·장기적인 관점에서 국민의 기본권 보장과 국가의 미래를 위한 최적의 제도를 형성하려는 노력을 해야 한다.

애당초 방통위를 설치할 때 FCC의 모델을 많이 참고했기 때문에 표면적으로는 양자가 유사한 측면이 많다. 하지만 FCC는 벌써 100년 가까이 미국의 사회 현실을 반영하면서 성립·발전해 온 제도이고, 양국의 정치적·경제적·사회적 상황이 매우 상이하기 때문에 기구의 성격과 기능 역시 차이가 있을 수밖에 없다. 특히 방통위 제도의 공과를 평가할 때는 독립규제위원회 제도가 그다지 활성화되지 않고, 정치적 독립성 보장이 어려운 우리나라에 적용했을 경우에는 부작용이 클 수밖에 없다는 태생적 한계도 고려되어야 한다.

방통위가 설립·운영된 지 이미 4년여가 경과했으므로 당해 제도의 장·단점을 분석함으로써 좀 더 발전적인 방향으로의 정책·규제기구의 전환을 모색해 보아야 할 시점이다. 이 책에서는 지난 4년간 방통위 운영 과정에서 기관 설립의 모델이 되었던 미국의 FCC와 규범적·실제적 차원에서 어떠

11) 『논어(論語)』 '위정편(爲政篇)'에서 공자는 "옛 것을 익히고 새 것을 알면 남의 스승이 될 수 있다(溫故而知新可以爲師矣)"라고 했다.

한 공통점과 차이점이 있었는지에 대해 고찰함으로써 향후 정책기구 개편 논의의 초석을 다지고자 했다. 모쪼록 이 책이 현재의 방송·통신 정책·규제기구인 방통위의 현황을 파악하고, 향후 방송·통신 분야에서 포괄적이고 거시적인 정책기구의 형성을 위한 논의의 토대가 되어 올바른 방송·통신 규제·정책의 수립과 국민의 기본권 보장에 기여할 수 있기를 기대한다.

제 2 장 방송통신 관련 정책의 기초로서 방송·통신 융합

제 1 절 개설

방송과 통신은 지금까지 각 영역에서 독립적으로 발전해 왔지만, IT기술의 발달에 따라 양 영역의 경계가 점점 허물어지면서 방송·통신의 융합이 전 세계적으로 보편적인 현상이 되었다. 미디어의 융합 현상은 인간의 삶의 질을 급격히 변화시킬 수 있는 무한한 잠재력을 지니고 있으며, 다양한 방식으로 우리의 의식과 생활에 영향을 주고 사회 변화를 선도할 것으로 예상된다.

디지털 기술의 발달 및 네트워크 광대역화의 진전에 따른 단말기와 네트워크의 융·복합 현상[1]에 따라 특정 네트워크, 특정 단말기, 나아가 특정 디지털 플랫폼에서 방송 서비스와 통신 서비스의 결합 제공 방식이 증대되고 다양화되어 맞춤 서비스와 양방향·다채널 서비스가 증가되었다.

또한 방송 서비스와 통신 서비스 또는 각 부문의 진화된 서비스들의 결

---

1) 융합은 deep convergence, loose convergence(내지 multi-utility), 그리고 ad hoc cooperation 등의 난계로 나눌 수도 있으며, 단계별로 요구되는 규제 체계의 변화에도 차이가 있다. Geradin, Damien(2001), “Regulatory Issues Raised by Network Convergence: The Case of Multi-Utilities”, *Journal of Network Industries* 2, pp. 113-115. 방송통신 융합에 대해서는 윤수진(2004), 『방송·통신 융합의 법적 연구』, 박사학위 논문(고려대).

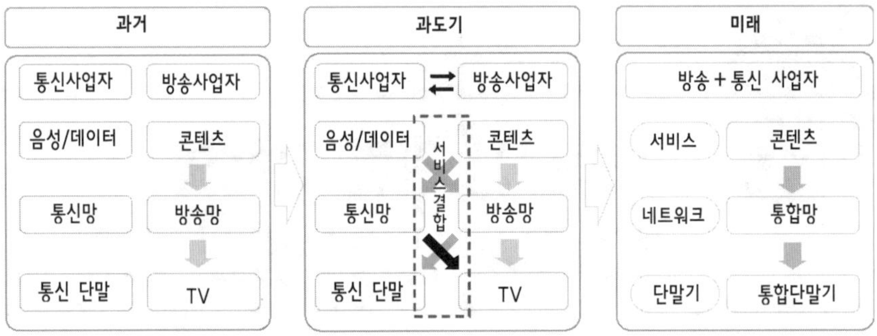

그림 2-1 방송·통신 융합의 개념

합 제공 또는 수용을 통해 공급자(사업자)/수요자(수용자) 양 측면에서 경제적 효율성을 추구한 결과 융합 현상이 더욱 진전되었다. 하지만 융합이라고 하여 새로운 제3의 융합 서비스 부문이 창조되는 것이라고 보기는 어렵고 결합을 통한 시너지 효과가 극대화되는 것으로 보아야 한다.

융합 현상이 진전되면서 산업구조는 가치 사슬별로 모두 분화된 각 단계에서 소비자가 직접 선택하고 이를 최적화하는 형태로 변화되고 있다.

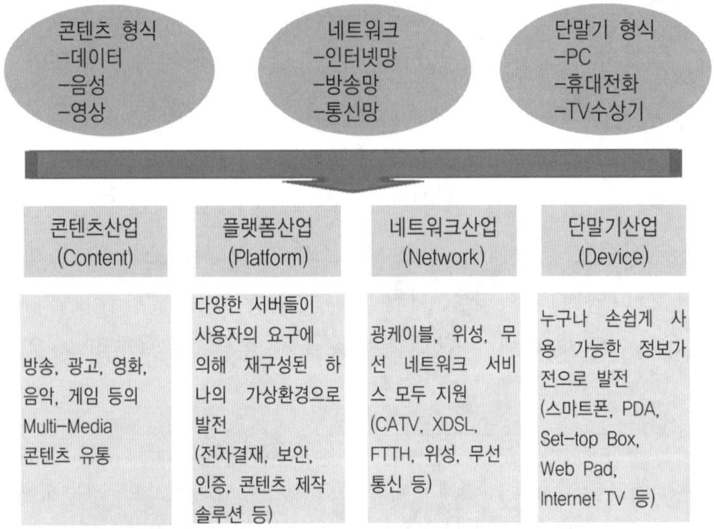

그림 2-2 미디어 산업 가치사슬

특히 콘텐츠 제작과 서비스, 전송(네트워크), 단말기 부문이 분리되어 경쟁하면서 좀 더 활발한 산업구조를 형성하게 될 것으로 기대된다.

방송·통신 융합은 비단 방송과 통신 관련 산업 영역뿐만 아니라 정치·경제·사회·문화 등 모든 영역에 새로운 변혁을 가속화하여 재화와 용역의 생산 방식과 근로 행태, 여가 활용 방식, 소비 행태 등 생활 방식 전반의 변화를 초래했다. 또한 경제적으로는 정보의 습득, 제공, 소통에 소요되는 시간·비용의 감소와 비효율성의 제거를 통해 새로운 산업 시대로 도약하는 토대를 제공했다.

방송·통신 융합으로 인해 정치적으로는 의사소통 체계가 원활해지면서 민주정치의 수단과 절차의 효율성을 제고하여 민주주의의 발전에 기여하고, 사회·문화적 측면에서는 개인의 의사 표현의 자유 및 공동체 형성을 가속화하여 문화적 다양성 확대를 촉진하며, 각 산업 단계에서는 기존 비즈니스를 확장하거나 사업구조를 혁신해 새로운 매출 창출 및 수익 구조 효율화를 달성하는 데 일조하고 있다. 이러한 의미에서 방송과 통신의 융합 개념과 중요성을 인식하고, 각 산업에서의 융합 현상들을 조기에 파악해 성공 요소를 도출한다면, 선도적 입지를 확보하는 데 유리할 것이다.

우리나라도 방송·통신 융합에 대한 많은 연구가 진행되어 왔으며, 법제적으로는 「방송통신발전기본법」이 2010년에 처음 제정되어 시행 중이다. 이와 관련해 방송·통신 융합 현상에 대한 개요와 전개 과정, 규제 체계를 개괄적으로 살펴보고 시사점을 찾아보고자 한다.

제 2 절 방송의 자유와 통신의 자유의 분화

1 방송과 통신의 개념과 사회적 효용성의 차이점

일반적으로 방송과 통신은 기술·서비스·수용자 측면에서 다음과 같은

차이가 있다고 한다.[2)]

첫째, '기술적 차원'에서 살펴보면 방송은 전파를 이용한 라디오 방송에서 출발하여 유선, 위성 등의 형태로 발전해 왔는데, 최근까지는[3)] 주로 무선망 중심으로 발달해 한정된 주파수를 사용하는 일방향적인 전송 형태였다. 반면 통신은 특정인 간의 정보 유통을 보호하기 위해 특정 사용자 이외의 제3자가 개입할 수 있는 여지가 상대적으로 적은 유선망을 중심으로 발달해 왔다. 이에 따라서 방송망과 통신망은 네트워크상으로 엄격히 분리되어 있는 것으로 인식되었고, 법규 역시 1990년대 초반까지는 방송망과 통신망 등 네트워크에 따라 다른 규제 원칙이 적용되는 것이 전 세계적인 추세였다.

둘째, '서비스 차원'에서 살펴보면, 전통적으로 방송 서비스는 전파를 통해 오디오 정보를 제공하는 라디오 방송 서비스와 비디오 정보를 제공하는 TV 서비스로 구성되어 있었다. 이러한 송신자의 방영 행위에 대해 수신자인 시청자는 채널 변경, 음성 조절, 전원 끄기 등 아주 수동적인 행위만이 가능했다. 반면 통신은 전화나 무선통신과 같이 음성정보의 소통을 목적으로 설치된 네트워크로서 사용자들 간에 다양한 상호작용이 가능한 양방향 서비스를 제공했다.

셋째, '수용자 측면'에서 살펴보면, 전통적 의미의 방송은 공중을 대상으로 일방적으로 송신되어, 불특정 다수인이 제한을 받지 않고 평등하게 수신할 수 있어야만 한다. 따라서 방송에서는 일반적 접근가능성(allgemeine Zugänglichkeit)이 인정되어야 하며, 불특정 다수인에게 '임의적 공개성'을 가지고 일방적으로 전송될 때에만 방송으로 인정된다. 이와는 반대로 통신은 주로 특정 참여자 간의 정보활동으로 인식되었다. 이와 같은 수용자 측면의 차이에 기인하여 방송에서는 내용 규제가 당연시되었던 반면, 통신에서는 통신 비밀의 보호가 중요한 목적이 되어 왔다.

---

2) 이하의 방송의 자유와 통신의 자유의 내용에 대해서는 지성우(2005), "멀티미디어 시대에 있어 방송 개념의 가변성에 관한 연구", 「성균관법학」 제17권 제3호, 115-140면 참조.

3) 가령 우리나라에 유선방송이 도입된 것은 1995년이다.

2 방송의 자유의 헌법상 의미와 기능

1) '주관적 공권'이자 '제도적 보장'으로서 방송의 자유

먼저 방송의 자유에 관해 살펴보면, 우리 헌법상 방송의 자유의 상위 개념으로서 언론·출판의 자유는 사상·양심 및 지식·경험 등을 대중매체를 통해 표현하는 자유이다. 이러한 언론·출판의 자유 보장은 개인의 자유로운 인격 발전을 이룩하고, 인간의 존엄성을 유지하며, 국민 주권을 실현시켜 주는 역할을 하는 자유민주주의 헌법의 기본 원리 중의 하나이다.[4]

현행 헌법에는 방송의 자유를 직접적으로 규정하는 조문은 없다. 비록 헌법에 방송의 자유가 명시적·직접적으로 규정되어 있지는 않으나, 일반적으로 언론이라 함은 "담화·토론·연설·방송 등 구두에 의한 사상 또는 의견의 표명과 전달을 뜻하는 것"이라고 보고 있으므로, 이러한 견해에 따르면, 방송의 자유 역시 언론·출판의 자유의 일종으로 간주된다.[5]

현재 우리나라에서는 일반적으로 방송의 자유의 기본권적 특징을 논할 때 방송의 자유가 '주관적 공권'이자 '제도적 보장'으로서 이중적 성격을 가졌다는 점까지만 설명되고 있다. 그러나 방송의 자유의 기본권적 특징은 단순히 방송의 자유가 이중적 성격을 가졌다는 것이 아니고, 동일한 기본권적 구조와 사회적 기능을 가지는 신문(press)의 자유에 비해서도 상대적으로 특별한 제한을 받아왔다는 데에 있다.

방송의 자유는 우선 방송을 통한 자유로운 표현 활동에 대한 국가 또는 제3자의 간섭을 배제한다는 의미에서는 주관적 공권성을 가진다.[6] 여기에는 첫째, 방송 보도·편집·제작에서 국가나 제3자의 압력을 받지 않고 자신의 의사를 방송을 통해 외부적으로 표현할 수 있는 적극적 의미의 자유와 아울러 일정한 의사 표현을 외부적으로 표출하도록 강제받지 않는다는

---

4) 헌재 1992.6.26. 90헌가23(「정기간행물의등록등에관한법률」 제7조 제1항의 위헌심판).

5) 허영(2011), 『한국헌법론』, 박영사, 564-586면; 박선영(2002), 『언론정보법 I』, 법문사, 3면; 헌재 1996.10.31. 94헌가6(「음반및비디오물에관한법률」 제16조 제1항 등 위헌심판).

6) Vgl. BVerfGE 57, 295(320).

소극적 의미의 방송의 자유도 포함한다.[7]

한편 이러한 방송의 주관적 공권성과 아울러 독일과 우리나라의 판례 및 통설은 방송의 자유가 '제도적 보장'으로서의 성격도 가진다고 한다. 즉, 방송의 자유는 우리 헌법에서는 언론·출판의 자유의 일종으로,[8] 독일 기본법에서는 표현의 자유(Meinungsfreiheit)의 일종으로서[9] '민주주의를 실현하기 위한 방법적 기초'인 동시에 '민주정치의 창설적인 전제'가 되는 중요한 기능을 가진다.[10] 따라서 방송의 자유는 단지 개인의 주관적 공권으로서의 성격뿐 아니라 국가 권력과 모든 사회구성원이 반드시 존중하고 실천해야 하는 '객관적 가치 질서(objektive Wertordnung)'로서의 성격을 아울러 가지고 있다고 한다.[11] 따라서 입법자는 자유롭고 포괄적이며 진실에 부합하는 의사 형성이 보장될 수 있도록 제도의 보장을 통해 방송 제도를 형성해야 한다고 한다.[12] 이러한 의미에서 독일의 연방헌법재판소는 방송의 자유는 주관적 공권으로서의 성격뿐만이 아니라 사회의 다양한 의견 형성에 기여하는 '봉사하는 자유(dienende Freiheit)'로서 이러한 '공적 의견 형성의 매개체(Medium)이자 중요한 요소(Faktor)'이므로[13] 방송의 공적 의견 형성의 기능을 유지하기 위해서는 입법자에 의한 적절한 방송 제도의 보호와 다양성 확보에 적합한 방송 제도의 창설이 가능할 뿐만 아니라 나

---

7) Vgl. Ricker, Reinhart & Schiwy, Peter(1997), *Rundfunkverfassungsrecht*, München: C.H.Beck, S. 89ff.

8) 김철수(2007), 『헌법학개론』, 박영사, 841면.

9) Vgl. Herrmann, Günter(2004), *Rundfunkrecht*(2.Aufl.), München: C.H.Beck, S. 116ff.

10) 허영(2011), 앞의 책, 564-565면.

11) 방송의 자유의 법적 성격에 대해 제도적 보장으로서의 성격을 강조하는 입장으로는 Vgl. Stern, Klaus & Bethge, Herbert(1968), *Funktionsgerechte Finanzierung der Rundfunkanstalten durch den Staat*, München: C.H.Beck, S. 23ff.: Wieland, Jochaim(1984), *Die Freiheit des Rundfunks*, Berlin: Dunker & Humbolt, S. 80ff.: Stock, Martin(1981), *Zur Theorie des Koordinationsrundfunks*, Baden-Baden: Nomos Verkag. 반대로 방송의 자유의 주관적 공권성을 강조하는 입장으로는 대표적으로 Bullinger, Martin(1980), *Kommunikationsfreiheit im Strukturwandel*, Baden-Baden: Nomos Verlag.

12) Vgl. BVerfGE 57, 295(321).

13) Vgl. BVerfGE 12, 205(261).

아가 이러한 방송 제도의 형성 임무가 입법자에게 부여되어 있다[14]고 판시하고 있다.

2) 신문의 자유와의 차이점

방송의 자유와 흔히 비교되는 '신문의 자유'도 공적 의견 형성 기능(Funktion der öffentlichen Meinungsbildung)을 가지고 있어 방송의 자유와 같이 자유로운 의견 형성에 봉사하는 자유이며, 기본권적으로는 주관적 공권이자 제도적 보장으로서 양자의 성격을 모두 가지고 있는 것으로 이해된다.[15] 따라서 이러한 이중적 성격은 방송의 자유에만 인정되는 고유한 특성이 아니라 언론・출판의 자유의 공적 의견 형성 기능에서 유래하는 공통적인 성격이다.

이런 견지에서 보면 신문의 자유와 방송의 자유는 동일한 기본권적 의미와 기능을 갖고 있다. 즉, 주관적 공권이자 제도적 보장으로서의 이중적 성격은 방송의 자유의 고유한 법적 성격이 아니며, 언론・출판의 자유가 갖는 공통적인 성격이다.[16] 하지만 이러한 기능상의 동일성에도 불구하고 신문은 국가적 형성보다는 신문 발행기관의 설립・존속에 대해 개인의 주관적 공권을 보장함으로써 다수의 신문사에 의한 다양한 의견 형성에 주안점을 두고 있다. 이와같이 동일한 규범 구조와 기능을 가지고 있는 신문의 자유에 비해, 그동안 방송의 자유는 제도적 성격이 더욱 강조됨으로써 신문의 자유에서는 극히 예외적으로만 인정되는 진입상의 허가제, 내용 규제, 소유 규제 등의 측면에서 특별히 중한 기본권적 제한이 정당화되어 왔으며,[17] 그 공공적 성격 역시 신문에서보다 더욱 강하게 요구되어 왔던 것이다.

---

14) Vgl. BVerfGE 12, 205(262); 31, 314(325f.); 57, 295(322).

15) Vgl. BVerfGE 12, 205(261); Löffler, Martin & Ricker, Reinhart(2000), *Handbuch des Presserechts*(4.Aufl.), München: C.H.Beck, S. 15ff.

16) 독일의 연방헌법재판소도 "신문은 국민과 그 대표자 간의 중개자이며, 기본법 제5조 제1항이 보도라고 규정해 법문상 협의로 규정되어 있기는 하지만 본질적으로 방송과 신문은 구별되지 않는다"고 보고 있다. Vgl. BVerfGE 20, 162(174ff.).

17) 신문의 자유에 비해 방송의 자유에 가해지는 특별한 제한과 그 정당성에 관해서는 지성우(2003), "방송허가제의 헌법적 근거와 문제점에 관한 연구", 「토지공법연구」 제20집,

3 통신의 자유의 헌법적 의미와 기능

우리 헌법 제18조에서는 "모든 국민은 통신의 비밀을 침해받지 아니한다"라고 규정하고 있다. 여기서 '통신'이란 단순히 전자적 장치를 통한 통신만을 의미하는 것이 아니라 편지, 전신(전화 · 전보 · 텔렉스), 기타 우편(소포 · 우편환)의 비밀 등 모든 개인적 의사 전달 수단을 포함하는 개념이라고 보아야 하며, 이는 아래에서 설명하는 단행법적 의미에서의 통신 개념을 모두 포괄하는 광의의 개념으로 볼 수 있다.[18]

정치적 의사 형성의 도구로서의 성격 때문에 공공성을 이념적 기반으로 하는 방송의 자유와는 달리 통신의 자유에서는 통신 주체 간의 비밀 보호가 핵심적인 기본권의 내용이 된다. 여기서 통신의 비밀(Korrespondenzgeheimnis)이란 '편지 · 전화 · 전보 · 소포 · 우편환 · 텔렉스 등 모든 가용한 통신 수단을 이용할 때 그 통신 형태, 통신 내용, 상대방 등이 본인의 의사에 반해서 공개되는 일이 없어야 한다는 의미이다.[19] 이러한 통신의 비밀은 구체적으로 열람 금지(Einsichtsverbot) · 누설 금지(Mitteilungsverbot) · 정보 금지(Auskunftsverbot) 등을 내용으로 한다.[20]

이렇게 헌법상 보장된 통신의 자유는 첫째, 사생활 보호의 수단적 의의를 가진다. 특히, 현대 정보국가에서는 중요한 핵심 통신 업무가 국가 또는 거대 민간 통신회사에 의해 독점되고 있다. 모든 국민이 국가 또는 거대 민간 통신회사의 통신 업무에 의존하도록 간접적으로 강제되는 상황에서 통신의 비밀 보장은 주거의 자유와 더불어 사생활의 비밀을 보호하기 위한 필수불가결한 수단적 의미를 가진다. 둘째, 통신의 비밀을 보장함으로써 사회구성원 상호간에 의사소통이 원활하게 이뤄지도록 촉진할 수 있다. 즉,

---

247-262면 이하 참조.

18) 독일 기본법에서도 통신의 의미를 이렇게 광의의 개념으로 파악하고 있다. 독일 기본법 제10조(Das Brief-, Post-und Fernmelegeheimnis) 및 Sachs, Michael(2002), *Verfassungsrecht II - Grundrechte*(2. Aufl.), Heidelberg: Springer Verlag, S. 386f. 참조.

19) 허영(2001), 『헌법이론과 헌법』, 박영사, 507면.

20) 허영(2011), 앞의 책, 401-406면.

통신의 비밀 보장은 언론·출판·집회·결사의 자유와 함께 사회공동체의 의사소통을 원활히 함으로써 국민들의 생활 영역을 확장시켜 주며 사회구성원 간의 의견 교환을 보호해 주는 역할을 하고 있다.

요약컨대, 통신의 자유의 핵심은 그 내용을 통신 주체의 의사에 반해 통신 주체 이외의 제3자에게 알려지지 않도록 비밀을 보장하는 데에 있으며, 이를 통해 사생활을 보호하고 사회구성원 상호간의 의사소통이 원활하게 됨으로써 사회 공동체의 생활 영역 확대에 기여하는 데에 있다.

4 현행 단행법상 방송관계법과 통신관계법 현황

1) 현행 법규에서 방송과 통신의 정의 및 법 해석

가. 헌법상 방송과 통신의 의미

현행 헌법 제21조는 언론·출판의 자유를, 제18조는 통신의 자유를 명시하고 있는데, 언론·출판의 자유는 불특정 다수인을 상대로 한 일반적이고 대외적인 정보 유통에 관한 표현을 보호하는 것인데 반해, 통신의 자유는 개인 간의 사적 접촉을 가능하게 하는 표현을 보호하는 것이다.

나. 방송의 법적 정의(「방송법」 제2조 제1호)

방송의 정의는 「방송법」 제2조 제1호에 규정되어 있는데, 콘텐츠 유형(텔레비전방송, 라디오방송, 데이터방송, 이동멀티미디어방송)에 따른 분류 방식을 채택하고 있다. 또한 추상적으로는 ① 방송 프로그램의 기획·편성 또는 제작, ② 개별 계약에 의한 시청자를 공중의 범주에 포함, ③ 송신 개념의 비대칭적인 양방향성, ④ 전기통신 설비에 대한 구체적 규정의 부재 등의 특징을 갖고 있다. 이는 새로운 전송 수단이 등장하더라도 전송되는 내용이 방송 서비스일 경우 「방송법」에 의해 규율하겠다는 취지인 것으로 파악된다.

다. 전기통신의 법적 정의 (「전기통신기본법」 제2조 제7호)

「전기통신기본법」 제2조 제7호에 의하면 전기통신 역무는 사인 대 사인 상호간의 교신을 매개하거나 전기통신 설비를 제공하는 것으로 한정된다. 따라서 타인 간에 전달되는 내용에는 관여할 수 없으며 전기통신 역무 제공자가 통신의 당사자가 될 수 없다.

2) 방송·통신 개념 재정립 방향

현재 방송·통신 융합 현상에 따라 기존의 전송망 또는 서비스 제공을 위한 기술 기반을 근거로 방송과 통신을 구분하기 어려운 상황이며, 단일망을 통해 방송과 통신 서비스가 복합적으로 제공 가능하게 됨에 따라 서비스 내용에 기초하여 방송과 통신을 구분할 수밖에 없다.

하지만 융합 현상을 명확하게 표현하기 위해 헌법적 기본권에 기초하고, 현행 법규에서의 정의와 해외의 구분 기준을 종합적으로 고려해 방송과 통신의 개념을 재정립하는 것이 필요하다.

방송은 헌법 제21조에 명시된 표현의 자유, 언론의 자유가 제도적으로 보장되어야 하는 영역이다. 「방송법」 제2조 제1호에 정의된 대로 방송은 "송신자가 어떠한 전기통신 설비를 이용하든지 간에 방송 내용물의 편집에 개입하여 수신자(공중 또는 개별 계약에 의한 수신자)에게 송신하거나 수신자의 주문에 따라 송신하는 것"이며, 내용물과 서비스 형태가 미치는 사회적 영향력에 따라 규제의 정도를 달리한다.

반면, 통신은 헌법 제18조에 명시된 개인의 사생활과 인격 보호를 목적으로 비밀이 보장되어야 하는 영역이다. 「전기통신기본법」 제2조 제7호의 정의에 의하면, 전기통신 역무를 이용하여 타인의 통신을 매개하거나 통신 설비를 제공하는 것이므로 원칙적으로는 개인적 사용을 목적으로 하는 것으로 한정된다.

3) 현행 서비스 및 사업 분류 체계의 문제점

현행 법규들에 명시된 방송과 전기통신, 정보통신 등의 기본 개념, 서비스 범위, 사업자 정의는 상충되는 점이 있어 방송·통신 관련 법 모두 법체계를 재정비할 필요가 있다.

사업자와 서비스(역무) 개념을 살펴보면 전기통신 사업자는 전기통신 역무를 벗어나는 부가통신 사업자를 두고 확대된 반면, 방송사업자는 지상파방송 사업자, 종합유선방송 사업자, 위성방송 사업자, 방송채널사용 사업자 등으로 한정된다.

현행 방송사업의 분류 체계는 송신 네트워크(주파수 또는 설비)의 특성에 따라 구분함으로써 분배-전송(송신) 네트워크의 복합화에 따른 환경 변화를 제대로 반영하지 못하고 있어 합리적인 정비가 필요하다. 또한 「방송법」에 방송사업자 개념을 제한적으로 명시하고 있어 네트워크 융합 현상에 따른 신규 사업자 진입 시 논란이 발생할 가능성이 높다.

또한 통신 분야에서는 현행법상 기간·부가통신 역무 구분의 근거가 불명확하며, 부가통신사업에 「전기통신기본법」에 의한 전기통신 역무의 범주를 벗어나는 사업행위를 포함시키고 있다. 또한 「전기통신기본법」에서는 전기통신 역무를 시행령으로 정하도록 함으로써 역무의 종류와 범위가 모호해 죄형법정주의에 반하고 위임입법의 한계를 일탈할 소지가 있으며, 기간 통신 역무를 한정적으로 열거하고 있기 때문에 이에 해당하지 않는 경우 모두 부가통신 역무로 분류되는 문제도 발생한다.

표 2-1 현행 방송·통신사업 분류

□ **방송사업 분류**

	지상파 방송사업	종합유선 방송사업	위성 방송사업	방송채널 사용사업
방송사업	방송을 목적으로 하는 지상의 무선국을 관리 운영하며 이를 이용하여 방송을 행하는 사업	종합유선방송국을 관리·운영하며 전송·선로설비를 이용하여 방송을 행하는 사업	인공위성의 무선설비를 소유 또는 임차하여 무선국을 관리·운영하며 이를 이용하여 방송을 행하는 사업	지상파방송·종합유선방송·위성방송 사업자와 특정 채널의 전부 또는 일부 시간에 대한 전용 사용계약을 체결하여 그 채널을 사용하는 사업

기타 사업	중계유선 방송사업	음악유선 방송사업	전광판 방송사업	전송망사업
	중계유선방송을 행하는 사업	음악유선방송을 행하는 사업	전광판방송을 행하는 사업	방송 프로그램을 종합유선방송국으로부터 시청자에게 전송하기 위해 유·무선 전송·선로설비를 설치·운영하는 사업

□ 통신사업 분류

구분	기간통신사업	별정통신사업			부가통신사업
		1호	2호	3호	
정의	전기통신회선 설비를 설치하고 이를 이용하여 공공의 이익과 국가산업에 미치는 영향, 역무의 안정적 제공 필요성을 고려해 전신·전화 역무 등 시행령이 정하는 전기통신 역무를 제공하는 사업	기간통신사업자의 전기통신회선설비 등을 이용하여 기간통신 역무를 제공하는 사업		구내에서 전기통신 역무를 제공하는 사업	기간통신사업자로부터 전기통신회선 설비를 임차하여 기간통신 역무 이외의 전기통신 역무를 제공하는 사업
제공 서비스	전화(시내, 시외, 국제), 가입전신, 전기통신회선설비 임대, 주파수를 할당받아 제공하는 역무, 인터넷 접속, 인터넷전화, 기타 고시하는 역무	음성재판매 인터넷폰 콜백서비스	제세공과금 가입자모집 부선재판매 인터넷폰	구내통신	부가통신 역무 (기간통신 역무 이외의 전기통신 역무)

*별정 1호: 교환설비 설치, 별정 2호: 교환설비 미설치.

제 3 절 방송·통신 융합의 개념

1 아날로그 시대의 방송과 통신의 개념적 분화

전통적으로 방송은 "불특정 다수를 대상으로 일방향적으로 오디오와 비디오로 구성된 방송 프로그램을 전달하는 것"을 의미하며, 통신은 "특정 대화자 혹은 사용자끼리 양방향으로 음성 및 데이터를 송수신하는 것"이라고

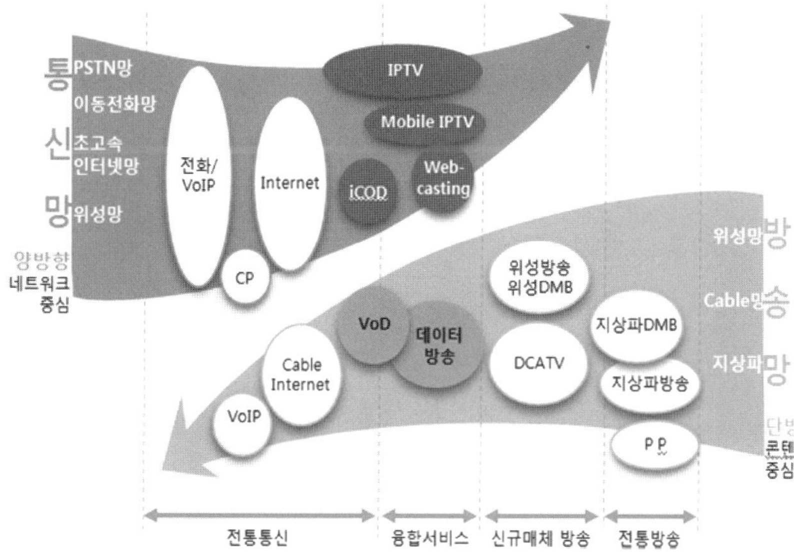

그림 2-3 방송과 통신의 차이

정의되었다. 방송은 방송 프로그램을 기획 · 편성 · 제작하여 불특정 다수에게 한 방향으로 송신하는 것이며, 통신은 유선 · 무선 · 광선 및 기타의 전자적 방식을 통해 통신 서비스 이용자 간에 음성, 동영상 데이터 등을 송수신하는 것을 뜻한다.[21]

방송과 통신은 모두 네트워크를 통해 정보를 전달한다는 면에서는 공통점을 가지고 있지만, 전달 체계 · 전달 방식 · 전달 내용이 각각 다르다. 통신은 네트워크 중심의 산업으로 양방향 전송과 모바일 등의 네트워크에 강점을 가지고 발전했으며, 방송은 단방향 네트워크 방식으로 시작되었지만 불특정 다수에게 양질의 콘텐츠를 제공한다는 장점이 있다. 따라서 과거의 방송과 통신은 분리된 사업으로서의 성격을 가지고 있었고 그에 따라 각각 운영과 규제도 구분되어 있었다.[22]

21) 이원철(2011), 『해외 주요국 방송 · 통신 융합 관련 법제 개관(2)』, 한국방송통신전파진흥원, 34면.

22) 김국진(2007a), 앞의 책 참조.

2 방송 · 통신 융합

1) 방송과 통신의 융합 과정

전송 기술의 발달로 인해 방송과 통신 분야는 각각의 영역에서 강점인 네트워크와 콘텐츠를 기반으로 양방향 콘텐츠 전송이라는 융합 현상이 발생하기 시작했다. 방송은 방송국에서 TV로 콘텐츠를 단방향 전송하는 산업으로서 다양한 방송 프로그램 등 콘텐츠 기반으로 산업이 형성되었다. 한편 통신은 통신망, 즉 네트워크를 기반으로 하는 산업이다. 통신망은 양방향 데이터 전송이 되며 이동통신 등 무선환경이 발달되었다. 이러한 네트워크 중심 기반을 가진 통신사업은 초기에는 단순 음성 위주로 시장이 형성되었으나 점차 문자, 데이터, 인터넷 등으로 산업 분야가 확대되었고, 휴대폰과 PC 등 단말기 산업에도 많은 영향을 끼쳤다.

이후 점차 방송망 기술인 케이블, 위성, 지상파 등의 네트워크가 양방향, 데이터 전송이 가능해지면서 인터넷과 연결되어 통신 영역과의 경계가 허물어졌다. 이를 방송 · 통신 융합 현상이라고 하며, 오늘날 방송 · 통신 법제나 규제에서는 이러한 융합 현상이 매우 중요하게 고려되고 있다.[23]

2) 융합에 따른 변화

방송 · 통신 융합이란 방송과 통신이 융합되면서 새로운 서비스가 제공되는 것을 말한다. 융합에 의해 방송망에서 통신 서비스를, 통신망에서 방송 서비스를 제공하는 것이 가능해진다. 즉, 3G 모바일 네트워크, 광랜, Wi-Fi 등에서 동영상 등 방송을 수신하는 것과 같이 통신망에서 방송 서비스를 이용하거나, 케이블TV에서 초고속 인터넷 및 인터넷 전화, 문자를 사용하는 등 방송망에서 통신 서비스를 이용하는 것들을 모두 융합 현상이라고 볼 수 있다.

23) 김국진(2007a), 앞의 책 참조.

표 2-2 방송·통신 융합의 유형

	세부 유형	특징
기술 융합	네트워크의 융합	기술 발전에 따른 망의 물리적인 융합
	기기의 융합	멀티미디어
	기술의 융합	디지털 기술
서비스 융합	산업 간 서비스의 융합	방송과 통신의 경계 영역 서비스
	산업 내 서비스의 융합	사업자의 판매전략
시장 융합	사업자의 융합	사업자 간 통합
	사업자 간 기능적 융합	사업자 간 전략적 제휴
정책·제도 융합	규제정책의 통합	규제 제도의 통합 및 기구의 통합
	규제기구의 통합	

이러한 관점에서 방송·통신 융합 서비스는 공공성을 강조하는 방송망과 산업성을 강조하는 통신망을 결합한 단일망을 이용해 방송 서비스와 통신 서비스를 동시에 제공하는 통합 서비스, 즉 디지털 융합 미디어 서비스를 의미한다. 이처럼 방송망과 통신망을 결합한 콘텐츠 전송으로 인해 다양한 미디어 서비스를 제공하며, 그 특성에 따라 네트워크·단말기 등의 기술 융합, 신문·방송·통신·인터넷 매체 등의 서비스 융합, 통신사업자의 방송사업과 방송사업자의 통신사업 간의 융합, 규제기구의 통합 등 다양한 정책과 제도의 정비가 필요하게 되었다.

아날로그 시대에 시작된 방송과 통신기술은 '디지털화, 광대역화, 개인화'가 가능해짐에 따라 양 산업 간의 기술적인 차이가 허물어지기 시작하면서 산업이 융합되었고, 그 영향력은 단순히 방송·통신 분야에만 한정되지 않고 사회 각 분야에 파급되었다.

영상과 음성의 양방향 서비스가 가능해지면서 지상파 TV 위주의 방송 서비스와 양방향 음성 통화 위주의 통신 서비스는 IPTV 등의 새로운 서비스가 가능하게 되었다. 또한 전통적으로 공익적인 규제를 받았던 방송과, 독점규제의 대상이던 통신은 이제 공정 경쟁과 이용자 보호라는 규제로 내용이 변화했으며, 규제기구 역시 과거의 방송위원회와 정보통신부가 방통위 등 일원화된 정책 규제기구로 통합되는 과정을 겪었다.

방송·통신 융합산업은 현재 우리 정부가 선정한 신성장 동력산업 중 하나이며, 전 세계적으로 부가가치가 높은 국가기간산업이다.

미디어산업의 계층모형(layer model)에 의하면 방송·통신 융합산업 중에서도 콘텐츠산업이 매우 중요하다. 방송·통신산업의 서비스는 주로 콘텐츠 전달을 목적으로 한다. 최근에는 점차 인터넷이 접목되어 양방향 서비스가 가능하게 되었으며, 향후 IPTV 등 정보선택형 형태에서 사용자의 성향을 파악해 지능형으로 서비스를 제공하는 정보맞춤형 서비스로 발전할 것이다. 또한 서비스 이용자들은 이제 자신에게 적합한 정보를 직접 창조하여 제공하는 서비스(소위 정보창조형 서비스)를 이용하기 시작했다.

기술적인 측면에서는 먼저 차세대 이동통신 기술을 통해 더 많은 데이터를 안정적으로 전송하기 위한 전송 기술이 발전했다. 둘째, 차세대 방송 기술에서는 실감형 서비스를 지원하기 위해 더 높은 화질 및 생생한 음성을 전달할 수 있는 실감형 방송 기술이 발전하고 있다. 또한 셋째, 융합 서비스 기술에서는 대표적인 방송·통신 융합 서비스인 IPTV가 점차 개방

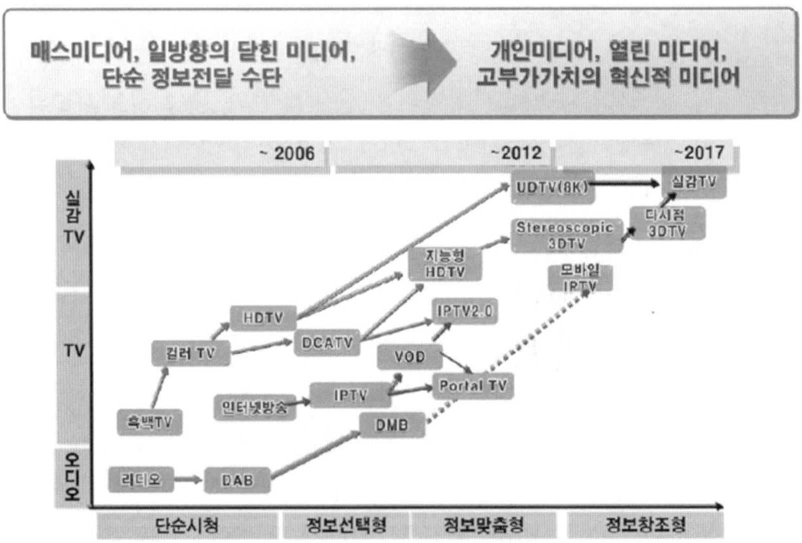

그림 2-4 방송·통신 서비스의 변화

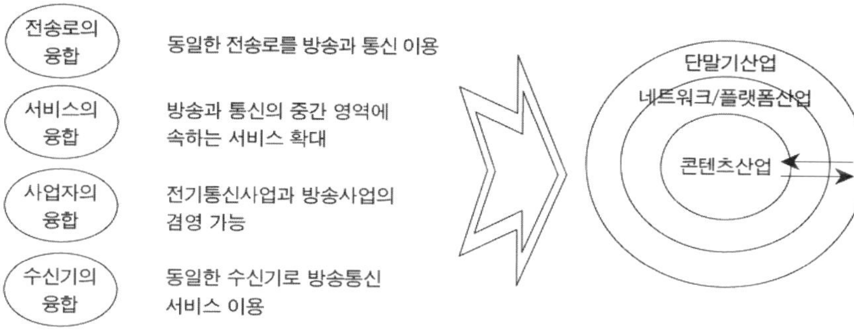

그림 2-5 방송·통신 융합에 따른 산업구조의 변화: 계층모형

출처: 정인숙(2009).

형으로 전환되고 SMART TV가 출현하고 있다.

방송·통신 융합의 가속화로 인해 융합 미디어가 대거 등장하고 있는데, 현재까지 이에 따른 융합 콘텐츠 시장의 활성화는 뒤따르지 못하고 있다. 특히 최근 산업의 발전 방향은 기존의 엔터테인먼트 콘텐츠 등 단품 위주의 콘텐츠에서 네트워크·서비스, IT 기기, 소프트웨어 등이 하나의 가치 사슬을 이루는 융·복합화된 서비스로 변화하고 있다.

이러한 융합 상황을 규율하기 위해 지난 2008년 2월 29일 「방송통신위원회의 설치 및 운영에 관한 법률」(이하 「방통위설치법」)이 제정됨으로써 방송과 통신 정책을 총괄하는 방통위와 방송과 통신의 내용 심의를 담당하는 방송통신심의위원회가 설립되었다.

하지만 방송과 통신의 정책과 규제를 담당하던 기관의 통합에도 불구하고 현재까지 방송관계법과 통신관계법이 분리되어 있어 방송과 통신의 융합 현상을 제대로 반영하지 못하고 있다. 또한 내용 심의 측면에서도 방송심의규정과 정보통신 심의규정이 융합 현상을 제대로 반영하지 못하고 있어 SNS 등 새로운 유형의 콘텐츠 내용 문제에 대해 제대로 대응하기 어려운 실정이다. 이러한 문제를 해결하기 위해 최근 「방송통신 발전에 관한 기본법」이 제정되고 향후 「방송통신사업법」에 대해 본격적으로 논의될 예정이며, 내용 심의와 관련해서는 「방통위설치법」, 「정보통신망법」 등 관련 법제

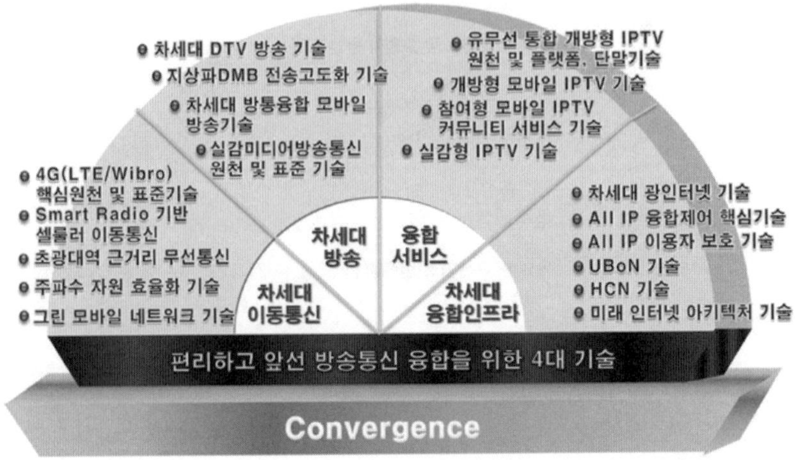

그림 2-6 방송·통신 기술의 변화

에 대한 체계적인 정비가 필요한 상황이다.

3) 방송·통신 융합 서비스 사례

방송 매체는 크게 서비스 시작 10년 이상의 지상파TV, 케이블TV, 위성TV와 근래 새롭게 등장한 IPTV, 인터넷TV, 스마트TV 등의 뉴미디어로 나누고 있으며, 기존의 미디어 매체 또한 디지털화, 양방향 기술 도입 등을 통해 멀티미디어로 발전 중이다. 지상파TV, 케이블TV, 위성TV 등 기존 매체들은 디지털, 양방향 기술 도입을 통해 융합환경에 대응하고 있으며, 네트워크 기술 및 방송·통신 융합 기술 발전에 따라 IP 네트워크 기반의 IPTV, 인터넷TV, 스마트TV 등이 새롭게 등장하고 있다. 미디어의 융합 현상은 다음과 같은 세 가지 방향으로 현실화되고 있다.

(1) 네트워크의 융합(Convergence of Network)

방송과 통신의 융합은 가장 먼저 미디어공학의 발달과 이로 인한 방송망과 통신망의 융합으로 나타나고 있다.

최근까지 방송과 통신 서비스는 각각 별도의 망을 통해 송신되었다. 즉,

음성은 음성통신망(Public Switched Telephone Network: PSTN), 방송은 방송망, 데이터 통신은 데이터통신망(Public Switched Data Network: PSDN) 또는 인터넷망을 통해 전달되었다. 기술적인 측면에서 보면 과거에는 음성통신망, 화상통신망, 데이터통신망 등과 방송망은 차이가 있어 방영행위를 하기에 충분한 정도가 되지 못했으나, 최근 전송 기술의 발달과 통합망의 등장으로 인해 통신망을 통한 방송 행위[24]나 방송망을 통한 통신행위[25]가 가능한 정도로 네트워크의 성능이 향상되면서 이제 더 이상 방송망, 통신망, 인터넷망의 구별 없이 단일 네트워크에서 방송, 통신, 인터넷이 융합된 멀티미디어 서비스를 이용할 수 있게 되었다.

(2) 서비스의 융합(Convergence of Service)

이러한 네트워크의 융합을 통해 서비스 제공에서도 ① 방송망을 통한 통신 서비스,[26] ② 통신망을 통한 방송 서비스[27] 및 ③ 소위 방송과 통신의 경계 영역적 서비스[28]가 출현하고 있다. 가령 대역폭의 확대로 인해 통신 분야에서 영상 서비스의 제공이 활성화되고 있는 경우라든가, 반대로 방송 분야에서 다채널화가 진행되면서 방송의 기본적인 특징이 되는 일반성이 희석되어 불특정 다수가 아닌 특정인에 대한 수신을 목적으로 하는 서비스와 양방향 서비스가 발전하고 있는 경우가 전형적인 예이다.

(3) 산업(사업자)의 융합(Convergence of Industry)

'산업(사업자) 융합'이라 함은 산업적 측면에서 방송사업자와 통신사업자

---

24) 가령 기존의 지상파 방송사들이 자신의 콘텐츠를 인터넷을 통해 VOD 형태 또는 실시간으로 제공하는 경우를 말한다.

25) 가령 유선방송사에서 제공하는 방송·통신·인터넷 등의 TPS(Triple Play Service) 등을 말한다.

26) 가령 유선방송(CATV)을 통해 통신 서비스를 제공하는 경우를 말한다.

27) 전화망을 통해 VOD(Video on Demand) 서비스를 제공하는 경우 등을 말한다.

28) 예를 들어 인터넷을 통해 신문, 방송, 이메일, 전화 등의 서비스를 제공하는 경우를 말한다. 최근 인터넷신문이 포털사이트화하면서 광고 유치, 콘텐츠의 질, 전파 속도 등의 면에서 기존 인쇄매체를 능가하는 위력을 발휘하고 있다. 또한 SNS(Social Network Service)의 경우에는 개인 간의 의사소통 도구로 출발했으나 현재에는 매스미디어에 버금가는 사회적 영향력을 갖게 되었다.

간의 전략적 제휴(Strategic Alliance), 인수(Acquisition), 합병(Merger) 등을 통해 방송사업자가 통신사업에 진출하거나, 통신사업자가 방송사업에 진출하는 경우이다.

가령 SKT나 KT와 같은 통신회사들이 방송사의 지분을 소유할 수 있게 되는 경우를 말한다. 이와는 반대로 미국의 AOL사와 타임워너(Time Warner) 사 간의 합병과 같이 방송사와 통신사 간의 인수 합병에 의해 새로운 미디어 기업을 탄생시키는 경우도 상정할 수 있다.

제 4 절 방송·통신 융합에 따른 서비스 개념 재구조화와 규제 체계의 대응

1 개설

규제 체계란 규제 주체가 어떤 특정한 공익적인 목적을 위해 규범의 수범자인 국민을 상대로 각종 권리를 제한하거나 의무를 부과함으로써 그와 같은 목적을 유기적으로 수행하는 인적·물적·제도적인 결합체를 의미한다.[29] 따라서 규제 체계란 규제를 집행하는 주체로서의 규제기관, 규제의 대상, 규제 근거로서의 각종 규제 법령, 그리고 실질적으로 규제를 달성하는 행정작용으로서 각종 규제행위를 그 요소로 한다.

현재 방송과 통신의 융합 현상을 효율적으로 규제하기 위해서는 네트워크 및 서비스 전송 기술 기반의 차이에 의해 유사한 서비스를 다르게 규제하지 않는, 서비스 특성에 적합한 규제 원리의 적용이 필요하며, 네트워크 및 기술 방식에 따른 규제 차별을 제거하는 기술 중립성(technology neutrality) 원칙에 따라 각 서비스의 특성을 구분하는 방식으로 규제 체계의 개편이 필요하다.

29) 임준·정경오·황주연(2010), 『방송통신 진화에 따른 규제 체계 고도화 방안 연구: 사후 규제를 위한 Solution과 이행 방안을 중심으로』, 정보통신정책연구원, 54면.

규제 체계의 종류로는 '수직적 규제 체계'와 '수평적 규제 체계'가 있는데, 수직적 규제 체계란 네트워크의 전송부터 서비스 구현 및 단말기 규제까지 각 서비스별로 독립된 규제 방식을 취하는 것을 말한다.

반면, 네트워크의 광대역, 초고속화 등과 데이터 전송 방향의 All-IP화가 촉진한 네트워크의 통합에 따라 도입된 수평적 규제 체계는 기존 수직적 규제 체계 하에서 네트워크와 일치하는 서비스별 규제와 다른 계층별 규제를 의미한다.

방송·통신 융합 현상이 일반화되면서 종래 이원화된 수직적 산업구조 기반 위에 종속되었던 가치 사슬 체계를 시장 참여자의 행위를 중심으로 수평적으로 구분·적용하는 규제 체계 개편이 불가피하다. 융합으로 인해 각기 수직적으로 분리 운영되었던 사업 영역의 재편에 대한 시장의 요구를 반영하고, 각 가치 사슬 영역의 시장 범위를 확대하고 경쟁을 활성화하는 것도 필수적이다.

수평적 규제 체계를 통해 융합이 가속화되는 네트워크 영역과 별도로 네트워크에서 제공되는 서비스의 특성을 구분하게 하는 효과적인 규제의 기본틀을 제공할 수 있을 것으로 기대된다. 또한 네트워크 중심의 사업 분류를 서비스 중심으로 개편하고, 기술 중립성 기반 위에 규제 형평성 확보를 위해 '동일 서비스 동일 규제 원칙'을 적용할 필요가 있다.[30]

2 해외에서의 방송통신 융합에 대한 서비스 개념 재구조화 및 규제 체계의 대응

1) 국제기구(ITU, EU, OECD)에서의 논의

전 세계적으로 방송·통신 융합 서비스 제공과 아울러 융합환경이 매우 빠른 속도로 변화하고 있고, 이에 따라 기술적 차원에서는 뉴미디어로 인

30) 이에 대해서는 McTaggart, Craig(2003), "A Layered Approach to Internet Legal Analysis", *McGil Law Journal* 48, pp. 571-625.

한 다매체화, 압축 기술을 통한 다채널화, 디지털 기술에 의한 매체 간의 융합화가 가속화되고, 산업적 차원에서는 정보산업과 지식산업, 오락산업 등의 구분이 불투명해지고 있다. 이러한 환경적 변화는 해외에서도 마찬가지였다.31)

국제통신연맹(International Telecommunication Union: ITU)에 의하면 '방송 서비스'는 "공중에 의한 직접 수신을 위한 무선 서비스의 송신이며, 이 서비스는 음성, 텔레비전 혹은 다른 형태의 전송을 포함"하는 개념이다. 반면 '전기통신'은 "유선, 무선, 광학적 혹은 전기적 시스템에 의해 전달되는 모든 기호, 신호, 문자, 화면, 음향, 혹은 뉴스의 송신과 수신"을 통칭하는 개념이다.

이러한 ITU의 개념 정의와 아울러 각종 국제기구 및 개별 국가에서는 '방송'과 '통신'의 개념에 대해 상이하게 정의하고 있다. 방송의 자유와 통신의 자유는 기본권적 보호 범위 및 규제 수준에 많은 차이가 있다. 따라서 방송과 통신의 속성을 모두 가지는 소위 '방송과 통신의 융합형' 서비스가 방송과 통신 중 어느 쪽의 개념으로 포함되는지(또는 유사한 규제를 받는지)에 따라 규제철학과 강도가 매우 다르게 나타날 것이며, 이와 관련해 여러 가지 문제점이 이미 발생했거나, 향후 발생할 것으로 보인다.

문제를 해결하기 위해서는 네트워크와 서비스의 발전 속도가 한국과 유사한 다른 선진 외국에서 '방송'과 '통신'의 개념을 어떻게 설정했고, 또 어떤 기본적인 철학을 바탕으로 법제 개편을 시도해 왔는지를 살펴보아야 한다.

최근 EU는 2005년 12월 종래의 '국경 없는 TV지침'을 개정하는 '시청각 미디어 서비스 지침(Audiovisual media service directive)'의 제안서를 공표한 바 있다. 여기에서는 방송의 개념을 기술 발달 시대 환경에 맞게 확대하여 시청각 미디어 서비스로 정의하고, 이를 linear service(실시간 전송)와 non-linear service(이용자 선택에 의한 비실시간 서비스)로 구분해

31) 이하의 해외 사례에 대한 상세한 내용은 황주성(2011), 『디지털 컨버전스의 글로벌 트렌드와 정책 시사점』, 정보통신정책연구원; 황주성 외(2010), 『컨버전스 미디어 지형분석』, 정보통신정책연구원, 86-235 참조.

non-linear service에 VOD를 포함시키고 있다.

OECD는 기존의 수직적 분류 체계를 탈피하고 '전송 계층'에는 '경쟁을 활성화'하고 '콘텐츠 계층'에는 '사회문화적 규제'를 해야 한다고 보고 있다. 이러한 기본적인 사고에 따라 OECD는 과거의 수직적 규제 체계를 지양하고 수평적인 규제 체계, 즉 '전송'과 '콘텐츠'를 병렬적으로 분리해 규제하는 소위 '수평적 규제 체계'가 융합환경에 적합한 규제 체계라고 천명했다.

1996년 미국의 「연방통신법」과 EC의 1997년 「녹서(Green Paper)」를 시작으로 전 세계로 확산된 디지털 컨버전스는 2005년을 전후하여 본격화되었으며, 일부 국가는 2010년을 전후로 이미 융합 현상과 이에 대비하기 위한 법제화를 완성하는 단계에 접어들었다. 준비 단계에서는 민영화와 규제완화, 디지털화 등이 추진되었고, 본격화 단계에서는 방송과 통신 영역을 중심으로 본격적인 상호 진출과 융합 서비스가 출현했다. 고도화 단계에 접어들어서는 미디어 외 다른 영역으로의 확대 및 국가전략화가 시도되고 있다. 선진국들의 융합 현상에 대한 대응은 미국식의 시장 주도형과 일본의 정부 주도형, 유럽의 조화형으로 구분할 수 있다.

2) 미국

미국에서는 이미 「1996년 통신법」에서 통신과 케이블방송 간 상호 개방을 허용했으며, Computer Inquiries를 토대로 통신 대 정보 서비스라는 부분적 수평 개념을 도입해 VoIP, IPTV, BPL 등의 융합 서비스를 본격적으로 시작했다.

또한 미국은 「1934년 통신법」을 62년 만에 개정한 「1996년 통신법」에서 미디어 융합 시대를 맞이해 탈규제를 통해 시장의 원리를 도입하여 산업의 경쟁력을 높이고 보편적 서비스를 실현하려 하고 있다. 「1996년 통신법」은 기존의 「1934년 통신법」을 전면 개정하거나 새롭게 제정한 것이라기보다는 케이블방송 등 방송·통신 융합 현상에 따라 새로이 나타나게 된 미디어 서비스와 관련된 조항을 추가하고, 규제의 틀을 대폭 완화해 융합을 장려하는 등 경쟁을 촉진하는 내용을 근간으로 하는 추가 개정의 형식을 띤 것이다.

표 2-3 주요 선진국의 디지털 컨버전스 단계 구분

구분	준비 단계	본격화 단계	고도화 단계
미국	~1996년	1996~2005년	2006년~
	- 1982 수정 동의 판결	- 1996 텔레커뮤니케이션법 - 2005 New Corp. 등의 인수·합병 - 2005 DACA 등 발의	- 2007 구글의 사업 본격화 - 2007 애플의 아이폰 출시 - 2009 광대역통신망 계획
영국	~2003년	2003~2009년	2009~
	- 1996 방송법(디지털방송) - 1997 BBC 온라인 - 2000 케이블 디지털화	- 2003 커뮤니케이션법 - 2004 오프콤 설립 - 2008 컨버전스 싱크탱크 설립	- 2009 디지털 브리튼 발표 - 2010 디지털 경제법
프랑스	~2004년	2004~2008년	2008~
	- 1997 EC 녹서 - 2003 프랑스텔레컴법 - 2003 Free(IPTV) 등장	- 2004 디지털 경제의 신뢰법 - 2004 전자·시청각 커뮤니케이션법 - 2005 ARCEP 설립	- 2008 미디어와 디지털 발표 - 2008 디지털 프랑스 2012 발표 - 2009 공영방송개혁법 통과 - 2009 방송위 선형/비선형 통합 규제
독일	~2007년	2007~	
	- 1996 텔레커뮤니케이션법 - 1997 방송점유율 규제 - 1998 텔레서비스법 - 2006 연방네트워크청 설립	- 2007 텔레미디어법 - 2008 제13차 방송텔레미디어 국가협약	
일본	~2006년	2006~	
	- 2000 IT기본법 제정 - 2001 총무성 통합 - 2002 IPTV 도입	- 2006 통신·방송 위상에 관한 간담회 보고서 - 2009 정보통신법(안)	

미국은 이 법에서 미디어 또는 서비스 분류 자체에 치중하기보다는 규제 수준의 조정을 통해 탄력적으로 대응해 왔다. 즉, 모든 미디어에 대해 탈규제를 적용한 것이 아니라 방송매체에 대해서는 여전히 상대적으로 엄격한 규제를 유지하고 있다.

전반적으로 미국은 FCC로 법제와 기구가 통일되었으나 융합 서비스에 대한 규제에서는 시장 자율을 우선하는 편이다. 미국은 통합법과 통합규제

기관을 갖췄지만 VoIP, IPTV, BPL 등의 정보 서비스 분류에 따른 동일 서비스 이중 규제 논란으로 법체계의 한계를 드러내고 있다.[32]

3) 영국

영국의 미디어 산업은 서구의 여타 선진국에 비해 느리지만 꾸준한 증가세를 보이고 있다. 이는 영국이 그동안 미디어 산업에서 자유화와 민영화를 지속적으로 추진해 온 결과이다. 영국에서는 BSkyB, Virgin, Media, BT 및 이동통신사업자 등의 상호 진출과 수익 개발에 주력해 왔는데 이러한 산업적 노력이 일차적 견인차, BBC 등 공공 서비스 방송의 시장실패 보완과 혁신 노력이 2차적 견인차 역할을 수행했다. 또한 미디어 산업의 발전을 위한 정책의 일환으로 영국은 지난 2000년 12월 융합 시대에 적합한 방송·통신의 규제 체계를 구축하기 위한 기본 정책이 되는 「A New Future for Communication」 백서를 발표했다. 여기에서는 방송·통신에 대한 규제기구를 일원화하고 멀티미디어의 등장에 따른 규제 체계를 정비해야 한다고 밝히고 있다. 이에 따라 규제 체계면에서는 방송 분야와 통신 분야를 아우르는 규제기관으로 커뮤니케이션청(Office of Communications: Ofcom)을 설치하여 세계적으로 가장 체계화된 형태를 취하고 있다. 영국은 2002년 EU의 규제 체계를 가장 적절하게 적용해 2003년에 방송과 통신을 아우르는 통신법과 통합규제기관으로서의 Ofcom을 설치했다.

한편, 2003년에는 융합 시대에 적합한 규제 체계를 정립한 「커뮤니케이션법(Communication Act)」을 제정했다. 이렇게 규제 체계를 일원화하고, 융합 시대에 적합한 단일한 법제가 정비됨에 따라 영국에서는 향후 진행될 미디어 및 커뮤니케이션 업계의 통합화, 디지털화, 탈규제정책 등 미디어 환경의 급격한 변화를 수용할 기관과 법제가 창설되었다고 평가된다.

영국 사례에서는 특히 정부, 의회, 관련 기구들이 오랜 논의 끝에 Ofcom 설립에 대한 합의를 이뤄냈다는 점에 유의해야 한다. 방송·통신 융합 과

32) 좀 더 상세한 사항은 김희수 외(2002), 『미국의 1996년 통신법 개정의 영향분석(Ⅰ),(Ⅱ)』, 정보통신정책연구원 참조.

표 2-4 영국의 방송통신 규제 체계

기능	Ofcom (통신위원회)	DCMS (문화미디어체육부)	DTI (통상산업부)
규제	-방송 및 통신사업자 허가·감독 -방송통신 시장의 경쟁 촉진 -주파수 배분정책 수립 및 할당 -BBC를 포함한 방송사업자의 방송 콘텐츠 규제 -방송 서비스의 고품질·다양성 보장, 방송물의 다원성 유지 -불공정성, 프라이버시 침해로부터 소비자 보호	- BBC의 면허료(licence fee) 설정	- 미디어 M&A 정책 주도 ※ Ofcom은 권고 및 자료 제출
정책		-Ofcom, BBC, 채널4 등 Public Corporation의 의장(chairman) 임명권 ※ Ofcom 의장, 비집행위원은 DTI 장관과 공동으로 임명 -BBC 경영위원회 위원 임명제청권 -방송의 정책 틀 마련(responsible for the framework for broadcasting in the UK) -방송의 공정경쟁 촉진, 시청자 보호, 표현의 자유 보호 위한 규제 틀 마련 -방송의 디지털 전환 정책 수립	-통신법 등 관련 법령 제·개정권 -Ofcom의 의장(chairman), 비집행위원에 대한 임명권 -에너지, 제조, 서비스, 과학기술 등 산업 전반의 발전과 기업경영환경 개선에 초점 둔 정책 수립 및 집행 -국가안보, 국제협약, 공공 안전 등을 위해 네트워크 및 주파수 관리정책 관련 Ofcom에 정책 권고 -의회 비준 거쳐 Ofcom에 주파수 분배 지시
진흥		-방송산업 진흥	- 정보통신산업 발전정책 수립 지원 - 방송기술산업 육성정책
기관 간 협조 기능	- Ofcom의 연간보고서는 DTI와 의회 양원에 정기 제출 - Ofcom 상임위원과 DTI, DCMS 장관은 고위정책협의회 정례화(월 1회)로 갈등 해소		

정에서 필요한 규제기구의 개편은 많은 이해 당사자들의 직·간접적인 반발과 그에 따른 소모적인 논쟁으로 이어지기 때문에 신중한 태도가 필요하다는 점을 알 수 있다.

4) 프랑스

프랑스는 방송산업의 문화적 중요성을 중시하면서도 규제기구 정비 측면에서는 최대한 방송·통신 융합 현상에 적응할 수 있는 정책·규제기구를 수립하고자 노력했다.

프랑스의 규제기구는 다양성과 공익성을 위해 방송과 통신으로 구분되어 있으나, 법제는 통일된 형태를 갖추고 있다. 프랑스는 EU의 2002년 규제 체계를 적극 도입해 전자 커뮤니케이션과 시청각 커뮤니케이션을 구분하는 과정에 FREE라는 IPTV 사업자가 등장함에 따라 2004년 2개의 융합 관련법의 제정이 가속화되었다.

프랑스에서는 지난 2002년 EU에서 체결된 '파케 텔레콤(Paquet Telelcoms)'조약을 국내법에 수용하기 위해 2004년 방송·통신 분야에 대한 일련의 새로운 법규를 제정했다. 2004년 「커뮤니케이션 자유법」이 개정되기 전까지 프랑스에서는 방송과 통신이 각각 별개의 개념으로 이해되어 왔다. 하지만 2004년 새로 제정된 「통신법」에서는 이와 같은 엄격한 구별을 지양하고 있다.

프랑스의 방송과 통신 분류 체계는 네트워크를 중립적으로 보고 '전자커뮤니케이션 네트워크'라는 이름으로 방송사업자나 통신사업자가 자유로이 진입할 수 있도록 상당히 규제를 완화하고 있다. 다만 프랑스의 방송·통신의 개념 분류는 구체적으로 온라인상에서 제공되고 있는 서비스들이 과연 온라인 공중 콘텐츠로서 유사방송으로 분류해 규제를 가해야 할 것인지, 아니면 계속 개인적인 통신 영역으로 분류해 규제를 하지 않아야 하는 것인지에 대한 구체적인 문제들을 해결하는 또 한 번의 절차를 거쳐야 한다는 문제점이 있다.

5) 독일

독일은 방송과 통신 법제 및 규제 체계가 이원화되어 있어 매우 복잡한 구조를 띤다. 컨버전스에 대한 정책의 기조는 연착륙으로, 사회문화적 충격을 최소화하고 보편적 접근과 관점의 다양성을 보장하는 기본 공급의 원칙을 충실히 따르고 있다.

최근에는 독일도 방송 개념을 확정할 때 특정 매체별로 한정적으로 방송이라고 규정하는 방식을 탈피해 헌법상 방송의 기술적 특징과 사회 여론 형성 기능에 착안해 신기술에 의한 새로운 유형의 방송 기술도 미래에 방송의 개념에 포함시킬 수 있도록 함으로써 방송의 개념을 상당히 개방적·역동적으로 정의하고 있다. 반면, 통신은 상호간의 의견 교환을 목적으로 하는 것으로 사회 여론 형성보다는 개인 간의 통신 비밀 보호를 통한 사생활 보호를 주목적으로 하는 기본권이라고 파악한다. 이러한 기본권적 성격의 차이에 근거해 방송에 대해서는 「방송·텔레미디어국가협약(Rundfunk-staatsvertrag)」을 체결해 지상파, 위성, 케이블, 위성 등을 통해 전달되는 방송 서비스의 '내용'에 대해 엄격한 규제를 하고 있으며, 통신에 대해서는 통신의 자유에 대한 보호와 통신설비의 유지에 중점을 두고 「통신법(Tele-kommunikationsgesetz)」을 제정해 통신의 영역을 규율하고 있다.

이와같이 독일의 경우는 통신은 연방, 방송은 주(州)로 규제기관이 이원화되어 있으며, 법제도는 방송, 통신, 융합 영역으로 구분되어 있다. 독일은 연방과 지방, 방송과 통신 분야의 관할권이 분화되어 세계에서 가장 분리된 체제를 고수하고 있다.

6) 일본

일본의 융합정책은 기존의 과점사업자들이 시장과 수용자들의 변화 요구를 받아들이지 않자, 정부가 정보통신 인프라의 구축을 중심으로 방송·통신 융합정책을 추진함으로써 진행되었다.

일본은 총무성이라는 국가 단일기구를 통해 '방송'에 대해서는 「방송법」, '통신'에 대해서는 「통신법」을 적용해 왔다. 여기에 방송·통신 융합으로 인해 발생하는 신규 서비스에 대해서는 그때그때마다 필요한 법령을 제정하거나 제도를 개선해 새로운 규제 시스템을 구축하고 있다. 이와같이 일본이 다른 국가들에 비해 비교적 탄력적으로 방송과 통신에 대한 개념을 정리하고 이에 대한 적절한 규제 제도를 창설할 수 있었던 이유는 총무성이라는 단일의 국가기관에서 방송과 통신에 대한 정책을 총괄적으로 담당

표 2-5 주요 선진국의 방송통신 법제, 기구와 추구 가치

		방송 영역	융합 영역	통신 영역
미국	법제	텔레커뮤니케이션법(1996)		
	기구	FCC		
	수평적 규제	수직적 규제, 통신 vs. 정보 서비스 구분	사안별 접근(VoIP, IPTV, BPL)	
	가치	시장경쟁		
영국	법제	커뮤니케이션법(2003)		
	기구	Ofcom(2003)		
	수평적 규제	EU Directive(2002) 기준 2단계 수평 규제(콘텐츠 vs. 전송)		
	가치	공익(내용물, 소유권)	시장 자유와 경쟁	
프랑스	법제	선사·시청각 커뮤니케이션법(2004)		
	기구	방송위원회(CSA)	전자·우편규제청(ARCEP, 2005~)	
	수평적 규제	콘텐츠와 네트워크의 분리에 의한 수평적 규제		
	가치	표현의 자유, 다양성	자유경쟁, 보편 서비스	
독일	법제	방송텔레미디어국가협약(1987~)	텔레미디어법(2007~)	통신법(1996~)
	기구	주미디어청, 방송평의회	연방기구 주미디어청	연방기구
	수평적 규제	공영과 민영의 이원적 규제를 기반으로 한 수평적 규제		
	가치	다양성, 보편적 접근	시장 경쟁	시장 경쟁
일본	법제	방송법, 전파법	유선전기통신법, 전파법, 전기통신사업법	
	기구	총무성(2001)		
	수평적 규제	수직적 규제, 4단계 수평적 규제 구상 중		
	가치	공익성	시장 경쟁	시장 경쟁

출처: 황주성(2011: 8-9면).

했기 때문이다. 특히 총무성에서 간행된 2003년 4월의 '브로드밴드 시대에 있어서 방송의 미래상에 관한 간담회'의 보고서에서는 현재와 같은 방송과 통신의 분리구조가 향후 5~10년 동안은 지속될 것이지만 향후 방송·통신의 융합 현상에 대비하기 위해서는 모든 네트워크가 IP 네트워크로 통합되어 가는 상황을 고려하여 기존의 방송과 통신 제도를 사업별로 분리하고 있는 규제 체계를 수평적인 규제 체계로 전환해야 한다고 설시하고 있다.

일본의 규제기구는 총무성으로 통일되어 있으나, 법제가 체계화되어 있지 못해 융합 제도의 정비가 가장 늦은 편이라고 평가할 수 있다.[33]

3 우리나라에서 방송·통신 융합에 대한 규제 체계의 대응

1) 방송·통신 융합과 규제환경의 변화

방송과 통신 융합 또는 미디어 융합이란 기본적으로 방송사업자가 통신망을 이용해서 방송의 프로그램 내용물(콘텐츠)을 전송할 수 있는 서비스의 융합을 말하는 것이다. 특히 기존에는 통신으로 분류되던 통신사업자가 방송사업에 진출하는 형태로 서비스 융합이 이뤄지고 있다. 지금까지 방송에 대해 상대적으로 엄격한 공공성의 원칙을 적용해서 규제해 왔다는 점을 감안한다면 방송의 내용물을 방송망이 아닌 통신망을 통해 전달한다고 해서 이러한 공공성의 원칙으로부터 자유로울 수는 없다. 따라서 향후에도 방송과 통신 개념은 이용하는 서비스망에 의해 좌우되는 것이 아니라 제공되는 서비스가 사회적 여론 형성력을 가졌는지의 여부에 의해 구분해야 한다.

방송과 통신의 융합 현상이 전개되면서 이를 반영한 규제환경에도 변화가 나타났다. 기존의 방송과 통신은 기술적 특성과 서비스 특성의 차이뿐만이 아니라 관련법에 따라서도 서로 규제의 정도가 상이했다. 두 특정 주

33) 이상의 각국별 법제 개편에 대해서는 황주성(2011), 앞의 보고서 참조.

체 간의 반응을 전제로 한 지향성을 가진 양방향 정보 교환 서비스인 통신은 그 효과가 제한적 · 개인적이다. 이에 비해 불특정 다수를 대상으로 무지향적이며 비배제적인 단방향 정보 공유 서비스인 방송은 그 효과가 공개적 · 확산적이기 때문에 방송망에 대해서는 비교적 엄격한 규제가 적용되어 왔다.[34]

방송의 경우 1980년 언론 통폐합이나 1989년 방송법제, 2000년 통합방송법 등을 거쳐 공익적 독점구조로 고착되면서 방송의 공공성과 공익성을 중심으로 방송 제도를 발전시켜 왔다. 반면, 통신의 경우 품질 보장과 저렴한 비용으로 통신 서비스에 접근하는 보편적 서비스가 정보 격차 해소를 통한 사회 통합을 수행하는 핵심적 정책 수단이었다.[35] 또한 방송산업은 선규제 후사업 정책을, 통신사업은 시범사업의 진행 경과를 지켜보고 규제 강도를 정하는 선사업 후규제 정책을 지향하고 있어 방송 · 통신 융합 규제에 혼란을 야기했다.[36]

2) 국내에서의 서비스 개념 체계화 및 규제 체계의 대응

방송은 공공성 · 공익성이 강조되고 통신의 경우 영업성 · 영리성과 같은 산업 진흥이나 경쟁적 측면이 강조되기 때문에 「방송법」은 사전 규제와 내용, 편성 규제가 강한 편이다.

반면, 「인터넷멀티미디어방송사업법」은 사전 규제가 강하고 사후 규제가 상대적으로 적은 편이며, 「전기통신사업법」 등 통신 관련 규범들은 사전 규제는 거의 없고 사후 규제도 요금 및 약관 규제 등에 국한된다.

이종 산업 간 융합 서비스와 관련해서는 먼저 모바일 금융 서비스의 경우 전자금융 거래의 법률 관계 일반을 규율하기 위해 제정된 「전자금융거래

---

34) 강재원 · 이상우(2006), "방송 · 통신 융합 서비스의 규제 방향: IPTV에 대한 규제를 중심으로", 「한국방송학보」 제20권 제2호, 7-43면.

35) 성인숙(2005), 『방송통신융합형 서비스의 도입에 따른 규제모델 연구』, 한국언론학회 연구보고서, 39-64면.

36) 정윤식(2004), "통신방송 융합법제 및 정책분석", 「정보통신정책연구」 제11권 제3호, 49-87면.

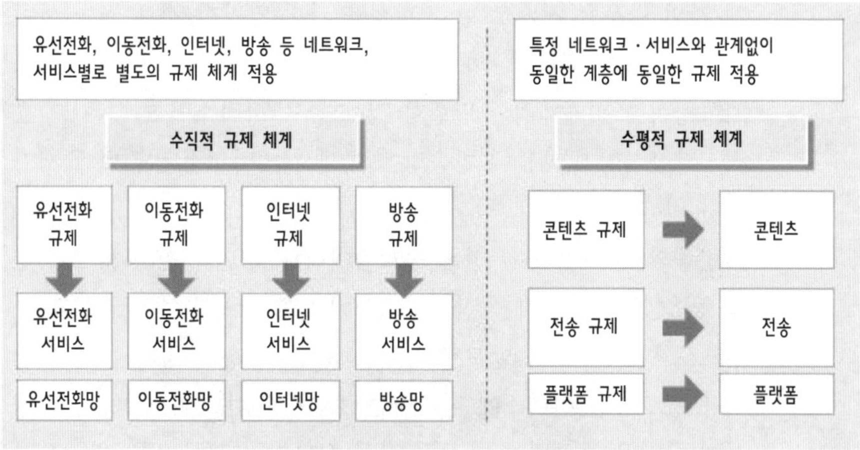

그림 2-7 규제 체계의 비교

출처: 임준 · 정경오 · 황준오(2010: 60면).

법」이 적용된다. 이 법은 전자금융 거래와 전자지급 거래에 대한 규제 근거 규정을 두고 있다. 이 법에 따르면 통신회사 등 비금융기관도 금융위원회에 "전자금융업자"로 등록한 경우에는 전자자금 이체 업무, 직불 전자 지급 수단의 발행 및 관리, 선불 선사 시급 수난의 발행 빛 관리, 전자 지급 결제 대행 등의 전자금융 업무를 제공할 수 있다.[37]

한편 방송·통신 융합에 대비한 규제기구 개편에 대해 살펴보면, 지난 2000년부터 정보통신부와 방송위원회를 중심으로 운영되었던 규제기구의 개편 논의를 둘러싸고 갈등이 고조되어 왔으며, 이를 해결하기 위해 2006년에 방송통신융합추진위원회를 설치해 방송과 통신을 둘러싼 갈등을 조정하고, 방송·통신 융합을 위한 중장기계획을 수립하면서 관련 제도를 정비했다.

이 과정에서 기구 간의 역할을 비롯해 민간기업의 성장과 국민의 수요 등을 고려한 정책들이 마련되었으며, 그 후 실용정부가 출범한 2008년부터 방송과 통신의 융합 현상에 대응하기 위해 방송위원회와 정보통신부를 통

37) 임준 · 정경오 · 황주연(2010), 앞의 책, 79-80면.

합한 방통위[38]가 대통령 산하에 설치되어 국가경쟁력을 이끄는 견인차의 역할을 하고 있다.[39] 방통위가 출범한 후 「방송통신발전기본법」이 2010년에 제정되어 시행 중이다.

방송과 통신의 정책·규제기구를 통합한 것은 방송·통신 융합환경에 대한 능동적인 대응을 위한 것이다. 「방통위설치법」 제1조에서는 이를 명확하게 밝히고 있는데, 여기에서는 "방송과 통신의 융합환경에 능동적으로 대응하여 방송의 자유와 공공성 및 공익성을 높이고, 방송·통신의 국제경쟁력을 강화"하는 것이 방통위의 설치 이유임을 명시하고 있다.[40]

3) 규제 체계의 문제점

방송·통신 융합이 진행되면서 제도 개선의 필요성은 더욱 시급해지고 있으나, 필요한 제도 개선은 진전되지 않고 있다. 특히 방송·통신 분야는 「방송통신발전기본법」이 2010년부터 시행됐으나, 수평적 규제 제도 도입을 위한 「방송통신사업법」 제정이 계속 연기되고 있다.

「방송통신사업법」을 구체적으로 제정하기 위해서는 「방송법」, 「전기통신사업법」, 「인터넷멀티미디어방송사업법」을 전면적으로 대체·통합하는 법을 제정해 방송·통신 관련법을 개편하는 것이 이상적이다. 하지만 방송과 통신에 대한 개념 정의의 곤란, 방송과 통신의 서로 다른 규제 이념 및 규제의 통합의 어려움 등 많은 문제점이 발생할 가능성이 높다. 「방송통신사업법」 제정이 방대한 작업이고 사업자 간 이해 상충으로 시간이 오래 걸린다면 우선 「방송법」에 수평적 규제 원칙을 확대하는 것이 필요하다.

---

38) 방통위는 합의제 의결기구이지만, 법령 내지 집행기구로서 효율적으로 임무를 수행해야 하는 일반적인 중앙행정기관으로서의 성격을 동시에 지닌다. 「방통위설치법」 제3조 제2항에서는 "위원회는 「정부조직법」 제2조에 따른 중앙행정기관으로 보되, 다음 각 호의 사항에 대하여는 「정부조직법」 제16조를 적용하지 아니한다."라고 규정하면서 방송의 독립성 보장과 관련한 사항을 열거하고 있다.

39) 그간의 경과에 대해서는 신영진·김성태(2008), "방송·통신 융합의 추진 과정과 발전 방안에 관한 연구: 이해관계자 중심의 네트워크 분석과 AHP 분석을 중심으로", 「정책분석평가학회보」 제18권 제2호, 176면.

40) 이원철(2010), "미국 연방통신위원회(FCC) 집행국 조직과 사무", 「전파방송통신저널」 제26호, 60-67면.

만일 「방송통신사업법」을 제정하는 경우 방송·통신 관련법을 대체할 것인지 아니면 방송·통신 융합 서비스만을 규율할 것인지에 대해 상호간의 장·단점을 비교 분석해 신중한 접근이 요구된다.[41]

수평적 규제 체계를 도입하기 위해서는 특히 이미 각국별로 국가의 방송통신산업 발전에 따라 상이한 제도가 정립되어 있다는 점을 신중하게 고려해야 할 것이다.

현재 우리나라에서는 지상파 방송(디지털 방송 포함)의 경우 제작-편성·방송국 운영-전송 시스템이 단일 시스템(수직적으로) 통합되어 있다. 반면, 케이블TV 및 위성방송 사업자는 사업 초기에 기간통신망 보유를 전제로 허가했던 것이 아니고 별도의 전송망사업자를 지정해서 사용하도록 정부가 강제해 왔던 현실을 고려해야 할 것이다. 나아가 이미 관계 법령상 수직적 결합이 허용되어 규제 대상 역시 콘텐츠 제공 서비스(채널 구성과 운용 등) 영역과 전송 네트워크 운용(기술 기준 등) 영역을 포괄하여 동시에 방송사업 권리(business license)로서 보호 및 규제를 받고 있다는 점에 유의해야 한다.

기존 「방송법」은 1방송사 1채널, 채널의 희소성을 전제로 방송의 공공성을 확보하기 위한 규제 제도를 근간으로 하고 있다. 하지만 채널의 희소성이 소멸되고, 시청자의 시청 행태도 VOD 방식으로 점차 전환되고 있는 점을 고려하면 이러한 기술적 전제 역시 변화되어야 한다.

이러한 측면에서 보면 현행 「방송법」 상의 규제는 플랫폼에 근거한 수직적 규제 체계로서 지나치게 중첩된 규제를 하고 있으므로 수평적 규제로 전환할 필요가 있다. 또한 시장 획정 재설정, 채널 의무 제공 제도 도입, 망 중립성 정책 등에 대한 사회적 합의 도출 및 실행 가능한 대안 마련이 필요하다.[42]

나아가 방송·통신 융합에 따른 환경 변화로 분쟁 발생의 유형도 매우 다양해질 것이므로 방송과 통신정책기구 외에 방송·통신을 포괄하는 일원

41) 임준·정경오·황준오(2010), 앞의 책, 86면.
42) 디지털 컨버전스 미래포럼(2010), 『디지털 컨버전스의 미래 이슈와 미디어정책』, 10면.

화된 통합 분쟁조정기구를 설치해야 한다. 분쟁조정기구의 구성, 운영 및 절차 등 공통 규정에 대해서는 각 개별법에 중복 규정하는 입법 방식보다는 단행법으로 제정하는 것이 더욱 효율적이다.43)

향후 플랫폼 사업자들을 통하지 않고 콘텐츠 제작자가 유통망을 통해 직접 이용자들에게 콘텐츠를 제공할 수 있으므로 기존의 규제 체계가 무력화될 수 있다. 하지만 이때에도 전통적인 미디어 시장은 존재할 것으로 예상되므로 전통적인 미디어 시장을 규율하는 법규와 스마트TV 등 새로운 유형의 미디어들을 규제하는 법규는 전혀 다른 형태로 규제해야 할 것이다. 이와같이 기존의 규제 체계 개편 문제와 아울러 방송·통신 융합 시대에 적합한 규제 체계의 마련을 위해 지속적인 논의가 필요하다.

제 5 절 방송·통신 융합으로 인한 규제 체계의 변화 필요성과 가능성

최근 미디어 기술, 산업 및 정책 변화의 키워드는 융합이며, 융합의 흐름은 이제 선택이 아닌 필수가 되었다. 이러한 융합 현상을 제대로 이해하기 위해서는 융합이 추구하는 궁극적인 가치와 비전을 명확히 하고, 방송·통신의 구조적 특성 및 이를 반영하는 미디어 시스템의 변화 양상을 종합적으로 파악해야 하고, 융합과 관련된 규제정책 이슈들에 대해서도 신속한 조치가 필요하다.

현재 다양한 융합형 서비스가 시장에 진출하고 있는 만큼 중장기적으로 「방송법」, 「인터넷멀티미디어사업법」, 「전기통신사업법」을 포괄하는 「방송통신사업법」을 제정하고, 미디어 산업의 계층별로 동일한 규제를 적용하는 수평적 규제 제도의 도입을 검토해야 한다. 또한 콘텐츠 계층에 대해서는 중복 규제를 없애고 플랫폼에 관계 없이 사후 시청점유율 제한을 강화하는 방향으로 단순화할 필요가 있다.44)

43) 임준·정경오·황준오(2010), 앞의 책, 86면.
44) 같은 의견으로는 황주성(2011), 앞의 보고서, 11-12면.

또한 방송·통신 융합의 핵심은 전송 부문의 시장 경쟁을 극대화함과 동시에 방송 콘텐츠의 공익성을 확보하는 것이므로, 공익적 방송의 문화적 다양성과 고유성 및 독립성 확보를 위한 중장기 계획을 수립해야 한다. 최근 미디어 부문에서 다양한 플랫폼 간의 경쟁이 격화되고 있어 공공재의 성격을 갖는 양질의 콘텐츠 생산이 사회적 최적 수준에 미치지 못할 수 있다는 우려가 제기되고 있는 점을 고려하면 공익적 성격의 콘텐츠를 확보하는 것이 매우 시급한 문제이다.

나아가 융합으로 확대된 방송·통신사업은 과거보다 더 큰 사회적 역할을 수행하고 있으므로, 사회 전반의 발전을 위한 방송·통신의 역할과 미래 비전을 거시적으로 제시하고 공유할 필요가 있다.

이러한 많은 문제점을 해결하기 위해 방송통신 관련 정책기구를 통합했으나 아직 불완전한 점이 많다. 단일 기구가 탄생했기 때문에 기관 간에 관할권 확보를 위해 각각 '방송' 또는 '통신'의 영역에 속한다는 소모적인 분쟁은 방지할 수 있다. 하지만 '방송'과 '통신'은 그 규제철학, 규율 방식, 규제의 종류 등에 많은 차이가 있기 때문에 기관의 단일화에도 불구하고 여전히 양자 간의 개념을 구별하고 각각의 특징에 부합하는 규제 제도를 정비하는 것이 중요한 입법적 과제가 될 것이다.

제 3 장 행정조직 및 행정개혁 일반론

제 1 절 행정의 의의와 행정조직의 필요성

'행정'이라는 개념은 근대국가가 등장한 이래 민주주의의 발전에 따라 탄생한 삼권(입법 · 사법 · 행정) 분립의 원리에 따라 성립되었고, 입법 및 사법과 대립되는 개념으로 파악되고 있다.[1] 행정의 개념은 1686년 영국의 명예혁명(Glorious Revolution), 1776년 미국의 독립선언, 1789년 프랑스대혁명 등을 계기로 하여 자유민주주의적 근대 법치국가가 성립되면서 국가의 권력 남용을 억제하고 국민의 자유를 실현하기 위한 권력분립(seperation of power)의 원칙을 채택하면서부터 본격적으로 논의되기 시작했다.

미국 최초의 행정학 교과서로 알려진 화이트(Leonard D. White)의 『행정학 입문(*Introduction to the study of public administration*)』에서는 행정을 "국가 목적을 달성하기 위한 사람과 물자를 관리하는 일"이라고 정의했으며,[2] 일반적으로 행정은 적용 범위에 따라 넓은 의미와 좁은 의미로

1) 최창호 · 하미승(2010), 『새행정학개론』, 삼영사 참조.
2) White, Leonard D.(1955), *Introduction to the study of public administration*, New York: Macmillan 참조.

구분된다.[3)]

광의의 행정 = 공공행정(public administration) + 사행정(business administration)을 모두 포함하는 행정

먼저 광의의 행정은 공공행정(public administration)과 사행정(business administration)을 모두 포함하는 행정을 말한다.

공공행정과 사행정은 운영의 주체가 공권력을 가진 국가기관인가 아니면 공권력을 가지지 못한 개인 또는 비공식 기관인가에 따라 구분된다. 따라서 공공행정은 공권력을 가진 국가 또는 기타의 공공기관에서 행하는 행정을 말하며, 사행정(= 사기업 경영)은 개인 기업체나 각종의 민간 경영체에서 행하는 행정을 말한다.

협의의 행정이라 함은 공공행정(또는 공행정)만을 말하는데, 이는 정부관료제를 중심으로 하여 이뤄지는 활동을 의미한다. 즉, 공공행정이라 함은 정부관료제를 중심으로 행정부의 구조 및 공무원의 활동을 포함하는 개념으로서 "행정부(또는 행정기관)가 공공문제를 해결하기 위해 인적·물적·재정적 지원을 관리하는 활동"이다. 그러므로 공공행정은 본질적으로 공공성의 원리에 입각해 공익을 추구하는 것을 목적으로 한다.[4)]

제 2 절 행정 기능의 분류

위에서 논의한 바와 같이 행정이라 함은 법적·정치적 권위에 기초한 정부의 다양한 활동을 말한다. 행정은 이를 이해하는 방법에 따라 정책 과정

3) 이종수·윤영진(2008), 『새행정학』, 대영문화사, 25면.
4) 행정조직의 구성 및 운영절차에 관한 법원리에 대해서는 이원우(2009), "행정조직의 구성 및 운영절차에 관한 법원리: 방송통신위원회의 조직 성격에 따른 운영 및 집행절차를 중심으로", 「경제규제와 법」 제2권 제2호, 96-119면 참조.

적 이해, 행정 수단적 이해, 행정 조직적 이해로 구분된다.

첫째, 정책 과정적 이해 방법에 의하면 정책은 바람직한 미래를 구현하기 위한 정부활동 수단의 묶음을 말하며, 행정은 정책 목표와 수단을 기획하고(plan), 정책을 실행하여(do), 정책 결과를 평가한 후 정책을 수정(시정)(see)하는 과정으로 본다.

이러한 이해 방법에 의하면 행정은 ① 정책의제 설정 → ② 정책분석 → ③ 정책결정 → ④ 정책집행 → ⑤ 정책평가 → ⑥ 시정조치 등 일련의 흐름에 따라 실행된다.

둘째, 행정 수단적 이해에 의하면 정부는 행정 목표를 달성하기 위해 다양한 수단을 활용하게 된다.

이에 따라 대외, 대국민 관계에서 행정 수단의 특성을 <표 3-1>과 같이 분류할 수 있다.

이에 의하면 행정은 크게 제도화(법규) 행정, 조장(진흥, 지원) 행정, 규제 행정으로 3분할 수 있다. 또한 정책과 규제는 배타적으로 구분되는 개념

표 3-1 행정조직의 분류 기준

제도화 – 미래 · 현재 지향, 제도 형성
계획: 기본계획, 시행계획
법규: 법률, 명령, 규칙의 제 · 개정, 조약의 체결
기관: 공공기관 설립

조장 · 진흥 – 현재 지향, 고객 서비스
물적 지원: 재정보조(국고지원금, 포상금), 금융 지원(저리 융자), 구호품 제공
서비스: 외교 · 국제협력, 교육 · 훈련, 연구개발, 의료, 안전, 정보 · 지식(동향정보, 취업정보)
홍보 : 현황 정보 제공, 대국민 설득

규제 – 현재 · 과거 지향, 공공성 실현
감사 · 평가 : 과정 및 결과 확인 비교
조세 : 과세 및 감면
규제 : 국민의 행위 제한과 공적 의무 부과
공적 의무 부과(PSO), 사업 인허가, 행위 제한, 공정경쟁(겸영 금지, 단합 금지), 분쟁 조정
제재 : 과태료, 벌금, 징역
감사 · 평가행정, 조세행정, 규제행정, 제재행정은 법률적 근거를 가져야 함

은 아니고 정책결정과 정책집행이나 조장(진흥)행정과 규제행정으로 구분이 가능하다.

셋째, 행정조직적 이해에 의하면 행정조직은 기관 자체의 유지, 관련 기관과의 상호작용, 고객집단에 대한 서비스 기능을 수행한다.

이에 의하면 ① 행정기관 내부관리 측면에서는 조직, 인사, 재무, 감사, 총무(기관 운영) 등으로, ② 행정기관과의 관계 측면에서는 상급기관과의 관계(대통령, 국무총리, 감사원, 국회 등), 하급기관과의 관계(소속기관, 정부산하기관, 지방자치단체 등), ③ 감사기관과의 관계(언론, 시민단체, 전문가집단), ④ 고객과의 관계(일반 국민, 관련 분야 종사자, 민원인, 사업자단체, 이익집단) 등으로 구분할 수 있다.

행정기관은 고객에 대한 서비스를 제공하기 위해 상급기관에 보고하고 명령을 받으며, 하급기관을 설치하고 운영을 지휘・감독한다. 감시기관에는 활동 정보를 제공하고 비판과 제안을 받아들인다. 다만 하급기관의 감독에서 조장(진흥)과 규제 기능이 함께 작동되므로 진흥행정과 규제행정의 구분이 용이하지 않은데, 가령 정부산하기관의 임원 선임, 편성예산 승인 등에서는 기능의 분류가 어려운 측면이 있다.[5)]

---

5) 행정조직의 종류와 기능에 대해서는 Urwick, Loenard D.(1955), *Introduction to the study of public administration*, New York: Macmillan; Pfiffner, John M. & Prethus, Robert V.(1946), *Public Administration*, New York: The Ronald Press; Mashaw, Jerry L. et al.(1998), *Administrative Law: The American Public Law System*, Berkley: Publishers West Group; Carter, Lief H. & Harrington, Christine B.(2000), *Administrative Law and Politics*, New York: Longman Publishing Group; Vigoda-Godot, Eran(2002), *Public Administration: on interdisciplinary critical aralysis,* New York: Marcel Dekker; Lemay, Michael C.(2002), *Public Administration*, Thomson Wadsworth: Belmont; Denhardt, Robert B. & Grubbs, Joseph W.(2003), *Public Administration: An Action Orientation*, Thomson Wadsworth: Belmont; Shafritz, Jay M. & Hyde, Albert C.(2007), *Classics of Public Administration*, Thomson Wadsworth: Belmont; Hickman, Kristin E. & Pierce, Jr. Richard J.(2010), *Federal Administrative Law*, New York: Thomson Reuters & Foundation Press; 김동욱(2006.9.27), "행정 기능의 분류와 행정조직", 「방송통신융합추진위원회 기구법제분과위원회 워크숍 발제문」 등을 참조.

제 3 절 정부조직의 유형과 특징 및 장·단점

1 계선조직과 참모조직

조직에는 조직의 목표를 직접적으로 수행하는 조직이 있는데 이를 '계선기관'이라고 한다. 반면 계선기관의 기능을 간접적으로 보조·지원하는 조직이 있는데 이를 '막료(참모)기관'이라 한다.

본래 계선(系線)이니 참모(막료)와 같은 개념은 군대 조직에서 유래한 것이다. 참모기관은 17세기에 덴마크군이 그 군대 편성을 참모진과 실전부대로 구분 편성한 데에서 비롯되었다. 그 후 18~19세기에 프로이센 군대에서 이를 도입, 발전시켰으며, 20세기에 이르러 미국 군대에서 채택되었고, 이어 행정조직을 비롯해 민간 기업체에 널리 채택되기에 이르렀다. 우리나라에서는 건국 이후 미국 군대의 참모 제도를 본따 군대 편성에 이를 택했으며 행정조직에 도입한 것은 1962년부터이다.

앨런(Louis A. Allen)은 계선기관과 막료(참모)기관의 개념에 대해 "계선(line)이란 조직 목표의 수행에 대해 직접적으로 책임을 지는 조직 분야이고, 막료(staff)는 조직 목표의 효율적 달성을 위해 계선을 돕는 조직 분야"라고 했다.[6]

한편 피프너(John M. Pfiffner)와 셔우드(Frank P. Sherwood)에 의하면 계선기관이란 "어떤 조직체의 전반적인 목표 달성에 직접적으로 기여하는 기관이며, 막료기관이란 조직 목표의 달성에 간접적으로 기여하는 기관"이라고 하기도 한다.[7]

---

6) Allen, Louis A.(1958), *Management and Organization*, New York: McGraw-Hill, pp. 12-20.

7) 행정기관에 대한 상세한 설명은 Pfiffner, John M. & Sherwood, Frank P.(1960), *Administrative Organization*, Englewood Cliffs, NJ: Prentice-Hall, pp. 31-171 참조.

1) 계선기관

(1) 개념 및 특징

계선기관(系線機關, line agency)이라 함은 계층제의 구조를 가진 조직에서 그 조직의 본래적 기능을 직접 수행함으로써 조직의 목표 달성에 직접 기여하는 기관이다.

계선기관은 행정상의 결정권과 집행권을 가지며, 또 계층적 구조의 수직적 계열(垂直的系列)을 형성해 이를 통해 명령이나 보고가 전달된다. 대통령 · 국무총리 · 장관 · 차관 · 국장 · 과장 · 계장 · 계원 등과 같은 수직적 계층이 계선기관에 해당된다. 계선기관은 대체적으로 다음과 같은 특징을 가진다.[8)]

첫째, 조직에서의 최고책임자를 정점으로 하여 피라미드형 조직과 같이 수직적인 관계에 있는 운영조직이다.

둘째, 조직의 업무에 대해 구체적인 집행을 담당하고 있으며, 조직 업무에 대해 집행 능력, 즉 지휘 · 명령권을 행사하는 기관이다.

셋째, 조직 목적의 수행에 직접적으로 관계함으로써 국민과의 접촉 빈도가 높고 국민 생활과 국민에 대한 직접적인 봉사를 담당하는 기관이다.

(2) 장 · 단점

계선조직은 첫째, 담당 업무가 정해져 있으므로 권한과 책임의 한계가 명확해 업무 수행이 능률적이다. 둘째, 단일기관(單一機關)으로 구성되므로 정책결정이 신속히 이뤄지고 명령통일 원칙에 따라 움직일 수 있다. 셋째, 업무가 단순하고 비용이 적게 드는 조직에 적합하다. 넷째, 명령 · 복종의 관계에 따라 움직이는 것이므로 최고관리층이나 상급기관들이 강력한 통솔력을 발휘할 수 있는 점 등이 장점이다.

반대로 계선조직은 첫째, 대규모 조직에서는 의사결정권이나 지휘 · 명령권이 최고관리층에 집중되어 계선만으로는 업무 수행이 어렵고, 업무량이 과다해진다. 둘째, 계선기관의 장(長)이 경직적 사고 방식을 가지고 주관

---

8) 이하의 계선조직에 대한 설명은 유영옥(1997), 『행정조직론』, 학문사, 160-169면 이하 참조.

적·독단적 조치를 취할 가능성이 있다. 셋째, 전문성을 요하는 분야에서 전문가의 지식과 경험을 이용할 수 없다. 넷째, 조직이 지나친 경직성(硬直性)을 띠게 되는 단점이 있다. 따라서 계선조직은 소규모 조직에서는 효율적이지만 조직의 규모가 커지는 것에 비례하여 원활한 운영이 어렵다는 문제점이 발생한다.[9]

2) 참모기관

(1) 개념 및 특징

참모(막료)기관(參謀機關, staff agency)이라 함은 계선기관(line agency)에 정보·지식·기술 등을 제공하여 계선기관으로 하여금 효과적으로 직무를 수행할 수 있도록 보좌하는 기관을 말한다.

참모기관은 계선기관의 결함을 보완하고, 생산적이고 창의적인 행정의 요청에 부응할 수 있어 최근 조직책임자들의 업무량이 혼자만의 능력으로 감당해 낼 수 없을 정도로 팽창한 현실에서 매우 유용한 제도이다.

참모기관은 주로 정책형성 과정이나 기획에의 참여, 계선기관을 위한 자문·권고·협의·조정, 정보의 수집·분석·제공·조사연구 등의 업무를 수행한다. 이와 같은 업무를 담당하는 참모기관의 예로는 대통령실(장)·국가안전보장회의·국무총리실(장)·장관정책보좌관·차관보·비서관 등을 들 수 있다.

어윅(Lyndall Urwick)과 화이트(Leonard D. White)는 자문형과 서비스형으로 구분하는데,[10] 특히 화이트는 서비스형의 막료기관을 보조기관(auxiliary agency)이라고 부르기도 한다. 일반적인 분류 기준에 의하면 참모의 유형은 일반참모·특별참모·개인참모로 구분한다.

일반참모(general staff)는 관리참모(管理參謀)라고도 하는데, 기획·인

---

9) 유해종 외(1993), 『행정학대사전』, 고시원, 36면 참조.

10) Urwick, Lyndall(1938), *Scientific Principles and Organization*, New York: American Management Association, pp. 31-32; Lepawsky, Albert(1955), *Administration: The Art and Sciense of Organization and Management*, New York: Knopf, pp. 296-299.

사·예산 등 조직의 전반적인 관리문제를 다루고 지원하기 위해 설치된 참모이다. 흔히 참모 또는 막료라고 하면 이 유형을 말한다.

특별참모(special staff)는 계선 책임자에게 전문적인 지식이나 기술을 제공하기 위해 설치된 참모이며, 기술참모(技術參謀)라고도 한다.

개인참모(personal staff)는 상관의 신변상의 문제나 잡무를 돌보고 처리하기 위해 설치된 참모로서 장관의 비서관이나 사단장의 전속부관이 그 예이다.[11)]

(2) 장·단점

참모기관은 조직책임자의 인격을 연장, 보완하는 기관으로서 첫째, 전문적인 지식, 경험, 기술 등을 가진 막료들을 활용해 좀 더 신중하고 합리적인 의사결정이 가능하다.

둘째, 전문지식이나 경험을 바탕으로 하여 조언과 상담 및 권고 등을 함으로써 최고책임자의 능력을 증대시켜 주기 때문에 최고책임자의 통솔 범위를 확대시켜 준다.

셋째, 계선조직에 비해 지시·명령권이 없기 때문에 비교적 조정이 용이해 조직의 경직성을 완화시켜 준다.

그러나 참모조직은 첫째, 계선기관과 구성원의 사회적 배경, 사고 방식, 학력 및 업무의 성격이 상이하기 때문에 불협화음이 발생할 가능성이 높다.

둘째, 계선기관과 참모기관 간의 권한과 책임이 불분명한 경우 책임의 전가 현상이 나타날 우려가 있다.

셋째, 참모기관에 자문과 조언을 구하는 과정에서 명령이 통일적·직선적으로 전달되지 못하기 때문에 의사 전달의 착오가 발생하고 행정의 지연과 경비 지출의 증가 현상이 발생할 수 있다.

넷째, 참모기관은 계선기관에 비해 책임을 지지 않기 때문에 자유로운 조언도 가능하지만 반대로 책임을 지지 않는 조언을 할 가능성도 높다.

---

11) 이에 대해서는 백완기(2007), 『행정학』, 박영사; 김광웅(2004), 『비교행정법』, 박영사; 백기복(2004), 『조직행동연구(제3판)』, 창민사 등을 참조.

2 위원회 제도

1) 위원회 제도의 의의와 장 · 단점

(1) 의의

'위원회(committee)'라 함은 넓은 의미에서는 자연인들에 의해 구성되는 합의제 기관의 통칭이며, 좁은 의미로는 행정적인 규제를 행사할 수 있는 권한을 가지고 일반행정기관으로부터 독립되어 있는 합의제 기관을 말한다. 한편 더욱 좁은 의미로 입법부 내에 설치되어 의원들의 합의체로 운영되는 상임위원회와 특별위원회를 가리키는 경우와 합의제 행정기관으로 운영되는 행정위원회를 가리키는 경우도 있다.

위원회 제도는 고대 그리스와 로마 시대부터 발전하기 시작했으며, 절대주의 시대 군주의 보좌기관이었던 쿠리아(Curia)에서 행정 기능을 담당했던 행정기관이 발전하여 생성된 것이다.

미국에서는 독립 초기에 해밀턴(Alexander Hamilton)의 주장에 따라 1인 지배형으로 구성된 연방정부가 상업 발전으로 인한 규제의 필요에 의해 독립규제위원회가 증가하면서 집단적 지배 유형으로 변천하게 된 것이다.

현대 국가에서 위원회 제도는 행정국가화 현상에 따라 사회 · 경제의 급격한 변동과 국제적인 변화의 와중에 복잡한 국가적 문제를 좀 더 합리적이며 집단적으로 해결하기 위해 조직되기 시작했다.

이러한 필요에 따라 위원회 제도는 다양한 계층의 국민들이 참여함으로써 국민의 참여 의식을 제고하고 이를 통해 국민의 의사를 국정에 널리 반영시킬 수 있으며, 충분한 토론을 통해 좀 더 신중한 의사결정을 내릴 수 있다. 또한 위원회 제도는 계층제가 가지는 지나친 경직성을 완화시켜 주는 완충제 역할을 하기도 한다.

(2) 장 · 단점

위원회는 외부 전문가의 조언과 지식을 활용해 합리적인 정책과 계획을 수립하고 각계각층의 의견을 수렴하여 다양한 이해관계를 조정할 수 있어 행정의 민주성, 전문성, 투명성을 향상시킬 수 있는 장점이 있다. 특히 첫째, 다수의 참여자들에 의해 민주적인 의견 개진과 경험 교환이 가능하기 때문에 참가자들의 자유로운 토론을 통해 좀 더 창의적이고 합리적인 의사결정이 가능하다.

둘째, 조직 내 각 부문 간의 견해 대립을 조정·통합시켜 줌으로써 업무처리를 능률적으로 할 수 있으며, 정당정치의 영향을 덜 받게 되어 행정의 중립성과 계속성의 확보에 용이하다.

셋째, 위원회는 관련 있는 조직원들 상호간에 경험이나 지식 등을 교환·공유할 수 있게 함으로써 의사결정이나 업무의 집행이 좀 더 용이하다.

넷째, 위원회는 각 분야의 전문가들로 구성되므로 전문적인 권고와 조언을 해 줌으로써 의사결정이나 업무의 집행이 합리적이고 효율적으로 형성될 수 있도록 해 준다.

위와 같은 장점에도 불구하고 위원회 제도는 첫째, 사회문제가 발생할 때마다 위원회를 설치할 경우 유사한 위원회가 중복적으로 남설될 수 있으며, 의사결정을 합리화하는 책임 회피의 수단으로 악용될 수 있다.

둘째, 위원회의 위원들이 다양한 사회적 배경과 가치관을 가지고 있기 때문에 서로 다른 이질적인 구성원들의 견해를 하나로 조정·통합하는 데 매우 많은 시간이 소요되어 효율성이 저하될 수 있다.

셋째, 위원회의 회의에 참여하는 구성원들이 다수이므로 신속한 결정과 내용의 기밀성을 유지하기가 매우 어려우며, 안건에 대한 결정이 어려울 경우 상호 타협적인 결정을 할 우려가 있다.

넷째, 위원들 간의 능력의 차이나 정치적 영향력의 차이가 클 경우에는 소수의 위원이 지배력을 행사할 가능성이 크며, 사무국에서 위원회의 활동을 사실상 지배하게 되어 위원회 활동 자체가 무력화될 가능성도 있다.

2) 위원회의 종류와 특징

회의제적 형태의 위원회를 구분하는 방법은 학자에 따라서 매우 다양하다. 가령 피프너(John M. Pfiffner)는 위원회를 ① 행정위원회(administrative committee), ② 규제위원회(regulatory committee), ③ 반독립위원회(board tied in to hierach), ④ 자문위원회(advisory committee), ⑤ 초당적 위원회(bipartisan committee) 등으로 구분한다.[12] 또한 어윅(Lyndall Urwick)은 ① 집행적 위원회(executive committee), ② 조정적 위원회(coordinative committee), ③ 자문위원회(advisory committee), ④ 교육적 위원회(educative committee) 등으로 구분하기도 한다.[13]

여기에서는 많은 분류 중 행정위원회의 한 종류인 행정기관적 위원회와 독립규제위원회로만 구분해 살펴보기로 한다.

(1) 행정위원회

일반적으로 행정기관은 의사결정 구조를 기준으로 독임제와 합의제로 구분된다. 우리나라에서 독임제 중앙행정기관의 일반적 형태는 부(部)・처(處)・청(廳)이고, 합의제 중앙행정기관의 일반적 형태는 행정위원회이다. 법률에 의한 위원회의 종류는 「정부조직법」과 「행정기관의 조직과 정원에 관한 통칙」의 규정에 따라 크게 자문위원회와 행정위원회로 분류된다.

행정위원회란 정부위원회 중 기능이나 권한을 기준으로 자문위원회나 의결위원회와는 달리 행정기관적 성격을 지닌 조직의 통칭이다. 행정위원회라는 개념이 때로는 후술하는 '행정기관적 위원회' 또는 '독립규제위원회'와 동일한 의미로 사용되기도 하지만, 엄밀하게 구분하면 행정위원회의 개념은 '행정기관적 위원회', '독립규제위원회' 등 정부위원회의 상위 개념으로 보아야 한다.

이러한 견해에 의하면, 행정위원회는 다수의 위원에 의해 집단적 의사결정을 하는 위원회 조직 중에서 입법부, 사법부 등 헌법상의 기관을 제외한 행정기관적 성격의 합의제 행정기관으로 정의될 수 있다.

한편 행정위원회의 권한 범위를 기준으로 행정위원회와 여타 정부위원회를 구분하여 통상 자문위원회, 행정위원회, 심의(의결)위원회로 구분하고 있다. 자문위원회는 구속력 없는 조언적 성격의 의사를 결정하고, 행정위원

12) Pfiffner, John M. & Prethus, Robert V.(1946), *op. cit.,* pp. 99-104.
13) Urwick, Lyndall(1938), *op. cit.,* pp. 8-9.

회는 구속력 있는 의사결정과 집행권을 행사하며, 중간 성격의 의결위원회는 집행권은 없으나 구속력 있는 의사를 결정한다.

행정위원회는 독립규제위원회와 같이 준입법적·준사법적 기능 외에, 정책결정과 집행 등의 행정적 기능을 수행함은 물론 행정부에 소속되어 있지만 어느 정도 독립된 지위를 누리면서 행정기관적인 성격을 가지며, 결정은 법적 구속력까지 있다.

행정위원회는 20세기 전반 전통적인 입법과 재판의 방법만으로는 급격한 산업화 과정에서 발생하는 사회·경제적 문제에 효과적으로 대처할 수 없기 때문에 탄생한 새로운 규제기구이다. 행정위원회 제도는 미국에서 발달한 제도로 직무의 독립성과 기능의 통합성, 합의제 행정기관이라는 세 가지 특성이 있는데, 우리나라의 중앙인사위원회, 국가권익위원회, 공정거래위원회, 금융위원회, 국가인권위원회 등이 이에 해당한다.[14]

(2) 행정기관적 위원회

행정기관적 위원회란 행정위원회(administrative board) 중 행정기관의 성격을 가진 합의제 기관으로서, 당해 위원회에서의 결정은 법적 구속력이 부여되고 결정·집행 등에서는 행정기관과 동일한 효과가 있다.

행정기관적 위원회는 영국의 지방자치제도 하에서 처음 활용되기 시삭되어 미국의 식민지 시대에 널리 채택되어 온 제도인데, 미국에서는 1900년 갤버스턴(Galveston) 시에서 처음 실시된 이후 널리 주로 지방자치단체의 교육·사회·보건·복지 부문에서 이용되어 왔다.

행정기관적 위원회는 행정활동을 규제하고 준입법적·준사법적 활동과 아울러 해당 분야에서 정책을 결정하고 이를 기획·집행하고 조정하는 역할을 하기도 한다. 우리나라에서는 방송통신위원회, 교육위원회, 소청심사위원회, 중앙국세심사위원회, 중앙선거관리위원회 등이 이에 해당한다.[15]

---

14) 박석희·정진우(2004), "합의제 행정기관 현황분석과 유형 분류에 관한 연구", 「행정논총(서울대)」 제42권 제4호, 163-187면; 우윤석(2005), "정부생산성 향상을 위한 대통령 자문위원회의 위상과 문제점에 관한 연구", 「생산성논집」 제19권 제4호, 103-129면 등을 참조.

15) 이 밖에도 금융위원회, 공정거래위원회, 국민권익위원회 등을 부처형 위원회로 보는 견

(3) 독립규제위원회

가. 의의

독립규제위원회라 함은 행정수반을 정점으로 하는 계층제에서 독립적으로 업무를 수행하기 위해 준입법적(quasi-legislative)·준사법적(quasi-judicial) 규제 기능이 부여된 행정위원회를 말한다. 독립규제위원회는 행정수반이나 의회로부터 압력을 받지 않고 독립적인 입장에서 준입법적(準立法的)·준사법적(準司法的) 업무를 수행하는 합의제 행정기관으로서 주로 시장경제에 대한 규제 업무 영역을 담당하며, 행정부나 의회의 감독을 받지 않고 독립적인 지위에서 업무를 수행한다.

독립규제위원회 제도는 19세기 말 이후 행정부의 독재화를 배제하기 위해 미국에서 발달되기 시작했다. 당시 미국에서는 자본주의의 발달로 인해 파생된 갖가지 문제점을 정부가 개입해 해결해야 할 필요성이 대두되었다. 원래는 미국 연방정부가 사경제(私經濟) 분야에 조정과 규제를 가해야 했으나, 미국에서는 전통적인 자유주의적 정치 이념 때문에 그 역할을 행정부에 맡길 수 없었다. 그렇다고 입법부나 사법부는 전문성이 부족하고 정파적 성격으로 문제 해결에 도움이 되기가 어려웠기 때문에 입법·행정·사법의 3부(三府)가 아닌 별도로 독립된 기구로서 이른바 '제4부(府)'라 할 수 있는 독립규제위원회를 설치한 것이다.

우리나라의 선거관리위원회·금융통화위원회·노동위원회와, 미국의 연방통상위원회·주간(州間)통상위원회·연방전력위원회·민간항공국 등이 독립규제위원회에 속한다고 볼 수 있는가에 대해서는 견해가 대립한다. 우리나라에는 아직 명확하게 미국식의 전형적인 독립규제위원회라 할 수 있는 조직 형태는 찾아볼 수 없고, 다만 이와 유사한 것으로는 공정거래위원회·금융감독위원회·금융통화위원회·노동위원회 등을 들 수 있다.

다만 공정거래위원회와 금융감독위원회는 비록 중앙행정기관으로부터 독립적으로 사무를 수행하고 있으나 국무총리의 소속 하에 설치되어 있고, 금융통화위원회는 한국은행 총재가 위원회 의장(議長)을 겸하며, 노동위원

해도 있다. 조석준·임동빈(2010), 『한국행정조직론』, 법문사, 370-382면.

회는 노동부 장관의 소속 하에 설치되어 있고 위원들의 임명에서도 독립성을 가지기 어렵기 때문에 전형적인 독립규제위원회라고 볼 수 없으며, 행정위원회와의 중간적인 형태라 할 수 있다.

나. 독립규제기관의 일반적 특성

독립적인 규제를 목표로 하고 있는 독립규제기관은 크게 다음과 같은 세 가지 특징을 가지고 있다.

① 준사법적 사건 처리

독립규제기관은 준사법적 사건 처리를 할 수 있는 권한을 가지고 있어야 한다. '준사법(quasi-judicial)'이라는 말은 다양한 해석이 가능하지만 "사법절차보다는 덜 엄격하지만 그와 유사한 절차"이다. 원래는 사법권이 행해져야 하는 사안이기 때문에 일반 행정절차에 의해 행사되기보다는 법원의 판결 절차와 유사한 절차에 의해 처리되어야 한다.

이러한 처리 절차의 기본적인 철학은 사법절차보다는 덜 엄격하지만 기본적으로는 사법절차에 준해 업무가 처리되도록 함으로써 행정절차의 장점인 효율성과 사법절차의 장점인 공정성을 동시에 도모하고자 하는 것이다.

미국에서의 독립규제기관들은 보통 통상의 행정절차와는 달리 사법기관과 유사하게 과거 또는 현재의 행위나 상태를 놓고 상대방에 대한 고지(告知, notice) 및 각종 증거자료 등을 통해 대심구조 하의 심의(hearing)를 거친 후에 법 위반 여부에 대해 최종적으로 판정한 후 이에 상응하는 제재 조치를 취하고 있다.

② 직무의 독립성

독립규제위원회는 입법부로부터 위원회 고유의 법집행에 필요한 규제를 할 수 있는 권한을 위임받아 수행함으로써 행정부의 간섭 없이 독립적으로 정책을 결정·집행하고 규제할 수 있도록 하는 제도이다. 독립규제위원회는 기관의 독립성 확보를 통해 조직의 역할을 좀 더 효과적으로 수행할 수 있도록 설계되었으며, 기관의 독립성을 보장함으로써 조직의 역할을 좀 더 효과적으로 수행할 수 있으므로 독립규제기관에 대한 정치적 통제는 가능한 한 축소되어야 한다.

미국의 독립규제위원회 창설 당시 전문적인 영역의 확대라는 새로운 상황에 대비하기 위해 대통령제 하에서 의회의 신속한 입법이 필요했으나, 의회는 전문성이 부족하다는 문제점이 대두되었다. 또한 전통적인 몽테스키외(Charles de S. Montesquieu)적 권력분립론에 바탕을 둔 견제와 균형 체제(check & balance system)를 더 이상 산업사회에 그대로 적용하기가 어렵다는 현실적인 고려와 아울러 이러한 상황에서 사법부 역시 보통법의 원리에 따른 형각화된 결정으로 인해 행정의 탄력성과 현실적응력이 매우 부족하다는 문제점이 지적되었기 때문에 독립규제위원회를 창설하게 된 것이다.

이렇게 독립규제위원회 제도 창설 당시에는 산업의 발전에 따른 사회 변화에의 적응이라는 요청과 정부, 특히 입법부와 행정부로부터의 독립성이 보장되어야 할 필요성이 있었다. 이러한 요청에 의해 독립규제위원회는 전통적으로 분리되었던 정부의 기능들을 통합해 고도의 행정자치권을 부여받게 된 것이다. 따라서 독립규제위원회의 결정 과정은 사법 과정에서와는 달리 이해관계인 이외에 독립규제위원회 자신의 조사와 감독에 근거해 이뤄지게 되었으며, 특히 전문적이고 기술적인 사안에 대해서는 행정부나 사법부의 결정과는 독립해 적극적으로 규제정책을 수립하고 집행함으로써 가스・전기・방송・통신 등의 전문 분야에서 독립성을 확보하게 되었다.[16]

---

16) 실제로 독립규제기관을 연구하는 다수의 연구자가 독립규제기관의 독립성에 대해 주목하고 있다. 이 문제에 대해서는 Alvarez, Michael R. & Thad, Hall E.(2006), "Controlling Democracy: The Principal-Agent Problems in Election Administration", *The Policy Studies Journal* 34(4), pp. 491-510; Moe, Terry(1982), "Regulatory Performance and Presidential Administration", *American Journal of Political Science* 26(2), pp. 197-224; Worsham, Jeff & Gatrell, Jay(2005), "Multiple Principals, Multiple Signals: A Signaling Approach to Principal-Agent Relations", *Policy Studies Journal* 33(3), pp. 363-376; Gilardi, Fabrizio(2002), "Policy Credibility and Delegation to Independent Regulatory Agencies: A Comparative Empirical Analysis", *Journal of European Public Policy* 9(6), pp. 873-893; Waterman, Richard W. & Meier, Kenneth J.(1998), "Principal-Agent Models: An Expansion?", *Journal of Public Administration Research and Theory* 8(2), pp. 173-202; Banks, Jeffrey S. & Weingast, Barry R.(1992), "The Political Control of Bureaucracies under Asymmetric Information", *American Journal of Political Science* 36(2), pp. 509-524;

이러한 취지에 따라 가령 미국 연방거래위원회(Federal Trade Commission: FTC)는 대통령이 위원장을 임명할 수 있는 것 외에는 대통령으로부터 철저히 업무상 독립성을 유지하고 있다. 또한 위원의 임기를 4년의 대통령 임기보다 장기인 7년으로 정한 것 역시 정부의 성향에 관계 없이 독립성을 보장하기 위한 것이다.

③ 합의제 조직

독립규제위원회에서는 대체로 업무 처리의 일관성과 아울러 정치적 중립성을 유지할 수 있는 합의제를 지향하고 있다. 이것은 가치관이 개입될 수밖에 없는 복잡한 사회·경제적 사안에 대한 판단을 기존의 독임제 기관장이 판단하기보다는 경험과 전문성이 풍부한 전문가들로 구성된 합의제에서 판단, 실행하는 것이 좀 더 합리적인 결과를 도출할 수 있다는 믿음 때문이다.

또한 합의제는 기관장의 교체에 따라 업무 처리의 일관성이 결여될 우려를 불식시키기 위해 대체적으로 위원이 순차적으로 교체되도록 구성함으로써 업무의 안정성과 지속성을 제고할 수 있는 장점이 있다. 또한 규제기구에서 가장 문제가 되는 피규제자에게 포획될 가능성을 최대한 축소할 수 있다는 상점도 있다.

포획이론(capture theory)[17]에 의하면 정책기구의 전문성이 결여되는 경우 피규제자들의 이해를 조정하는 과정에서 피규제자에 의한 포획 현상이 더욱 강하게 나타남으로써 당해 정책담당자가 기구 도입의 목적으로 공정경쟁이나 공공성 확보 등의 사회적·제도적 목적을 실현하기 위해 규제정책을 결정하기보다는 피규제자에게 유리한 규제정책을 선택함으로써 규제의 불균형 문제가 발생할 가능성이 높다고 한다. 만일 독립규제위원회가 전문적

Weingast, Barry R.(1984), “The Congressional Bureaucratic System: A Principal Agent Perspective”, *Public Choice* 44, pp. 147-191 등을 참조. 우리나라 독립규제기관의 독립성과 조직 성과의 관계에 대해서는 서성아(2011), “독립규제기관의 독립성이 조직성과에 미치는 영향: 공정거래위원회를 중심으로”, 「한국행정학보」 제45권 제2호, 241-267면 참조.

17) Wiley, Jr. John S. (1986), “A Capture Theory of Antitrust Federalism”, *Harvard Law Review* 99(4), pp. 713-725.

인 식견을 가진 위원들로 구성된다면 이러한 위험성을 최대한 줄일 수 있을 것이다.

나아가 독립규제위원회가 합의제 조직으로 구성되는 가장 큰 이유 중의 하나는 업무 처리에서 정치적 중립성을 확보할 수 있다는 데 있다. 특히 방송통신행정에서와 같이 업무 자체가 정치적 선택을 해야 하는 상황과 직결되는 경우에는 여・야, 보수・진보 등 대립되는 당사자들의 정치적 견해를 모두 수용하고 반영하는 데 독임제 형태보다는 회의제 형태가 적합하다.[18]

제 4 절 행정개혁 차원에서 정책기구 개편의 필요성

'행정개혁(administrative reform)'이란 행정을 현재보다 나은 상태로 개혁하기 위한 의도적이며 계획적인 변동을 말한다. 행정개혁은 새로운 환경과 시대적 요청에 부응하는 행정 목표(좀 더 바람직한 상태)를 구현하려는 것이다.

행정개혁은 ① 바람직한 방향으로의 의식적・계획적인 활동으로서 가치지향성, ② 현상 타파와 미래 지향적 활동(미래지향성), ③ 미래 상황을 예측해 신속한 행동전략을 마련하는 행동지향성, ④ 지속적 변화의 필요성, ⑤ 정치적 환경에 의존하는 정치성, ⑥ 행정환경의 변화에 능동적으로 대처하는 개방적이고 능동적인 활동이라는 점에서 개방성, ⑦ 내재적・외재적・조직적・정책적 개혁을 모두 포함하는 개혁으로서 포괄성, ⑧ 현재 상황을 인위적으로 타파하므로 저항이 수반되며 이를 극복하기 위한 전략의

18) 이상에 대해서는 이기한(1995), "미국의 독립규제위원회의 규제행정 연구: 규제행정의 경제적 효과분석을 중심으로," 「법학논총(단국대)」 제4권, 71-92면; 김종석・김태윤(2004), 『독립규제위원회의 발전 방향』, 한국경제연구원; 조성국(2006), "독립규제기관의 사건처리절차: 미국 FTC 사건처리절차를 중심으로", 「행정법연구」 제9권 제2호, 106-108면; 김호정(2007), "대통령 소속 위원회 운영과 행정조직 법정주의", 「외법논집」 제27집, 501-525면; 김명환・강제상(2010), "정부위원회 분류체계의 재정립을 통한 유형화", 「사회과학연구」 제35권 제1호, 1-26면 참조.

병행이 필요하다는 저항수반성 등을 기본적인 특징으로 한다.[19)]

각국 정부에서는 1980년대 이후 신공공관리이론에 바탕을 두고 전면적인 공공 부문의 개혁을 추진해 왔다. 이렇게 OECD 국가들이 정부개혁을 추진하게 된 배경은 다음과 같다.

첫째, 정부의 비대화로 인해 정부 지출 증가가 허용 한계를 넘어서게 되었다(정부 비대화의 문제).

둘째, 사회보장 지출이 점차 확대된 데 반해 경제 성장의 둔화로 조세수입이 정체되어 재정적자가 누적되고 있다(재정적자의 누적).

표 3-2 정부개혁의 혁신 방향(OECD백서)

혁신 방향	내용
1) 작고 강한 정부	① 시장성 검증을 통해 내부효율화 추진(정부 기능 폐지, 민영화, 민간위탁 등) ② 정책집행 기능 분야에 책임경영 개념을 접목해 자율적 운영을 보장하는 책임운영기관(agency)의 설치·운영 ③ 정부기관 간 경쟁을 통해 기관의 수평적 통폐합 추진 ④ 계층제에서 탈피해 조직동태화와 탈관료화 추진
2) 성과 지향 정부	① 성과 중심의 인사 제도(성과급·연봉제, 근무성적평정 강화, 개방형 인사제도) 도입 ② 책임운영기관 등의 성과 중심의 조직 운영 ③ 산출예산, 발생주의 회계 등 성과 중심의 재정 운영 제도 도입
3) 고객 지향 정부	① 민간 경영기법을 행정에 도입해 고객 대응성과 서비스의 질 향상 추구 ② 서비스의 질 향상을 위해 시민헌장 제도(영국)와 서비스 기준(캐나다·미국) 등 도입
4) 정책 능력 강화	노젓기(rowing)에서 방향키(steering) 역할(촉진적 정부)로 정책 변화
5) 정부간 협력 증진	① 중앙정부에서 지방정부로의 권한 이양 ② 국제 협력 증진
6) 정부규제 개혁	① 자율 규제 도입 ② 인센티브제 도입

* 출처: 명승환·이용훈 외(2011: 679면).

19) 명승환·이용훈 외(2011), 『행정학개론』, 아카데미북, 670면. 2008년 당시 우리나라의 행정개혁의 전반적인 문제점과 방향에 대해서는 김동욱(2008), 『새 정부조직설계』, 법문사 참조.

셋째, 정부의 독점적이고 방만한 예산 운영 등으로 인해 공공 부문의 비효율성이 증대되었다.

넷째, 행정 내부의 민주화 요구와 권한과 책임의 위임 요구 등 내부로부터의 압력과 행정 제도 개혁에 대한 국민들의 고객 지향적 행정 요구 등 내·외부로부터 변화에 대한 압력을 받게 되었다.

다섯째, 정보통신 기술의 발달로 인해 내부관리의 효율화, 행정 서비스의 질 향상, 행정정보 체계의 구축, 전자정부 등이 구현됨으로써 행정의 효율성 제고가 더욱 필요하게 되었다.

제 5 절 역대 정부 조직개편의 핵심 내용

여기에서는 우선 역대 정부의 조직개편 내용을 개관함으로써 역대 정권에서의 조직개편의 특징을 살펴보고 차후의 정부조직 개편을 위한 시사점을 모색하고자 한다. 이하에서는 제1공화국부터 제5공화국의 행정기구 개편에 대해서는 생략하고, 1988년 제9차 개정 헌법(현행 헌법) 제정 이후의 행정기구 개편의 내용과 특징에 대해서만 간략하게 살펴본다.

1 노태우 정부의 '행정개혁위원회'

제5공화국에서 제6공화국으로 정권이 이양되는 동안 헌법 개정과 체제 변경에 의해 새로운 공화국을 수립하게 되었고 폭발적인 민주화의 요구를 수용해야만 했다. 이 과정에서 제6공화국이 추진하던 사회·행정개혁은 새질서·새생활운동으로 나타났으며, 공직자의 부패 억제가 그 핵심 내용이 되었다. 하지만 이러한 운동이 사회 전반적으로, 민간 주도로 발전하지 못했고 국민과 관료제의 지지를 약화시킨 정부 주도의 개혁 방안에 지나지 않았다.[20]

1988년 2월부터 시작된 노태우 정부에서는 정권 초기인 1988년 5월 '행정개혁위원회'를 설치했다. 이 위원회는 정부조직의 개편과 행정 제도 및 행정 행태의 개선에 관한 사항을 연구하고 검토하여 대통령에게 건의하는 것을 그 임무로 했다.

대통령 자문기구인 위원회는 학계, 언론계, 법조계, 경제계, 노동계, 여성계 등 국민 각계 대표 21인을 위원으로 구성해 1년 2개월 동안 행정조직 전반의 개혁에 대해 건의서를 작성했다. 이 중 가장 중요한 내용을 요약하면 ① 정부와 민간의 역할 재정립, ② 중앙과 지방의 관계 재정립, ③ 정부 부처 조직의 개편, ④ 행정 제도 및 행정 행태의 개선 등 4개 분야였다.

당해 내용들은 일부 시의적절한 것도 없지는 않으나 각 분야별로 '개편', '조정', '강화' 등 대부분이 상투적이고 관료적인 표현으로 일관하고 있었으며, 전반적인 방향성만 제시했을 뿐 구체적인 내용은 없었다.

결과적으로 노태우 정부에서는 당해 건의서에 의해 시행된 행정조직의 조정이나 개편은 없었으며, 행정조직이 강화되고 직제 역시 확장되는 결과를 초래했다.

2 김영삼 정부의 '행정쇄신위원회'

김영삼 정부는 1993년 4월 대통령령 13878호로 공포된 「행정쇄신위원회 규정」에 근거해 대통령 자문기구로 행정쇄신위원회를 설치했다. 행정쇄신위원회는 학계, 정부산하연구기관, 민간기업, 노동계, 언론계, 여성계, 그리고 종교계를 포함한 사회단체 등 각계를 대표하는 16인의 위원으로 구성되었다. 위원회의 기본 구조는 3심제의 의결위원회로서 대통령자문위원회로 규정되어 있으나 실질적으로는 심의, 결정하는 의결기관으로서의 역할을 했다.

---

20) 오석홍(1995), 『행정개혁론』, 박영사, 277-278면; 김권집 · 박수정(2005), 『한국행정조직론』, 이화, 427면. 이하의 역대 정부에서 행정개혁의 진행 상황에 대한 서술은 오석홍(2008), 『행정개혁론』, 박영사 참조.

행정쇄신위원회는 김영삼 정부 5년 동안 ① 국민 편의를 우선한 제도와 관행의 쇄신, ② 민주적이며 효율적인 행정의 구현, ③ 깨끗하면서 작고 강한 정부의 구축 등을 목표로 활동했다.

구체적으로는 대통령 소속 기관으로 설치되어 행정 규제 완화 등 불합리한 법령과 제도의 개선, 국민 편의 증진을 위한 행정 행태 및 관행 개선, 인허가 사무 등 민원행정의 개선, 중앙과 지방 및 정부와 민간 부문 간의 기능과 역할의 재정립, 정부조직 및 행정 수행 체제의 합리적 개편, 기타 대통령이 필요하다고 인정해 위원회에 부여하는 사항을 연구·심의하고 대통령에게 건의하는 임무를 수행했다.

행정쇄신위원회는 기획 연구과제로 예산 제도의 개선, 중점 과제로 자동차 등록 관리 제도의 개선, 그리고 개별 과제로 경찰 관련 제도 개선 등에 대해 연구하고 건의했다. 특히 첫 1년간 추진된 기획 연구과제는 25건이었으며, 개별 과제의 접수는 1년간 10,315건에 이르렀다. 1년의 활동 기간이 지난 뒤 행정쇄신위원회가 '향후 추진 방향'으로 정한 것은 국가경쟁력 강화를 위한 근원적인 규제 완화와 제도 개선 추진, 정보화 사회로의 이행 촉진, 공무원 인사 제도의 개혁, 행정조직 개편에 대한 검토, 행정쇄신 추진 체제의 보완 등이었다.

구체적으로 유형별로 구분하면 ① 규제 완화, ② 지방분권화, ③ 권위주의적 행정 관행과 행태의 개선, ④ 예산·금융·조세·가격 등 경제적 개선, ⑤ 행정조직 개편 등을 들 수 있다.

행정쇄신위원회는 78개의 기획 및 중점 과제를 포함한 2,444개의 개별 과제를 심의, 확정했고 필요한 법령 개정의 조치 등을 완료했다. 특히 이 중에서 604건의 법률을 제·개정했는데 이는 당시 법률 전체의 24.7%에 해당하는 양이다. 또한 행정쇄신위원회는 양적인 면뿐만 아니라 질적인 면에서도 많은 개혁을 했는데, 민원 옴부즈만 제도의 도입, 규제 사전 심사제, 소비자 권익 보호 등 국민 편익은 물론 산업 안전 및 복지 분야의 제도 개선에도 많은 공헌을 했다.

그러나 위원회 활동의 안정적인 법적 기반을 갖추지 못했고 행정개혁 과제 선정의 제약, 근원적인 행정개혁 추진의 한계, 명망가 중심의 행정쇄신위원회 구성 등으로 인해 처음에 의도한 성과를 충분히 거두지 못했다.[21] 또한 이 정부에서의 행정개혁은 기본적으로 작은 정부를 지향하고 방대한 조직의 축소를 위해 노력했지만 아직 정부의 기능이 민간 기능과 완전히 분리되지 못한 문제점이 상존했다.

3 김대중 정부의 '정부개혁실'과 '행정개혁위원회'

김대중 대통령은 정부 수립 이후 최초로 이미 당선자 시절인 1998년 1월 8일, '정부조직개편심의위원회'라는 비정부기구를 설치해 취임 전 약 50일 동안 구상한 조직개편안을 통해 정부조직을 본격적으로 개편하기 시작했다. 심의위원회는 심의위원회와 실행위원회의 이원 체제로 구성되었다.

'정부조직개편심의위원회'에서 제시한 개편안은 매우 광범위한 내용을 담고 있었다. 실제로 여기에서 제시된 안은 거의 모두 정부조직 개편에 반영되어 정부가 출범하는 동시에 시행되었다.

이전의 정부에 비해 김대중 정부의 정부조직 및 행정개혁 작업의 특징은 처음으로 정부개혁을 전담하는 조직을 정부 부처 내에 설치했다는 점이다. 김대중 정부는 기획예산위원회에 '정부개혁실'을 별도의 정부부처로 설치하고, 자문기구인 '행정개혁위원회'와 함께 정부개혁 작업을 주도하도록 했다.

김대중 정부에서는 세 차례의 정부조직 개편을 단행했다. 첫 번째의 기구개편은 취임과 동시에 이뤄진 것이고, 1999년 5월 두 번째 개편에서는 중앙인사위원회가 설치되었으며, 2000년 세 번째 개편에서는 부총리제를 부활시키고 여성부를 신설했다.[22]

---

21) 이에 대해서는 이종범(1999), "개혁 딜레마와 조직의 제도적 대응: 행정쇄신위원회의 조직화 규칙과 전략", 「정부학연구」 제5권 제1호, 185-227면; 이종수 · 윤영진(2005), 『새행정학』, 대영문화사 참조.

22) 여성부 신설에 대해서는 박숙자(2001), "여성부 신설에 따른 국회 차원의 대응과 여성 관련 입법활동", 「의정연구」 제7권 제2호, 222-228면; 여성부 신설 시 정책의제 설정에서 정책결정으로의 전환 과정에 대해서는 박천오 외(2000), "Kingdon모형을 통해서 본 여성부 신설 과정", 「정부행정」 제1권, 121-139면 참조.

특히 김대중 정부는 출범 후 1년 3개월이 지난 1999년 5월, 기획예산위원회가 실시한 정부 각 부처의 경영진단을 토대로 제2차 정부조직 개편 작업을 단행해 기획예산위원회를 기획예산처로 변경하고 중앙인사위원회와 국정홍보처를 신설했다.

이 정부경영진단은 19개 민간연구기관의 연구팀이 9개 반으로 편성되어 각 부처의 경영진단을 실시했으며, 위원으로는 고위직 공무원, 교수, 기업인 등 11명이었다. 2차 정부조직 개편 이후에도 김대중 정부의 정부조직 개편 작업은 임기 내내 이어졌다.

이미 두 번에 걸쳐 조직개편을 단행한 김대중 정부는 2000년에 세 번째의 정부조직 개편을 시도했다. 이번에는 정부의 기능을 조정하기 위해 조직을 개편했는데, 이때 부총리제가 부활되고 여성부가 신설되었다.

김대중 정부에서는 정부조직 개편 작업을 정부가 공개리에 추진했으며, 행정관료보다는 정치권에서 주도했고, IMF 관리 체제 하에서 사회 전 분야에 걸친 구조조정이 진행 중이었기 때문에 관료권이 총체적인 저항을 하지 못했으며, 정치권에서 안이 마련되고 이를 바탕으로 조직개편 논의가 진행된 것이 아니고 위원회에서 처음부터 결정하고 실행하는 형태로 진행되었다는 점 등이 특징이다.[23]

4 노무현 정부의 '대통령직인수위원회'와 '정부혁신지방분권위원회'

노무현 정부에서의 정부조직 개편의 특징은 '대통령직인수위원회'와 '정부혁신지방분권위원회' 등 정부의 행정조직이 아닌 외부의 자문위원회를 통해 정부혁신과 조직개편을 주도했다는 점이다.

1) 대통령직인수위원회의 활동

노무현 정부의 개혁 목표의 근간이 되는 최초의 개혁 의제가 형성된 시점

23) 김권집 · 박수정(2005), 앞의 책, 440면.

은 2002년 12월 30일 '대통령직인수위원회'가 공식 출범한 이후이다. 노무현 정부는 2003년 1월 7일 10대 국정과제를 발표하면서부터 정부조직 개편을 시도했다. 이후 동년 2월 20일 확정된 최종 보고서에는 10대 국정과제 가운데 정치개혁 실현 과제가 제외되고, 대신 개방화 시대의 농어촌 대책과 사회 통합적 노사관계 구축이 추가되었을 뿐 보고서의 대부분은 이후 노무현 정부의 조직개편에 그대로 반영되었다.

2) 정부혁신지방분권위원회의 활동

노무현 정부에서는 대통령직인수위원회가 전반적인 정부개혁의 방향과 목표를 제시한 이후, 상시적인 정부혁신과 지방분권에 관한 사항을 종합적·체계적으로 심의하기 위해 2003년 4월 대통령 소속기관으로 정부혁신지방분권위원회를 설치했다.

위원회는 일하는 정부, 인간적인 정부를 구현해 참여 기반을 강화하고, 사회 세력들 사이의 균형과 협력을 통해 국민과 함께하는 효율적인 정부를 만드는 것을 목표로 했다.

위원은 위원장을 포함해 30인 이내이며, 위원장 아래 간사협의회, 전문위원회 합동연석회의, 소위원회를 설치했다. 또 심의 사항을 분야별로 사전에 연구·검토하기 위한 행정개혁·인사개혁·지방분권·재정세제·전자정부·혁신관리전문위원회 등 6개의 전문위원회를 두었으며, 실무기구인 기획운영실 산하에 행정개혁팀, 지방분권팀, 재정·세제팀, 전자정부팀, 혁신지원팀 등을 운영했다.

정부혁신지방분권위원회는 주로 ① 지방분권 추진 법령 정비, ② 정부간 권한 배분, ③ 재정 분권, ④ 지방의정 활성화와 선거제도 개선 등의 업무를 추진했다. 정부혁신지방분권위원회는 2003년 7월 4일 지방분권 로드맵을 발표하고, 동년 7월 22일 행정개혁 로드맵을 통해 조직개편을 실행했다.

구체적으로는 지방분권 추진 법령 정비 및 지방교육자치제 개선 방안 마련·확정 같은 정부 간 권한 배분, 재정 분권, 자치조직권 확대 등을 통한 자치 역량 강화, 지방의회 심의 의결 권한 확대와 같은 지방의정 활성화와 선거 제도 개선, 주민소송제 도입이나 주민투표 법령 제정 등 지방정부의 책임성 강화, 주민소환제와 참여예산제 도입 등 시민사회 활성화, 특별지방자치단체 제도 도입과 같은 합리적 정부간 관계 정립 등을 역점 사업으로 추진했다.24)

행정개혁 로드맵에서는 행정개혁의 목표를 '국민과 함께 일 잘하는 정부'로 설정하고 이를 달성하기 위한 하위 목표로 5대 분야 10대 어젠다 30개 세부 과제가 제시되었다.

하지만 노무현 정부에서는 개혁 추진 세력을 확대한다는 명분 하에 조직・운영되었던 비공식적 개혁 추진 체계로 인해 개혁 세력의 확산이라는 순기능에도 불구하고 오히려 공무원조직을 분열시키거나 저항 세력이 집단화될 개연성이 커지게 되는 문제점이 드러났다. 또한 대통령 자문기구인 위원회를 중심으로 행정조직 개편을 추진함으로써 종래 노무현 정부가 지향했던 상향식 개편을 통해 부처와 위원회가 개혁 의제를 공유하는 방식으로 개혁이 추진되지 못하고 위원회를 중심으로 하향식으로 진행되면서 개혁의 효과 역시 반감되었다는 문제점이 있다.

5 이명박 정부의 '대통령직인수위원회'

1) 실용적인 조직개편의 추구

2008년 출범한 이명박 정부는 노무현 정부가 지나친 이념 논쟁을 야기했다는 이유로 '실용정부'를 주창하면서 정부의 각 부처를 통폐합하여 실용적인 정책 이념을 달성한다는 목표로 정부조직을 축소하는 정책을 실시했다. 이러한 정책은 정부 출범 전 대통령직인수위원회의 보고서에 반영되었고, 보고서 내용의 대부분이 이명박 정부의 조직개편 내용에 반영되었다.

24) 황영호・장용석(2011), "정부의 정책사업과 정부조직 간 네트워크 분석: 노무현 정부와 이명박 정부 비교를 중심으로", 「한국정책학보」 제20권 제3호, 31-62면 참조.

2) 청와대의 조직개편

이명박 정부는 먼저 청와대의 조직부터 개편했는데 기존에 비서실과 경호실로 분리되었던 2실 체제를 '대통령실'의 1실로 통합하고, 대통령실장 1인이 비서 업무와 경호 업무를 동시에 관장하도록 했으며, 대통령실 정원을 20% 감축하는 조치를 단행했다.

또한 청와대 정책실과 안보실을 폐지하고 옥상옥 지적을 받아온 장관급의 정책실은 폐지하되 정책실 기능 중 일부는 비서실로 흡수했으며, 장관급이었던 안보실장직도 폐지했다.

그리고 수석비서관 자리도 대거 폐지·통폐합하여 7수석 체계(현재는 8수석)로 개편했다. 또한 시민사회, 혁신관리, 홍보수석 등은 비서관으로 낮

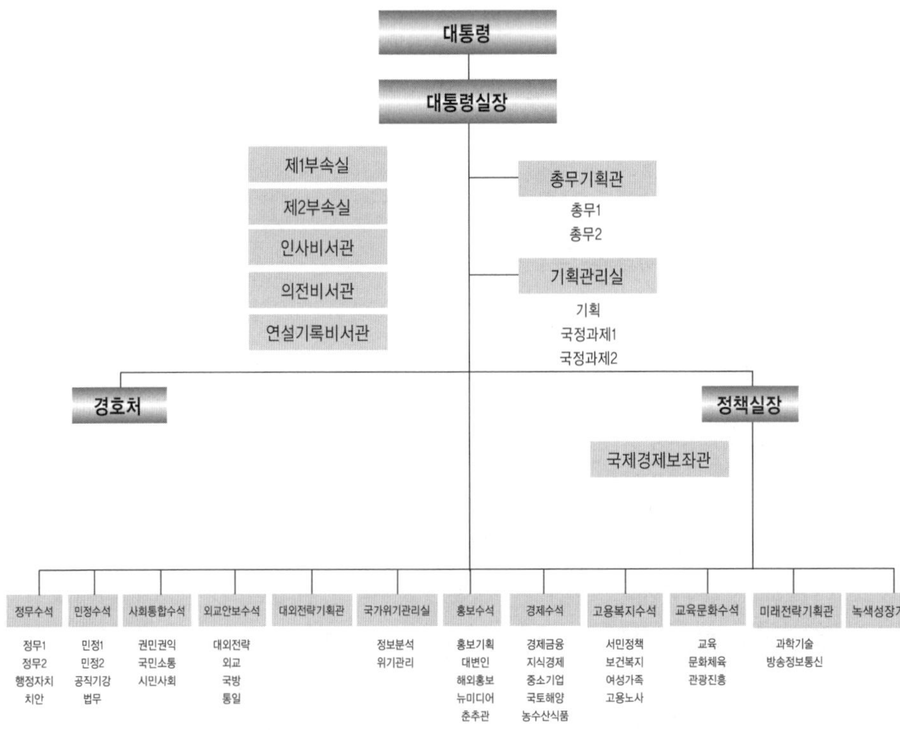

그림 5-1 대통령실 조직도(2011년 12월 현재)

추고 참여정부에서 폐지되었던 정무수석직을 부활시켰으며, 국정기획수석직을 신설했다.[25]

3) 총리실과 정부조직

이명박 정부에서 총리실은 원래의 설치 목적대로 대통령을 보좌하는 실무형 조직으로 축소 개편했다.

이명박 정부는 과거 태스크포스 형태로 운영·유지되어 온 각종 위원회와 기획단 등을 대거 폐지하고 관련 공무원은 원대 복귀시켰으며, 특임장관실을 신설하고 비서실과 국무조정실을 통합했다.

또한 노무현 정부에서 18부 4처였던 정부조직을 13부 2처로 통폐합하려 하다가 결국 18개 부를 15개 부로 축소했다. 원래의 안에서는 정보통신부, 과학기술부, 해양수산부, 여성부, 통일부 등 5개의 부처가 폐지 대상에 포함되었다. 이후 논의 과정에서 최종적으로는 과학기술부, 정보통신부, 해양수산부 등 3개의 부처가 폐지되었고, 여성부와 통일부는 존치되었다. 반면, 기존의 정부조직에서 정부부처의 명칭도 대폭 변경되었다. 이를 정리하면 <표 5-3>과 같다.

표 5-3 이명박 정부의 정부조직 개편

〈변경〉 ▲ 기획재정부(재정경제부 + 기획예산처)
▲ 지식경제부(산업자원부 + 정보통신부 일부 + 과학기술부 일부)
▲ 교육과학기술부(교육부 + 과학기술부 일부)
▲ 농림수산식품부(농림부 + 해양수산부 일부)
▲ 문화체육관광부(문화관광부+정통부 일부)
▲ 외교통상부(외교통상부+통일부)
▲ 국토해양부(건설교통부+해양수산부 일부)
▲ 행정안전부
〈유지〉 ▲ 국방부 ▲ 법무부 ▲ 환경부 ▲ 고용노동부 ▲ 통일부 ▲ 보건복지가족부 (2010.3 보건복지부로 명칭 변경) ▲ 여성부(2010.3 여성가족부로 명칭 변경)
〈폐지〉 ▲ 과학기술부 ▲ 정보통신부 ▲ 해양수산부

25) 2011년 12월 현재 8수석, 1실, 3기획관 체제임.

또한 이와 더불어 처(處)도 개편했는데 노무현 정부의 4개처를 2개처로 축소해 기획예산처와 국정홍보처(기획예산처는 기획재정부로, 국정홍보처는 문화관광부로 흡수 통합)를 폐지했고, 보훈처와 법제처만 유지하되 직급을 기존의 장관급에서 차관급으로 하향 조정했다. 한편 방송·통신 분야를 담당하는 행정부처로서 대통령직속기구로 합의제 체계의 방통위를 설치했다.[26)]

이와같이 실용정부는 이른바 작은 정부를 추구한다는 이유로 국가의 과학기술의 중추를 담당하는 과학기술부와 정보통신부를 폐지했지만 이후 과학기술, 특히 IT 분야에서 국제경쟁력을 상실하고 있다는 지적이 잇따라 제기되었다.[27)] 또한 실제로 대한민국의 IT 분야 경쟁력은 2007년 3위였던 것이 2009년 16위까지 떨어지기도 했다.[28)]

이렇게 과학기술 분야에서 국제경쟁력 상실 우려가 제기되자 정부는 결국 우선 2011년에 과학기술 분야의 전반적인 정책을 결정·집행을 담당할 국가과학기술위원회를 구성하게 되었다. 즉, 이명박 정부는 국가과학기술정책사업의 수행 주체가 다원화되고 투자 규모가 확대됨에 따라 2011년 3월 대통령 소속 상설 행정위원회를 신설하고 독립적인 사무처를 설치해 전문성과 독립성을 강화했다.

국가과학기술위원회는 「과학기술혁신을 위한 특별법」 제4조에 근거해 설립된 대통령 소속 상설 행정위원회로서 예산에 대해서는 중앙행정기관으로 분류된다.[29)] 이 위원회에는 장관급 위원장을 두고 있으며, 국가과학 기

26) 이에 대해서는 이창원(2007), "참여정부 이후 정부의 조직개편안 통합 논의", 「한국조직학보」 제4권 제2호, 19-66면.

27) 안철수, "잃어버린 3년 선제 대응 기능이 사라졌다", 「디지털타임스」 2011.3.2.

28) 조선일보 2010.4.16, "IT 정책 권한 분산 실패했다"; 최정일(2008), "일반경쟁 규제기관과 산업별 전문 규제기관의 역할 배분에 관한 소고", 「디지털 미디어트렌드」 제27호, 5-22면; 황근(2008a), "기능과 직무: 애매모호한 역무 구분 부처 간 갈등 개연 가능성", 「신문과 방송」 제447호, 42-47면; 황근(2008b), "방송통신위원회의 구조와 역할에 대한 평가 연구", 「미디어경제와 문화」 제6-3호, 169-211면; 허만섭(2010), "방송통신위원회의 조직진단문서: 방통위는 비전 부재, 정체성 혼란, 업무비효율, 극심한 사기 저하 앓고 있다", 「신동아」 제609호, 88-95면 등을 참조.

29) 「과학기술기본법」 제9조의3(위원장) ② 위원회의 예산 관련 업무에 대하여는 위원장을

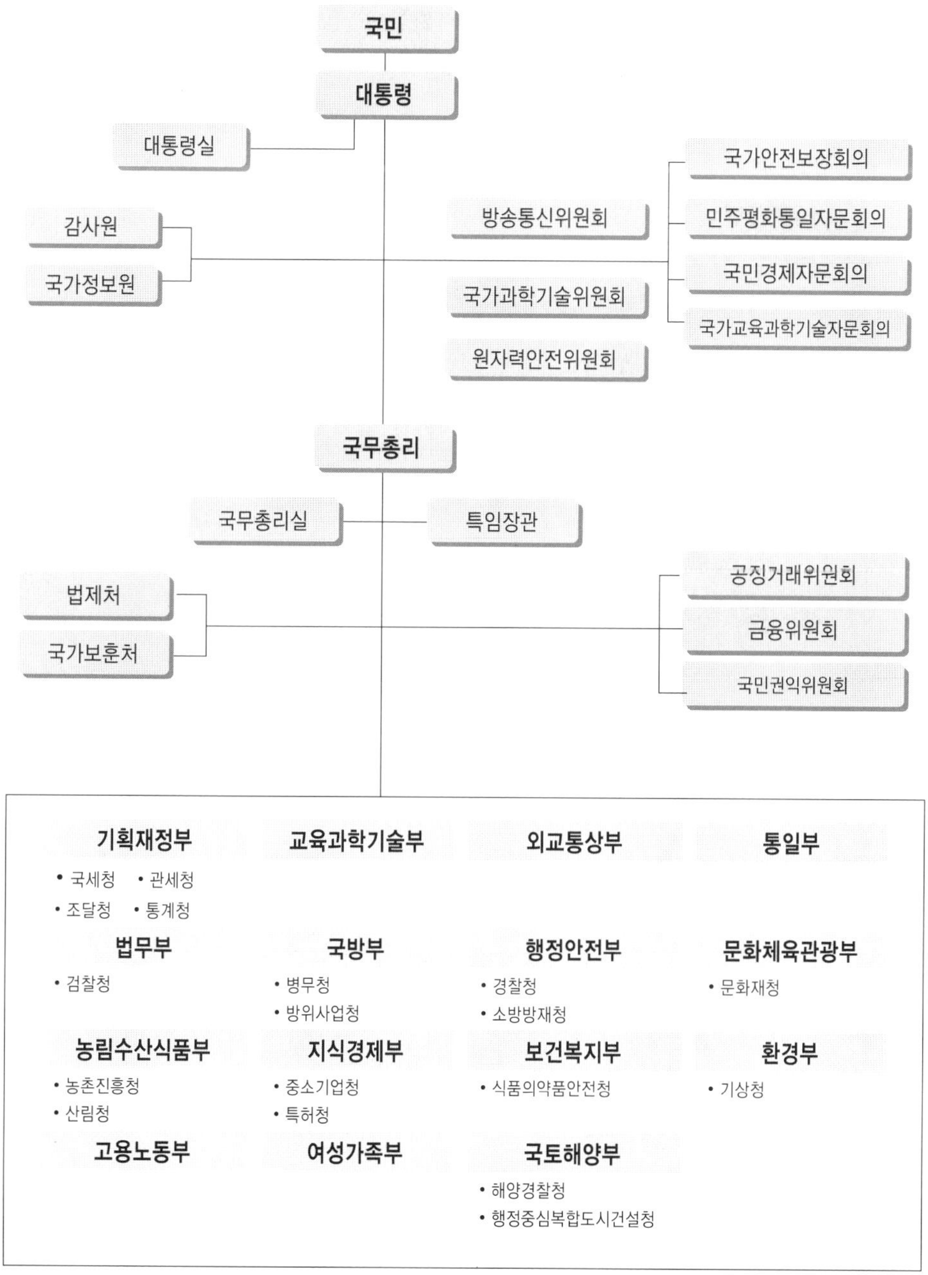

그림 3-1 조직개편 이후 이명박 정부의 정부조직

술의 핵심적인 사항을 결정하는 역할을 수행하여 사실상 (구)과학기술부의 역할을 대신하고 있다.

국가과학기술위원회의 위원장은 국회에 출석해 위원회의 소관 사무에 관해 의견을 진술할 수 있으며, 국회의 요구가 있을 때에는 출석해 보고하거나 답변해야 한다.[30] 또한 위원장은 필요한 경우 국무회의에 출석해 발언할 수 있으며, 그 소관 사무에 관해 국무총리에게 의안의 제출을 건의할 수 있다.[31]

국가과학기술위원회는 과학기술 주요 정책·연구개발계획 및 사업과 과학기술혁신 관련 산업정책·인력정책 및 지역기술혁신정책을 조정하고 각 부서별로 추진하고 있는 연구개발사업의 예산배분 방향 설정 및 조정과 효율적인 운영 등에 관한 사항을 심의, 확정한다.[32]

「국가재정법」 제6조 제2항에 따른 중앙관서의 장으로 본다.

30) 「과학기술기본법」 제9조의3 ③

31) 「과학기술기본법」 제9조의3 ④

32) 2011년 신설된 '국가과학기술위원회'의 주요 업무는 다음과 같다.

1. 과학기술 진흥 주요 정책 및 계획의 수립 및 조정
2. 과학기술 기본계획 및 지방과학기술진흥 종합계획
3. 과학기술 관련 예산 확대 방안 및 연구개발 투자 권고
4. 과학기술 분야 정부출연연구기관 육성 및 발전 방안
5. 국가연구개발사업 예산의 배분 방향 설정 국가과학기술위원회 심의 결과를 예산편성 시 반영
6. 중장기 국가연구개발사업 관련 계획 수립
7. 차세대성장동력산업, 문화관광산업, 부품소재 및 공정혁신 분야 등의 과학기술혁신 관련 정책 조정
8. 과학기술 인력양성정책 조정
9. 지역기술혁신정책 추진을 위한 지원 체제 구축
10. 기술혁신을 위한 자금지원정책 조정
11. 국가 표준 및 지적재산권 관련 정책 조정

제 4 장 미국 연방통신위원회(FCC)와 한국 방송통신위원회의 비교법적 검토

제 1 절 연혁 및 설립사

1 연방통신위원회(FCC)

1) 「1934년 연방통신법」 제정 이전

(1) 통신산업의 관할권

우리나라 행정위원회의 모델이 되고 있는 미국의 독립규제위원회는 19세기 이후 산업의 발달로 인해 발생한 시장실패(market failure)라는 문제를 해결하기 위한 목적으로 창설되었다.[1)]

독립규제위원회가 창설되기 전 시장실패에 대처하는 기존의 제도와 관행은 보통법이라는 실체법의 원리에 따라 개인적 선택에 의해 좌우되는 전

1) 독립규제위원회의 출발에 대해서는 Breyer, Stephen G. & Stewart, Richard B.(1985), *Administrative Law and Reglatory Policy: Problem Text and Cases*(2nd ed.), New York: Aspen Law & Business; Sunstein, Cass R.(1990), *After the Rights Revolution–Reconceiving the Regulatory State*, Cambridge: Harvard University Press, p. 17 등을 참조.

문성이 결여된 법관에 의해 판단되는 사법기관이 담당해 왔다.

하지만 산업의 발달로 인한 사회 변화에 따라 전통적인 보통법의 법원리만으로는 더 이상 통제하기 어려운 분야가 계속 출현했기 때문에 당해 분야에 대한 규제 기능을 이해관계들에 의해 좌우되게 할 수 없다는 이유로 독립규제위원회가 필요하게 된 것이다. 즉, 당시까지 전문적·기술적 사항에 대한 규제 기능을 주로 담당하던 법관들은 당해 분야에 대한 전문성을 갖추기 어려웠고, 보통법 역시 다양하고 구체적인 사회적·기술적 현상을 규율하기에는 부적합했다. 이렇게 보통법으로 규율할 수 없는 분야에 대해 적절한 입법 기능을 행하고 전문적·기술적 규제 영역에서 적극적인 활동과 결정을 하며 준사법적 역할까지 담당할 수 있는 행정기관이 필요했다.

그럼에도 불구하고 당시 미국에서는 정당정치로 인한 당파주의에 대한 경계심과 엄격한 삼권분립의 관념에 근거한 행정부의 기능에 대한 인식에 비춰 삼권으로부터 독립된 조직으로 구성할 수밖에 없었기 때문에 '독립규제위원회'가 창설된 것이다.

이와같이 미국의 독립규제위원회는 전문성이 강조되는 규제행정 영역이 비전문적인 법관들에 의해 다뤄지는 것이 부적절하다는 점, 상명하복의 지휘·감독 구조에 적합한 독임제보다는 합의제에 의해 당파주의나 상급기관의 간섭으로부터 격리하는 것이 중요하다는 점과 아울러 일정 부분 독립적으로 준입법권·준사법권·준행정권을 행사할 수 있는 조직이 필요하다는 현실적·역사적 필요성에 의해 설립되기 시작했다.[2)]

이렇게 미국의 독립규제위원회의 규제 기능은 사법 처리 자체를 목적으로 하기보다는 해당 분야에 대해 지속적·우호적인 감독을 본질로 하여 적극적인 규제정책을 수립·집행하는 데 기존의 사법권이나 행정권보다는 독

---

2) 이상에 대해서는 김유환(1994), "행정위원회제도에 관한 연구: 미국의 독립규제위원회에 관한 논의를 배경으로", 「미국헌법연구」 제5권, 126면; 강승식(2002), "미국에서의 독립규제위원회와 권력분립", 「한양법학」 제13집, 287-321면; 정하명(2003), "미국 행정법상의 독립규제위원회의 법적 지위", 「공법연구」 제31집 제3호, 141-163면; 조소영(2009), "독립규제위원회의 전문성 제고를 위한 시스템에 관한 연구: 방송통신위원회의 기능과 역할을 중심으로", 「공법학연구」 제10권 제1호, 475-500면.

립적인 합의제의 형태가 유용하다는 현실적 필요성을 고려해 '창출'된 것이라고 보아야 한다.

1877년 상업 전화 서비스가 개시된 이래 미국은 1910년 「맨 앨킨스법(Mann-Elkins Act)」을 통해 통신산업에 관한 규제 관할권을 주간통상위원회(Interstate Commerce Commission: ICC)에 부여해 왔다. 당시 ICC는 철도산업을 규제하기 위해 「1887년 주간통상위원회법(Interstate Commerce Commission Act of 1887)」을 근거 법률로 하여 구성되었다.

이 법은 미국 연방통신위원회(Federal Communications Commission: FCC) 창설의 가장 기초적이고 창시적인 근거 법률로 기능하게 되는데, 이것은 당시 인수·합병을 통해 주 경계를 넘어선 대기업으로 성장하게 된 지방의 주 단위 철도회사들을 통제하고 관리하기 위해 연방정부가 개입하게 되는 계기를 마련하는 것이었다.

이 법에 의해 미국에서는 행정국가의 경향을 본격적으로 법제에 반영하기 시작했으며, 주 단위에서의 규제 실패를 시정하기 위해 연방정부 차원의 개입을 제도화하면서 강력한 권한을 부여받은 연방 차원의 새로운 위원회를 다수 설립하게 되었는데, 그 대표적인 경우가 전기통신 분야를 다루고 있는 FCC이다.

당시 벨(Bell) 전화회사는 상업 전화 서비스 산업 분야에서 독점적 지위를 점하고 있었다. 1894년부터 벨의 필수적인 특허권이 만료됨에 따라 수많은 지역통신사업자(Local Exchange Carriers: LECs)가 시장에 뛰어들며 1907년까지 600만 대가 넘는 전화기가 보급되었으나 여전히 많은 지역에는 통신망이 구축되지 않은 상태였고, 후발 주자로 참여한 지역통신사업자와 벨 간의 가격 경쟁 심화로 통신 서비스의 질은 전체적으로 하락했다. 이러한 문제점은 고스란히 국민의 부담으로 돌아갔으며, 통신산업은 보편적 서비스 내지 공공사업으로서 제 기능을 수행하지 못하는 상황에 이르게 되었다.[3)]

3) Huber, Peter William, Kellogg, Michael K., & Thorne, John(1999), *Federal Telecommunications Law*(2nd ed.), New York: Aspen Law & Business, pp. 212-213.

(2) 방송산업의 관할권

「1912년 무선법(The Radio Act of 1912)」은 무선통신의 전반적인 관리를 목적으로 한 최초의 연방법이다. 그러나 이 법은 방송사업을 전제로 한 법률이 아닌 개인 간 무선 교신의 규율을 목적으로 했고, 방송산업에 관한 별도의 조항 없이 미국 상무부에 의해 무선방송을 규율하도록 했다.

이후 AM 라디오 방송이 난립하며 심각한 혼선 문제가 발생했고, 이에 대처하기 위해 무선통신 산업 전반을 규율하는 「1927년 무선법(The Radio Act of 1927)」이 제정되어 연방무선위원회(Federal Radio Commission: FRC)가 탄생하게 되었다.

하지만 미국의 의회와 관련 종사자들이 처음부터 회의제의 위원회 제도를 선호한 것은 아니었다. 당시 의회의 보수 성향의 의원들(주로 방송사들의 이해관계를 대변)은 규제위원회 설립안을 강하게 비난했는데, 그들은 방송의 과도한 정치화를 우려해 상무부 장관에게 면허 권한을 부여해야 한다고 주장했다. 이들은 방송사들이 신문이 향유하는 것과 같은 자율성을 보장받아야 한다고 주장했다. 가령 다음과 같은 발언에서 보수파 의원들의 의도를 추론할 수 있다.

> "본인(상원의원 Blease)은 지금까지 이러한 입장을 취해 왔고 현재도 그러한 바, 우리는 국민들로 하여금 무엇을 할 것인가를 지시하는 위원회들을 이미 충분히 갖고 있다. 우리는 위원회에 반하는 강령 조항들을 갖고 있음에도 불구하고 이 자리에서 또 다른 위원회를 스스로 만들려 하고 있다. 전파는 국민들에게 속하는 바, 본인은 누구는 말할 수 있고 누구는 말할 수 없으며 누구는 라디오를 보유하고 누구는 보유하지 못하는지 국회가 지정할 수 있는 권리가 있다고 보지 않는다. 또한 본인은 미국 대통령에 의해 임명된 위원들이 누구는 무선방송을 통해 민주당을 옹호하고, 누구는 공화당에 대해 옹호하는 연설을 할 수 있을지 결정할 수 있는 권한을 지닌다고 보지 않는다."[4]

다양한 문제점을 극복하고 1927년에 제정된 「무선법」은 전파 분야에서 당시까지의 정책적 혼선과 무정부 상태를 극복하고 전파 남용을 억제하기

4) 67 Congressional Record(1926), 69th Congress, 1st Session, 12497-12501.

위해 전파에 관한 관할권을 연방정부에, 특히 FRC에 부여하는 것을 주요 내용으로 했다.

이 법에 의하면 연방정부는 전파를 공익적 설비로 인식해 방송 규제에서 공익성을 원칙으로 하여 전자기 스펙트럼 관리권과 방송국 면허권을 부여할 수 있는 권한을 FRC에 부여하고 있다.

FRC는 대통령이 추천하고 상원의 동의로 임명되는 임기 6년의 위원 5인으로 구성되었는데, 위원들은 미국 전역을 5개의 권역으로 구분해 각 권역을 대표하는 대표성을 가진 자들로 구성했다.

FRC는 무선국의 면허, 각종 업무에 대한 주파수대역의 배분, 개별 무선국에 대한 특정 주파수 할당 및 무선국의 출력 관리를 포함한 규제 업무를 담당했고, 각 방송사가 이용할 수 있는 주파수의 출력 및 방송 시간 할당권을 부여함으로써 주파수의 출력과 방송 시간에 대해 규제할 수 있는 권한을 부여받았으나, 그 교신 내용에 대한 검열은 허용되지 않았다.[5] 이와같이 조직과 권한면에서 대체로 FRC는 FCC의 전신이라고 평가된다.

하지만 전반적으로 연방무선위원회(FRC)는 당시 일관성 있고 강력한 규제기관으로서의 역할을 수행하지 못했다고 평가된다. 당시 FRC의 가장 우선적인 당면 과제는 면허 관련 분쟁을 해결하는 것이었는데, 이는 본질적으로 한정된 청원자들에 의해 제기된 구체적인 사안들을 검토하는 것에 국한되었다.

또한 FRC는 1927년부터 1930년까지 매년 국회의 승인을 받아야 했으며, FRC가 수행해야 하는 업무는 상대적으로 단순하고 한시적인 것으로 간주되었다. 이렇게 FRC가 매년 의회로부터 허가를 받아야 한다는 것은 의회의 비난이나 요구로부터 상대적으로 취약한 기관이 될 수밖에 없는 원인이 되었다.[6]

---

5) Coase, Ronald H.(1959), "The Federal Communications Commission", *The Journal of Law & Economics*, Vol. 2, pp. 4-6.

6) 의원의 다수는 FRC를 설립할 당시 FRC는 첫해에 주파수의 혼선과 간섭 문제를 해결하고 나서 필요할 경우 소집되는 자문기구 정도로 운영될 수 있다고 생각했다. 이러한 인식에 따라 의회는 매해 FRC를 재승인하는 것으로 입법화했다고 한다. 실제로 FRC 위원들

2) 「1934년 통신법」 제정과 연방통신위원회의 탄생

(1) FCC의 설립 과정

전화를 비롯한 전기통신 서비스와 라디오 무선을 통한 방송 영역이 실용화되면서 미국의 모든 국민이 전기통신 및 방송의 이익을 공공재로서 향유할 수 있어야 한다는 요구가 점차 높아졌다. 이에 따라 복수의 정부기관에 분산되어 있는 통신 및 방송에 관한 업무를 전담하는 단일기관의 창설 필요성이 점차 대두되는 가운데, 1934년 2월 26일 루스벨트 대통령은 방송통신 규제기구로서 연방통신위원회의 창설을 요구하는 특별교서를 의회에 송부했다. 그 해 6월 9일에 양원은 법안을 채택했고, 6월 18일 의회의 결의를 받아들인 대통령이 법안에 서명해 「1934년 통신법(The Communications Act of 1934)」이 공포됨으로써 연방통신위원회(Federal Communications Commission: FCC)가 탄생하게 되었다.7)

「1934년 통신법」에서는 "주간 및 국제통상에서의 유무선 통신을 규제하여 가능한 한 미국의 모든 사람이 인종 · 피부색 · 종교 · 출신 국가 · 성별에 기인한 차별이 없이 신속하고 효율적으로 전국적 및 세계적인 유무선 통신 서비스를 적절한 시설에 의해 합리적인 요금으로 이용하도록 하기 위한 목적, 국가 방위의 목적, 유무선 통신 사용을 통해 생명과 재산의 안전을 증진시키도록 하기 위한 목적, 그간 제반 법률에 의해 각기 다른 기관에 부여해 왔던 규제 권한들을 일원화하고 주간 및 국제 통상에서의 유 · 무선통신에 관한 추가적인 권한들을 부여함으로써 이 법이 추구하는 정책적 목적들을 효과적으로 집행할 수 있도록 보장하기 위한 기구로 구성하고, 동시에 이 법률의 규정들을 유효하게 집행하게 될 'FCC'를 신설"할 것을 규정하고 있다.

이와같이 「1934년 통신법」에서는 당해 법률의 제정 목적이 유 · 무선통

중 단지 두 사람만이 첫 번째 임기 이후 승인되었기 때문에 FRC의 행위는 한정적일 수밖에 없었고, 처음부터 과감한 규제 능력의 발휘는 애초에 가능한 일이 아니었다.

7) Huber, Peter William, Kellogg, Michael K., & Thorne, John(1999), *op. cit.,* pp. 218-219.

신을 효율적으로 관리함은 물론, 이를 위해 FCC를 창설할 것으로 규정하고 있었다. 이 법에서는 FCC의 조직과 업무 절차에 대해 구체적으로 규정하고 있다.[8)]

이 법에 의하면 FCC의 각 조직에 '유·무선에 의한 모든 주간, 그리고 외국 커뮤니케이션'에 대해 관련 서비스와 서비스 제공자들에 대한 관리 권한을 부여하고 있는데, 명령(rule)의 제정, 통신법과 규칙의 집행 그리고 관할권 내의 분쟁심사에 대한 절차들에 대해서도 상세히 규정하고 있다.

이후 몇 차례의 통신법 개정을 통해 FCC의 권한은 점차 확대되었고, 이러한 기조는 방송통신산업 분야의 사업자 진입 완화와 사업자 간 경쟁 촉진 등 규제 철폐를 핵심으로 하는 「1996년 연방통신법」이 제정된 이후에도 유지·발전되어 왔다. 이로써 FCC는 막강한 권한을 가진 명실상부한 방송통신 분야의 규제기구이자 대표적인 독립규제위원회로 자리매김하게 되었다.[9)]

(2) FCC 설립의 의의

독립규제위원회의 하나인 FCC는 독임제 행정청이 아니라 다수의 위원으로 구성되어 위원 간의 토론과 합의에 의해 기구의 의사를 결정하는 합의제 의결기관이다.[10)]

「1934년 연방통신법」에 의해 설립된 FCC는 유·무선을 통일적으로 관할하는 연방 차원의 독립규제위원회(Independent Regulatory Agency: IRA)로 설치되었다. 미국 연방주의의 산물로 평가되기도 하는 FCC는 특정 행정부처에 종속되지 않는 기관이라는 의미에서 독립기관성을 지니기 때문에 권력 분립 원칙상 행정부처의 하나로 설명하는 것은 타당하지 않다.

독립규제위원회는 입법부로부터 위원회의 고유 권한을 행사하기 위한 법집행에 필요한 규제를 할 수 있는 권한을 위임받고, 그에 따라 행정부의

8) 47 U.S.C. §154 이하.
9) 김성현(2010), 『방송통신위원회의 법적 지위: 행정조직과 권한 통제상의 문제점을 중심으로』, 석사학위 논문(연세대), 31-34면.
10) 박용상(1988), "미국 연방통신위원회에 관한 고찰", 「법조」 제384호, 8면.

간섭 없이 독립적으로 정책을 결정·집행하고 규제할 수 있다.[11] 이러한 독립규제위원회는 대개 대통령이 임명하는 다수의 위원으로 구성되며 위원들의 초당파성과 임기를 보장해 주는 형태로 운영된다. 그리고 이러한 조직 형태는 전통적으로 경제적 이해관계를 조정하는 권한이 의회에 속함에도 불구하고 의회 스스로 첨예하게 대립하는 이해관계가 관련된 분쟁에 깊게 연관되는 것을 꺼리게 한다. 또한 중요한 산업 영역에 대한 규제 업무에 대해 대통령이 정치적 영향력을 직접적으로 행사하지 못하도록 하기 위한 필요성과 아울러 규제 업무의 계속성과 개별성을 중시하여 전문성을 강화하기 위해 설립되었다.[12]

그리고 FCC는 독립규제위원회이기 때문에 그 운영상 의회에 대해서만 책임을 지게 되므로 매년 의회에 연차보고서를 보고·제출해야 하고, 회계연도마다 예산 신청을 위한 전년도 예산 집행 결과를 보고해야 한다. 한편 FCC는 5인의 각 위원이 자신의 직무와 관련해서 의회에 대해 직접 책임을 지는 구조이며, FCC의 규제 권한은 원칙적으로 연방의회에서 위임한 권한에 국한한다.[13]

3) 「1996년 통신법」의 개정

「1996년 통신법(The Communications Act of 1996)」은 민간 부문에서의 정보통신 기술과 서비스의 발전이 전 국민에게 다가갈 수 있도록 경쟁 강화, 탈규제 정책을 적극적으로 도입했다. 이 법안에서는 전국망 라디오의 소유 규제를 폐지하고 전국망 텔레비전의 시청자 확보율 한도를 35%로 상향 조정하는 한편, 대형 시장에서 8개의 라디오 방송을 소유할 수 있도록 하는 4단계의 라디오 소유 형태를 정했다.

한편 지방 텔레비전의 소유 제한을 FCC가 정하도록 했고, 라디오·텔레비전 겸영을 50개 시장으로 확대했다. 그리고 2년마다 방송 소유 규제에 대

11) 조소영(2009), 앞의 논문, 476면.
12) 김종석·김태윤(2004), 앞의 책, 26면.
13) Garcia-Murillo, Martha & MacInnes, Ian(2001), "FCC organizational structure and regulatory convergence", *Telecommunications Policy* 25(6), pp. 431-452.

해 경쟁과 공익에 부합하는지를 검토하도록 하고 공익에 부합하지 않는 경우 규제를 수정 · 폐지하도록 하는 안이 제시되었다.14)

4) 미국 미디어 산업의 탈규제 정책과 미디어 독점 현상

미국은 「1996년 통신법」을 통해 방송통신 영역에의 대폭적인 규제 완화를 시도했다. 미국의 방송통신 산업에 대한 탈규제 정책은 시장 개방을 통한 경쟁력 강화와 자금 조달 활성화를 통한 시장의 확대를 목표로 했으나, 이종 매체 간의 소유 제한이 부분적으로 철폐됨으로써 미디어 기업 간 합종 연횡이 허용되었다. 이를 통해 결국 소수의 복합 미디어 기업들이 미국 언론시장을 독점하게 되었다.

「1996년 통신법」은 1990년대의 세계사적인 변화, 즉 동구 사회주의 국가들의 붕괴, 소련의 개혁 개방에서 비롯된 신자유주의의 확산과 그에 따른 탈규제의 흐름, 나아가서는 인터넷의 등장 등 커뮤니케이션 테크놀로지의 발달을 반영해서 개정한 것으로 알려져 있다. 「1934년 통신법」이 공익성을 강조한 아날로그 시대의 법이었다면, 1996년의 개정 통신법은 디지털 시대의 변화를 반영하면서 탈규제를 통한 경쟁 촉진에 초점을 둔 법이라고 할 수 있다. 이런 점에서 「1996년 통신법」은 방송 · 통신 융합에 따른 변화를 세계에서 가장 먼저 법률 체계에 반영한 것으로 볼 수 있다.

미국에서는 소수의 복합 미디어 기업들이 주요 케이블 방송사 및 신문사를 공격적으로 인수 · 합병하면서 소유 집중 현상이 가속화되었고, 5대 미디어 기업은 모두 세계 500대 기업에 포함될 정도로 성장하며 꾸준히 그 규모를 확장하고 있다. 이러한 민영화 위주의 미국 방송 정책은 애초에 의도했던 경쟁과 다양성의 증가보다 모방과 자극적인 영상의 범람을 야기했다는 비판에 직면하게 되었다.15)

---

14) 조상희(2009), “미국 연방통신위원회(FCC)의 신문 · 방송 겸영 허용 결정 검토”, 「행정법연구」 제21호, 167-168면.

15) 정용준(2008), 『이명박 정부의 방송정책과 방송통신위원회의 독립성, 새 정부의 방송정책 방향성 모색: 방송구조 개편, 방통 융합, 탈규제 공정경쟁』, 한국방송학회 연구보고서, 12-13면.

2 방송통신위원회

1) 기구 통합 이전의 상황

(1) 방송·통신 융합 이전의 방송·통신법제 및 방송·통신 정책기관의 분리

가. 헌법 이론적 측면: 방송의 자유와 통신의 자유의 기본권적 차이점

현행 헌법 제21조에서 규정하고 있는 언론·출판의 자유는 현대 민주주의 국가의 존립과 발전에 필수불가결한 기본권으로서, 대다수 자유민주주의 국가의 헌법에서는 이를 중요한 기본권의 하나로 보장하고 있다.[16] 이러한 언론의 자유는 단순히 국민 개개인의 주관적 공권으로서의 측면뿐만 아니라 정보의 전달 과정에서 핵심적인 역할을 하고 있는 제도적 보장으로서의 성격을 가진다.

언론·출판의 자유는 그 매체적 속성을 기준으로 출판·신문·방송 등으로 분화되어, 동일한 언론·출판의 자유라 할지라도 각기 상이한 규제원리가 적용되어 왔다. 이 중 방송의 자유는 주파수의 희소성과 사회적 영향력을 이유로 하여 공공성과 사회적 공익성이 강조되어 출판이나 신문의 자유권보다도 더욱 엄격한 내용 규제와 구조 규제를 받아왔다.

반면, 통신은 양방향성을 가지고 소수의 선택된 참여자들 간에 음성 및 데이터 정보를 송·수신하는 것으로서, 시장 원리와 효율성을 바탕으로 하는 경제적·산업적 측면이 강조되고 있다. 이러한 통신의 특성에 근거해 통신의 자유는 개인의 비밀 보호를 목적으로 하고 있으며, 통신 관련 법제는 통신의 비밀 보호 등의 이용자 보호, 기술 및 독과점 규제, 공정경쟁 환경 조성 등을 위한 정책과 아울러 통신 인프라 구축을 통한 원활한 통신 서

---

16) Choper, Jesse et al.(2007), *Constitutional Law: cases, comments, question*(10th ed.), St Paul: Thomson & West, pp. 587-628; Rossum, Ralph A. & Tarr, Alan G.(2007), *American Constitutional Law*(7th ed.), Belmont: Thompson Wardsworth, pp. 181-273; Herrmann, Günter(2004), a.a.O., S. 194-222; Jarras, Hans D. & Pieroth, Bodo(2007), *Grundgesetz*(9. Aufl.), München: C.H.Beck, Rn. 35-48; Stern, Klaus(2006), a.a.O., S. 1387-1418; 1460-1766; 성낙인(1998), 『언론정보법』, 나남, 60-61면 등을 참조.

비스 이용을 목표로 규범화되어 있다.

이와같이 그동안 종래 언론·출판의 자유와 통신의 자유는 전혀 이질적인 매체를 통해 전달되는 것으로서, 전자는 매스미디어적 속성을, 후자는 개인적 정보 전달의 매개체로서의 속성을 지니는 것으로 인식되어 왔고 양자에 적용되는 법리 역시 현격한 차이가 있다.

나. 기술적 측면: 방송과 통신의 기술적·매체적 차이점

방송의 자유와 통신의 자유는 기본권적 성격, 존재 의의, 구체적인 보호의 태양(態樣) 등이 전혀 다른 이질적인 기본권이다. 이러한 기본권적 성격과 아울러 일반적으로 방송과 통신은 기술·서비스·수용자 측면에서 다음과 같은 차이가 있다.

첫째, 기술적 차원에서 살펴보면 방송은 전파를 이용한 라디오 방송에서 출발해 유선·위성 등의 형태로 발전해 왔는데, 최근까지는[17] 주로 무선방을 중심으로 발달해 한정된 주파수를 사용하는 일방향적인 전송 형태였다. 이에 반해 통신은 특정인 간의 정보 유통을 보호하기 위해 특정 사용자 이외의 제3자가 개입할 수 있는 여지가 상대적으로 적은 유선망을 중심으로 빌딜해 왔다.

이와 같은 기술적 차이 때문에 방송망과 통신망은 네트워크상으로 엄격히 분리되어 있는 것으로 인식되었고, 1990년대 초반까지는 관련 법규 역시 방송망과 통신망에 각각 상이한 법리가 적용되었다.

둘째, 서비스 차원에서는 방송 서비스의 경우 전통적으로 전파를 통해 오디오 정보를 제공하는 라디오 방송 서비스와 비디오 정보를 제공하는 TV 서비스로 구성되어 있었다. 이러한 송신자의 방영 행위에 대해 수신자인 시청자는 채널 변경, 음성 조절, 전원 끄기 등 아주 수동적인 행위만이 가능했다.

반면 통신은 전화나 무선통신과 같이 음성정보의 소통을 목적으로 설치된 네트워크로서, 사용자들 간에 다양한 상호작용이 가능한 쌍방향 서비스

17) 가령 우리나라에 유선방송이 도입된 것은 1995년이다.

를 제공한다.

셋째, 수용자 측면에서는 전통적 의미의 방송의 경우 공중을 대상으로 일방적으로 송신되어 불특정 다수인이 제한을 받지 않고 평등하게 수신할 수 있다. 따라서 방송에서는 '일반적 접근가능성(allgemeine Zugänglichkeit)'이 인정되어야 하며 불특정 다수인에게 '임의적 공개성'을 가지고 일방적으로 전송될 때에만 방송으로 인정된다.

이와는 반대로 통신은 주로 특정 참여자 간의 정보활동으로 인식되었다. 이와 같은 수용자 측면의 차이에 기인하여 방송에서는 '방영 내용에 대한 규제'가, 통신에서는 '통신 비밀의 보호'가 중요한 입법 목적이 되어 왔다.

다. 사회적 기능의 측면: 아날로그 방송 시대의 미디어법제 및 정책기관의 분리

방송과 통신 간의 이와 같은 기술·서비스·수용자 측면에서의 차이점 때문에 전 세계적으로 아날로그 시대에는 양자에 적용되는 법제가 확연히 구분되었으며, 우리나라에서도 사정은 다르지 않았다.

먼저 라디오 방송이 개시된 1927년부터 1994년까지 우리나라에는 지상파 라디오 방송과 지상파 TV방송만이 존재했다. 이 당시까지만 해도 방송과 통신은 각기 다른 법 영역에 속한다는 것이 일반적인 견해였으며, 방송법제와 통신법제는 전혀 별개의 영역으로 구분되어 있었다.

이 시기 방송·통신 분야에 관한 연구를 법제사적 차원에서 살펴보면 ① 방송과 통신에 대한 법제적 연구의 부족, ② 방송과 통신법제 분야의 철저한 분리, ③ 지상파 독과점으로 인한 병리 현상의 해결 방안, ④ 명예훼손 법리의 발전, ⑤ 새로운 통신 기술의 발달에 따른 통신 인프라 구축 방안 등에 관한 법제의 발전이라는 특징을 발견할 수 있다.

이러한 공영 지상파의 독점은 민영방송인 서울방송이 개국(1990년)되고, 유선방송(소위 케이블TV)이 우리나라에 도입(1995년)되면서 서서히 경쟁 체제로 돌입하게 되었다. 그리하여 1995년부터 2000년대 초반까지 방송·통신 융합 현상이 본격화되기 전의 방송과 통신산업은 각자의 영역에서 수직적으로 발전했다. 즉 지상파 TV, 케이블 TV, 위성방송, 라디오방송 등 정보의 특성과 매체의 유형에 따라 콘텐츠의 제작, 분배, 서비스 제공 등이 수직적으로 통합된 형태를 띠고 있었다.

이 시기의 매체 발달의 특징으로는 방송이 그간 지상파 방송의 보편적 서비스의 개념에서 탈피해 유선방송과 위성방송 등을 통해 전파되기 시작했다는 데 있다. 이에 따라 보편성, 공공성, 공정성을 중심으로 논의되던 '수용자 복지'라는 방송철학이 점차 상업주의적 성격으로 변화되었다. 이러한 상업주의적 성격으로 인해 방송광고의 수주량과 직결되는 시청률 경쟁이 가열되었으며, 자연히 방송 내용의 폭력성·선정성이 질적·양적으로 크게 증가하여 사회의 가치 공감대를 훼손하는 결과가 빚어지게 되었다. 또한 공정경쟁 측면에서도 과도한 시청률 경쟁으로 인해 신문시장과 마찬가지로 경쟁 회사의 고객 선점, 저가의 끼워팔기, 프로그램 공급업자들에 대한 불공정행위 등이 문제되었다.

따라서 이 시기 방송 분야에서는 ① 민영방송의 상업화에 대한 반발로 공영방송의 역할에 관한 연구, ② 미디어의 선정성·폭력성에 대한 심의 문제, ③ 매체 간의 공정경쟁 문제, ④ 상업방송의 과도한 선정적 보도로 인한 명예훼손 문제 등이 중요한 법적 이슈로 부각되었다. 한편 통신 분야에서는 ① 전송 기술의 발달로 등장한 휴대폰, 유·무선 인터넷 등 신규 서비스의 활성화 정책, ② 2002년 KT(Korea Telecom)의 완전 민영화와 더불어 경쟁 체제로 돌입함에 따른 통신사 간의 공정 경쟁 문제, ③ 통신사 간의 불공정행위나 담합행위 해소 방안, ④ 통신회사 간의 활발한 상호 인수·합병에 따른 법규 위반 문제, ⑤ 인터넷을 통해 유포되는 음란물·폭력물로부터의 국민 보호 문제, ⑥ P2P(Peer to Peer)[18] 기술의 발달로 인한 디지털 콘텐츠의 보호와 저작권 문제 등이 주로 논의되었고, 특히 1990년대 후반부터 방송·통신의 융합으로 인한 법적 문제점과 규제 체계 변경의 필요성이 학문적인 차원에서 논의되기 시작했다.

18) 'P2P'란 '인터넷에서 이뤄지는 개인 대 개인의 파일 공유 기술 및 행위'를 말한다. 이는 기존의 서버와 클라이언트 개념이나 소비자 개념에서 벗어나 개인 컴퓨터끼리 직접 연결하고 검색함으로써 모든 참여자가 공급자인 동시에 수요자가 되는 형태이다.

이 시기 방송정책을 담당하는 방송위원회(2000년 이전에는 문화관광부)와 정보통신부(1994년 이전에는 체신부)는 각각 「방송법」 등의 방송관계법과 「전파법」·「전기통신기본법」·「전기통신사업법」 등을 관장하는 기관으로서, 상호간의 직무 영역과 거의 무관하게 독립적으로 직무를 수행해 왔다.

먼저 방송위원회는 1981년 3월 「언론기본법」 제34조를 근거로 설립되었으며, 그 사이 「언론기본법」이 폐지되면서 1987년 11월 「방송법」이 제정되고 그 다음해인 1988년 8월 구성되었다. 다시 1991년 12월 「종합유선방송법」이 제정·공포되면서 1992년 8월 종합유선방송위원회가 구성되었고, 2000년 「방송법」(소위 '통합방송법')이 제정·시행됨에 따라 2000년 3월 새롭게 방송위원회가 조직·출범했다.

정보통신부는 1948년 정부 수립과 함께 체신부로 발족했으며, 1994년 「정부조직법」 개정에 따라 21세기 정보사회화에 능동적으로 대처하고, 정보통신산업을 국가발전 전략산업으로 집중 육성할 수 있도록 하기 위해 과학기술처·공보처 및 상공자원부의 정보통신 관련 기능을 흡수·통합해 정보통신부로 개편되었다.

정보통신부는 ① 국가사회 정보화 정책의 수립 및 종합 조정, ② 초고속 정보통신망의 구축 및 정보 보호, ③ 장단기 정보통신정책 수립, ④ 정보통신사업의 육성 및 공정경쟁 촉진, ⑤ 통신사업자 허가·육성 및 공정경쟁 촉진, ⑥ 전파방송에 관한 정책의 수립 및 관리, ⑦ 우편·우체국 금융사업에 관한 정책 수립 및 추진 등을 주요 업무로 했다.

(2) 방송·통신 융합 현상의 대두와 기관 간의 대립

2000년대 초반까지 국내에서는 방송과 통신의 매체적 상이성을 이유로 방송·통신 관련법과 정책기관이 수직적으로 엄격하게 분리되어 있었으며, 이에 따라 정책기관 간의 통합의 필요성에 대해서는 학문적인 차원에서만 다뤄지고 있었다. 그러나 2000년대 초반 이후 소위 '방송과 통신의 융합(Convergence between Broadcasting and Telecommunication)' 현상으로 인해 기존의 방송·통신 규제 체계는 새로운 정보사업(소위 융합 서비스)을 규제하는 데 한계가 드러나고 있다.

방송·통신의 융합화로 일어나는 가장 큰 변화는 지금까지 각각의 고유한 서비스 영역을 지켜 왔던 다른 매체와의 경계 영역을 모호하게 만들어 매체 융합 현상을 가속화시키는 것이다. 정보매체 간의 기술적 결합을 통해 각 매체들의 특성을 통합해 활용함으로써 기존의 개별 미디어들이 가지고 있던 결점들을 보완해 서비스 능력을 향상시킬 수 있다. 이러한 변화에 따라 매체 간 차별이 적어져 수용자를 확보하고자 하는 각 서비스 간의 경쟁은 더욱 치열해질 전망이다.[19]

이러한 기술적 변화 외에 탈규제화로 대표되는 자유주의 물결로 인해 세계적으로 방송·통신 부문에서도 구조개편이 이뤄지게 되었으며, 미디어 기술의 발달에 따라 시간과 공간을 극복하는 전송 기술의 발달이 전통적 국가 경계 개념을 무력화시키고 있는 가운데 WTO 체제 하에서 방송·통신시장의 개방 압력도 계속되고 있다.

표 4-1 방송·통신 융합의 우선 과제

정책적 측면	공급적 측면	수요적 측면
정부(추진 체계, 갈등관리) 기업(규제 완화, 산업 활성화) 국민(서비스 개선 및 지원)	정부(협력 체계, 기술표준화) 기업(구조 정비, 기술 개발, 콘텐츠 확대) 국민(교육 강화, 이용 활성화)	기업(경쟁력 강화, 역량 강화, 시장 확대) 국민(참여 증대, 보편적 서비스 제공)

가. 멀티미디어의 등장과 서비스의 지연

방송·통신 산업의 발전 방향으로 먼저 차세대 방송 서비스의 성장을 예견할 수 있다. 방송 서비스와 통신 기술이 만나서 인터넷, 모바일, 양방향 서비스가 가능하게 되었고, IT기술의 발달로 혁신적 미디어 기술을 활용하게 되었다. 그에 따라 언제, 어디서나 TV를 볼 수 있게 되었고, TV가 더욱 스마트해졌으며, 사용자가 원하는 대로 실감나는 영상을 이용할 수 있게 되었다. 이러한 차세대 방송의 성장은 방송·통신산업 전반에 큰 변화를 가져올 것으로 예상되는 상황이었다

19) 이하에 대해서는 김국진(2007a), 앞의 책 참조.

하지만 2000년대 후반 방송위원회와 정보통신부 간의 알력으로 인해 IPTV 등 새로운 정보통신 서비스와 영상 서비스들의 보급이 계속 지연되어 왔다.

나. OSMU(One Source Multi-Use)에 대한 미흡한 대처

과거에는 방송 프로그램이 TV로만 전달되고, PC에서는 인터넷 동영상만 이용 가능했으며, 휴대폰은 휴대폰 전용 데이터, PMP에서는 동영상 다운로드 재생 등 개별 단말기는 독립된 콘텐츠를 사용할 수밖에 없었다.

그러나 최근에는 모든 단말기에 동일 플랫폼이 적용되고 동일한 콘텐츠를 사용할 수 있게 되었다. 결과적으로 최근에는 TV와 PC, 휴대폰과 태블릿 등 모든 단말기에서 동일한 콘텐츠를 시청할 수 있는 소위 OSMU(One Source Multi-Use)가 가능하게 되었다. 이에 따라 서비스 사업자 역시 초기 서비스 설계부터 N개의 스크린에 대응하도록 서비스 제공을 준비하고

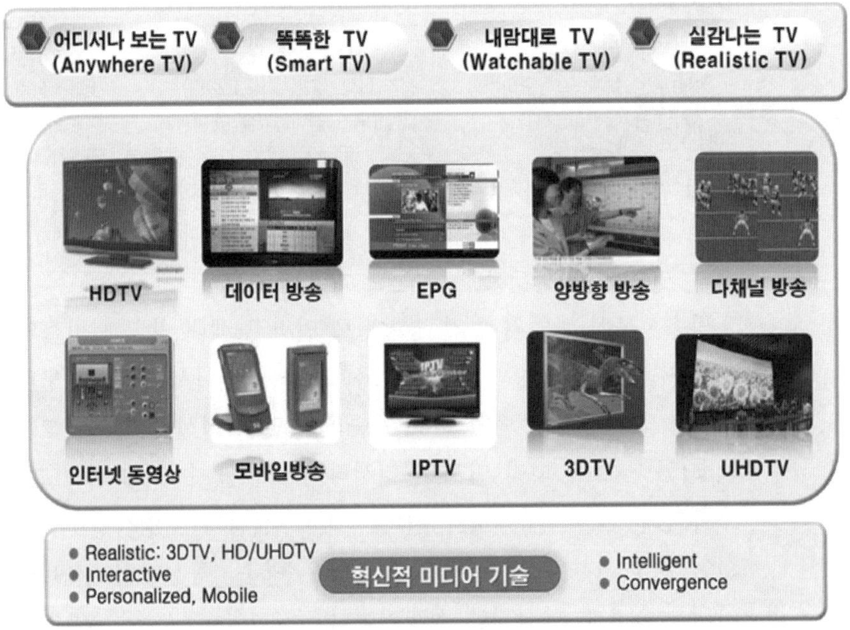

그림 4-1 차세대 방송 서비스

그림 4-2 N스크린 전략

있는 상황에서 N스크린 전략을 구사하는 것을 적극 검토해야 했다. 하지만 방송위원회와 정보통신부 간의 지속적인 대립으로 인해 이러한 국가적인 차원의 산업 활성화의 노력이 매우 어려운 상황이었다.

다. 개인화 및 소셜 미디어에 대한 규제의 어려움

인터넷은 방송·통신산업에서 가장 중요한 요소가 되고 있으며, 인터넷 서비스는 사용자의 모든 개인 활동의 기록이다. 방송·통신 서비스는 이러한 인터넷 정보를 활용해 좀 더 개인화된 서비스를 제공할 수 있게 되었다. 방송·통신 서비스는 인터넷의 개인화된 정보와 사회적 정보를 활용해 사용자가 원하는 콘텐츠를 쉽게 전달할 수 있고, 또한 이러한 정보를 지인들과 공유하고 소통할 수 있게 되었다.

독일의 연방헌법재판소에 따르면 "방송의 자유의 규범력을 유지하기 위해서는 판결 당시의 시점까지 도입된 기술 수준만을 기준으로 방송의 개념을 확정할 수 없다. 방송의 개념은 기술적인 혁신 가능성과 의견 형성의 중개 매체로서의 기능을 고려해 역사적·규범적으로 결정되어야 한다"고 판시한 바 있다. 그러므로 새로운 기술이 출현해 방송의 자유라는 측면에서 이에 대한 기본권 보장의 필요성이 제기되는 경우, 비록 이 새로운 기술이 종래의 방송 개념과 상응하지 않는다고 하더라도 방송으로서의 기술적·

개념적 특징이 인정되는 때에는 방송의 개념을 적극적·탄력적으로 해석해 방송의 개념에 포함시켜야 한다고 본다.[20] 즉, 인터넷을 통한 동영상 서비스가 사회적 영향력을 갖는 때에는 방송과 유사한 규제를 받아야 함에도 불구하고 기관 간의 의견 대립으로 인해 적정한 규제 수준을 설정하는 데 매우 큰 어려움이 있다.

이와같이 기존의 통신 서비스가 방송에 유사한 사회적 영향력을 갖고, 방송 서비스 역시 기존의 통신 서비스와 같은 개인 간의 매체로 변화하는 데 반해 방송위원회는 여전히 기존의 방송에만 관심을 가졌고, 정보통신부는 여전히 통신이라는 개인 간의 매체적 특성에만 집착해 멀티미디어화되는 미디어 현상에 제대로 적응하지 못하고 있었다.

(3) 경계 영역적 서비스의 등장으로 인해 발생하는 법적 문제점

네트워크의 통합을 통해 그간 엄격하게 구별되었던 방송 서비스와 통신 서비스의 경계가 불확실해지면서, '방송과 유사한 통신 서비스' 또는 '통신과 유사한 방송 서비스'가 속속 등장하게 되었다. 이러한 현상을 실무계에서는 흔히 방송과 통신의 '융합(convergence)'이라고 표현하면서 마치 이러한 서비스의 융합 현상을 통해 방송과 통신이 기본권적으로도 융합되는 것으로 오해하고 있는 듯하다. 하지만 헌법적 차원에서 차이점을 고찰해 보면 방송의 자유와 통신의 자유는 전혀 다른 별개의 기본권으로서, 향후 어떠한 네트워크 기술의 발달에도 불구하고 헌법적으로는 여전히 하나의 기본권으로 융합될 수 없다.[21] 이러한 헌법상의 기본권적 성격의 차이 때

---

20) Vgl. BVerfGE 12, 205(208ff.). 독일은 제2차 세계대전 후 제정된 기본법(Grundgesetz: GG)에 자유로운 여론 형성을 위해 언론의 자유와 방송의 자유를 주관적·객관적 자유로서 보장하고 있다. 주관적 표현의 자유를 의미하는 인쇄매체의 자유에 비해 제도적으로 보장된 방송의 객관적 자유는 방송의 지대한 사회적 영향력에 근거하여 전 세계적으로 유례 없이 강한 규제를 하고 있다. 그러나 방송의 객관적 자유 개념은 처음부터 정립되어 있던 것이 아니고 독일 연방헌법재판소에 의해 1961년 제1차 TV 판결에서 처음으로 광범위하게 규명된 후 1990년대 중반까지 이어지는 일곱 차례의 방송 판결에서 점진적으로 확대 해석되며 독일 방송 제도와 규제 체계를 확립하는 근거가 되어 왔다. 이 상에 대해서는 고수자(2005), "디지털 시대의 방송 자유와 규제에 관한 연구: 독일 연방헌법재판소의 방송 판결을 중심으로", 「사회이론」 제28호, 39-69면 참조.

21) 멀티미디어의 발달에 따른 방송 개념의 변화 및 방송과 통신의 자유의 기본권적 속성의

표 4-2 방송·통신 융합의 진화 단계

구분	융합 이전	1차 융합	2차 융합	3차 융합
사업 구조	음성 데이터 → 통신망 → 통신 단말 영상 → 방송망 → TV	음성 데이터 · 영상 → 통신망 · 방송망 → 통신단말 · TV	음성 데이터+영상 → 통신망+방송망 → 통합단말 (전화+PC+TV)	컨버전스 서비스 → 컨버전스 네트워크 → 복합 기능 단말
특징	• 산업 영역별 독립적 서비스 제공 – 콘텐츠, 플랫폼, 네트워크, 터미널별 분리 • 산업 간 경쟁이 적음	• 영역 간 부분적 경쟁 및 융합 발생 – 콘텐츠, P/F, 단말 부분 융합 • 디지털화 진전에 따른 데이터 서비스 확대 –데이터 영역에서 융합 가시화	• 복합 P/F을 통한 TPS 제공 • 단말/과금/마케팅의 통합화 • Home Gateway의 중요성 대두 – 음성/데이터/영상 연동 – 통합 단말에 의한 가입자 Lock in – Home Networking 서비스 개시	• All IP망(IPv6)화 – 유무선 복합망 • 유비쿼터스 환경하에서의 컨버전스 서비스 – CPS서비스 • Home 네트워킹 서비스 일반화
서비스	• 전통적인 방송과 통신의 구분 – 신문, 잡지, 방송 등 매체 분리	• TOP/IP, N/W상 콘텐츠 유통 – 인터넷, TV, 문자 방송 • 방송 N/W의 통신 N/W화 – CATV의 ISP서비스 • 통신사업자의 방송 서비스 – 위성+통신 서비스	• 유무선 통합 N/W 서비스 – CATV사의 VoIP, ISP 연동 서비스 – 통신사업자의 ISP+Voice+IPTV+이동전화 서비스 – 마케팅 통합에 따른 멀티화 기능 – TPS마케팅 • Home Security/Control 서비스	• 유무선 통합 N/W 서비스 – TPS + α (CPS서비스)

문에 소위 융합 영역의 기본권적 성격이나 실체가 불분명한 경우에는 당해 융합 영역에 속하는 서비스에 대한 규제가 매우 난해하다.22)

차이와 융합의 불가능성에 대해서는 지성우(2005), 앞의 논문, 115-140면 참조.

실제로 현행 방송법제는 주파수의 희소성 및 사회적 영향력에 초점을 맞춰 하드웨어·소프트웨어를 통합적으로 규정하면서 방송 내용 규제, 방송사업자의 소유 및 참여 제한 등을 중심으로 하는 규제 방식을 채택하고 있다. 반면, 통신법제의 경우에는 전송 내용의 비밀 보호 및 보편적 서비스의 제공에 초점을 맞춰 하드웨어와 소프트웨어를 분리해 운영하면서 요금, 접속 조건, 시장 경쟁, 전송 매체의 표준화 등을 중심으로 하는 규제 방식을 채택하고 있다.

또한 허가구조에서도 차이를 보이는데, 현행 「방송법」에 의하면 방송사업에서는 전송 수단(지상파방송, 종합유선방송, 위성방송, 이동멀티미디어방송), 기능(음악유선방송, 방송채널사용사업, 종합편성사업) 등 다양한 기준으로 구성되어 있다. 반면, 통신사업에서는 기간·별정·부가통신사업자 등과 같이 기능별로만 차등을 두어 허가를 부여하거나 등록하게 하여 사업을 시행하도록 하고 있다.

이렇게 현행 방송·통신 관련 법제가 양자 간의 엄격한 분리를 전제로 하고 있으므로, 이러한 기준이 혼용되어 나타나는 새로운 정보사업을 규제하는 데 적합하지 않다는 문제점이 발생하게 되었다. 즉, 정보통신 기술의 발전으로 인해 '통신 네트워크를 통한 방송행위'와 '방송 네트워크를 통한 통신행위'가 가능해지면서 필연적으로 방송과 통신의 중간 영역에 해당하는 분야에 대해 방송정책기관인 방송위원회와 통신정책기관인 정보통신부 간의 관할권 다툼이 발생하게 된 것이다.

그러나 이러한 영역에 적용해야 할 법제가 정비되지 않은 상황이 지속되면서 새로운 시대로의 도약을 위해 방송·통신 및 멀티미디어 분야를 관할할 기관 및 법제의 통합이 필요했다. 다만 이러한 융합 현상을 규율하기 위해 법제 및 관련 기관 간의 통합이 필수적인가에 대해서는 <표 4-3>과 같이 의견이 대립되고 있었다.

22) 경계 영역적 서비스의 규율문제에 대해서는 고민수(2006), "방송·통신 융합과 입법적 과제", 「공법연구」 제34집 제4호 제1권, 93-118면 참조.

표 4-3 신규 서비스 관할권에 대한 방송위원회와 정보통신부의 의견 대립

구분	통신법		방송법
	회선 설비 보유	회선 설비 임차	
IPTV	기간통신사업자	부가통신사업자	직접 근거 조항 없음
웹캐스팅	기간통신사업자	부가통신사업자	방송사업자의 웹캐스팅을 방송위원회가 심의
VOD	기간통신사업자	부가통신사업자	근거 조항 없음 (주문형 방송 채널사용사업자로 간주)
데이터방송	기간통신사업자	부가통신사업자	데이터 방송
휴대폰 TV (June, Fimm 등)	기간통신사업자	부가통신사업자	직접 근거 조항 없음 (별정 방송으로 간주)

(4) 정책기관 구성 변화의 불가피성

가. 조정 · 협의의 불가능성

방통위 설립 전 방송위원회와 정보통신부 간에는 IPTV(Internet Protocol Television)[23] 등 신규 미디어의 관할권을 둘러싸고 지속적으로 불협화음이 발생하고 있었다. 그러나 이러한 관할권 다툼은 단지 방송위원회와 정보통신부 간에만 존재하는 것이 아니다. 가령 명령 · 규칙에 대한 심사권을 둘러싼 헌법재판소와 대법원의 갈등, 수사권 독립을 둘러싼 검찰과 경찰의 대립, 통신사업자들의 공정거래 문제를 둘러싼 정보통신부와 공정거래위원회의 갈등, 외주 전문 채널 문제를 둘러싼 방송위원회와 문화관광부 간의 갈등 등 정부부처 간의 관할권에 관한 의견의 대립과 갈등은 시기와 기구를 불문하고 지속적으로 재현되는 문제이다.

23) IPTV(Internet Protocol TV)라 함은 '인터넷 체계를 기반으로 TV 모니터를 통해 인터넷 방송과 같이 스트리밍 방식의 방송을 전달하고, 이와 더불어 인터넷 및 기타 부가서비스를 제공하는 것'을 의미한다. IPTV는 일반적으로 IP 기반의 네트워크를 이용해 HD(High Definition)급 고화질 생방송, 주문형 비디오(VOD), TV콘텐츠 등을 제공하는 것을 의미한다. IPTV 도입의 전망과 문제점에 관해서는 윤석민(2004), "IPTV의 국내외 도입 현황과 정책상의 쟁점들", 한국정보법학회, 『IP 미디어 신상품의 성공적 시장진입을 위한 전략 연구』, 96면 이하 참조.

이렇게 정부기관 간의 규제권에 대한 다툼이 동일한 영역에 관할권을 행사하고자 하는 기관 간에 상시적으로 존재하는 문제이므로 당해 사안이 발생할 때마다 조정위원회 등을 설치하고 중간적 영역에 제3의 법률을 두어 사안별로 해결하면 될 것 아니냐는 반론이 있을 수도 있다.

이러한 견해는 ① 이론적으로는 규제기관 상호간의 합리적 규제 조정의 가능성을 전제로, ② 구체적으로는 독일식 분리모델을 따르고 있는 것으로 보인다.

하지만 이론적·실무적으로는 방송위원회와 정보통신부 간 상호간의 합리적 규제 조정의 가능성은 거의 없는 것으로 판단되었기 때문에 학계에서는 양 기관의 통합이 필수적이라고 보고 있었다.

상기한 바대로 명령·규칙 제정에 대한 심사권을 둘러싼 헌법재판소와 대법원의 갈등, 통신사업자들의 공정거래 문제를 둘러싼 정보통신부와 공정거래위원회의 갈등, 외주 전문 채널 문제를 둘러싼 방송위원회와 문화관광부 간의 갈등 등 정부부처 간에는 상시적으로 관할권을 둘러싼 갈등이 존재해 왔고, 향후에도 이러한 갈등 양상이 재현될 것이지만, 위에서 언급한 정부부처들을 통합해야 한다는 논의가 진행되지는 않고 있다. 그것은 이러한 갈등이 한 부처 존립의 정당성이 의심받을 정도의 심각한 문제가 아니기 때문이다. 즉, 위에서 언급한 정부부처들은 모두 고유한 업무 영역을 가지고 있으며, 다른 부처와 일부 그 권한이 중복된다고 해도 부처의 본질적인 고유 업무 영역은 유지될 수 있다.

반면, 방송위원회와 정보통신부와의 갈등과 대립은 네트워크와 전송기술의 발달로 인해 새로 등장하게 될 거의 모든 매체의 규제 범위와 수준을 결정할 때 번번이 발생할 문제이며, 이러한 신규 미디어에 대한 관할권 포기는 곧 기관 존립의 정당성의 문제로 비화될 것이기 때문에 구조적으로 어느 한 당사자의 관할권 포기를 기대하는 것은 거의 불가능하다. 기관 통합 전 몇 년간 방송위원회와 정보통신부는 <표 4-3>에서 보는 바와 같이 신규 서비스의 관할권을 둘러싸고 지속적으로 의견이 대립되어 왔으며, 그 결과 신규 서비스가 등장할 때마다 관할권의 다툼으로 인해 서비스 개시가 지연되어 왔다.

나. 협의·조정의 불가능으로 인한 문제점

2008년 방통위로의 기구 통합 당시 학계와 실무계에서는 이렇게 신규 서비스에 대한 정책권을 둘러싼 방송위원회와 정보통신부의 이원적 체계를 계속 유지할 경우 구체적으로는 다음과 같은 두 가지 문제가 발생할 가능성이 예견되어 왔다.[24]

우선, 방송·통신 융합 서비스에 대해 규제의 법적 근거가 없는 규제 공백 상태를 상정할 수 있을 것이다.

이러한 경우에는 한편으로는 죄형법정주의의 원칙상 유해 콘텐츠에 대한 제재 방법이 없다는 문제점이 있고,[25] 다른 한편으로는 법적 규제의 흠결로 인해 사업자가 사업을 영위할 수 없게 되는 문제점도 발생하고 있다. 특히 후자의 경우처럼 사업자가 제공 가능한 융합형 서비스 제공의 법적 근거가 없을 경우에는 1995년 통신위성 발사 이후 2000년 통합방송법이 제정되기 전까지 위성을 사용하지도 못하고 순수사업비만 수천억 이상을 낭비한 위성방송의 전철을 밟게 될 것이다. 나아가 향후 제공될 방송·통신 융합형 서비스에서는 그 손해액이 기하급수적으로 증대될 것으로 예상된다.

반대로, 방송·통신 융합 서비스에 대해 방송위원회와 정보통신부 양자에 의해 이중 규제가 가해지는 상황을 예견할 수도 있다. 즉, 현행 방송·통신 관계 법제에 의하면 최근 출현하고 있는 이동휴대 수신방송, IPTV 등의 융합형 서비스에 대한 정책 및 규제 근거가 미비한 실정이다. 따라서 이러한 신규 서비스가 제공될 때마다 이전의 DTV(Digital TV) 전송 방식의 예에서와 같이 방송위원회와 정보통신부 간에 서로 방송인가 통신인가

---

24) 방송·통신의 융합과 관련해 규제기관 간의 의견 대립으로 인한 폐해에 대한 연구로는 이승선(1999), "매체 융합 서비스에 대한 할거주의적 관할권 경쟁 연구", 「방송학보」 제13호, 267면 이하 참조.

25) 가령 현재 휴대폰을 통해 방송 서비스가 제공되고 있는데 DMB 서비스의 경우에는 방송사업으로 분류되어 「방송법」의 적용을 받고 있으나, 과거 June, Fimm 서비스 등의 경우에는 부처 간의 이견으로 인해 규제의 공백 상태에 있었다. 또한 여관 등 숙박업소를 대상으로 성인 비디오 프로그램을 위성으로 송출·제공하는 사업의 경우에도 방송위원회에서 불법 위성방송 행위로 간주해 고발 조치했으나, 법원은 당해 송출행위는 위성방송으로 볼 수 없으며, 위성방송으로 보지 않을 경우에는 처벌을 위한 근거 법률이 없다는 이유로 1심에서 무죄 판결을 한 경우도 있다.

의 개념과 관할권을 놓고 의견이 불일치하는 경우 방송·통신 융합형 서비스는 양 기관으로부터 이중 규제를 받을 위험성이 크다. 이에 따라 신속성·시의적절성을 생명으로 하는 신규 서비스의 제공이 지연되면 천문학적인 재원의 낭비와 국가경쟁력 실추는 명약관화한 상황이었다.[26]

이러한 규제기관 간의 관할권에 관한 다툼은 과거의 DTV 전송 방식, 이동휴대 수신방송, IPTV 등의 문제를 협의하는 과정에서 증폭됨으로써 기관의 독자적인 존립 가능성에 의문이 제기되었고, 마침내 전면적인 통합 문제를 논의하는 수준에 이르렀던 것이다.[27]

(5) 2008년 당시 상황에서 정책기구 통합 이외의 대안과 문제점

규제기관의 분리를 주장하는 측에서는 주로 다음과 같이 두 가지 방안에 의해 방송과 통신에 관한 규제기관을 분리할 수 있다고 보고 있었다. 첫째, 방송위원회와 정보통신부의 중간에 조정협의체를 두어 여기에서 매체의 속성을 결정하는 방식을 채택하는 방식과 둘째, 네트워크와 콘텐츠의 관할기관을 분리하는 방식이다. 먼저 독일식의 정책기관 분리모델의 내용과 문제점에 대해 살펴본다.

---

26) 통신망에서 제공되는 서비스는 기본적으로 통신 서비스로 분류하고 있는 현재의 통신법제에 의하면 IPTV는 통신망을 통해 방영되기 때문에 통신의 영역에 속하게 된다. IPTV의 경우 시청자의 입장에서는 네트워크 구성이 IP 방식이라는 점을 제외하고는 디지털 케이블 방송과 거의 차이를 느끼지 못한다. 따라서 IPTV 서비스를 두고 방송위원회는 종합유선방송으로서 방송의 한 유형으로 보고 있는 반면, 정보통신부는 통신망을 통해 제공되는 서비스이므로 통신 서비스라고 주장해 양 기관의 관할권 충돌 문제가 해결되고 있지 못하는 실정이었다. 이러한 갈등은 지난 2007년 12월 28일 국회에서 방송위원회와 정보통신부가 공동으로 IPTV를 관할하게 하는 것을 내용으로 하는 「인터넷 멀티미디어방송사업법」을 통과시킴으로써 수년 만에 일단락되었다.

27) 방송위원회와 정보통신부 및 문화관광부 간의 갈등 사례에 관해 연구한 자료에 의하면 정부기구 간의 갈등과 지대 추구 현상을 1기(탐색기), 2기(통합법 주도권 갈등기), 3기(정책 주도권 갈등기), 4기(융합 서비스 확보를 위한 갈등기), 제5기(IPTV 갈등기) 등으로 구분할 수 있으며, 지속적으로 갈등이 확대·증폭되어 왔다고 한다. 방송정책을 둘러싼 정부기관 간의 갈등 사례에 대한 역사적 고찰과 분석에 관해서 홍선기·황근(2005.2.16), "방송·통신 융합에 대비한 정부정책 평가", 「방송·통신 융합의 정책 이념과 실제(뉴미디어방송협회 주관 세미나 발제문)」, 41면 이하 참조.

가. 독일식의 정책기관 분리모델에 대한 검토

먼저 독일식의 정책기관 분리모델을 주장하는 견해에 의하면 방송위원회와 정보통신부 간에 조정협의체를 두고 여기에서 방송인지 통신인지 또는 제3의 융합형 서비스인지를 결정하게 하자고 주장한 바 있다.

이 방안에 의하면 현행 「방송법」, 「전파법」, 「전기통신기본법」, 「전기통신사업법」을 부분 개정하고 소위 「통신방송융합서비스사업법(가칭)」을 제정해 현재 방송위원회에서 주장하는 별정 방송이나, 독일의 「미디어서비스국가협약(Mediendienstestaatsvertrag)」 또는 「텔레서비스법(Teledienstgesetz)」 등의 법률을 제정해 융합 영역을 규율하되, 그 규제는 거의 별정통신사업자 정도의 아주 약한 수준으로 하면 될 것이라고 했다.[28]

이에 의할 경우에는 방송을 국가적 영역에 두지 않으면서도 규제가 가능하며, 기존의 방송과 통신에 관한 관할권을 변경하지 않고 융합형 서비스에 대한 규율이 가능하여 조직을 안정시키고 관련 산업의 발전에 전념할 수 있다는 장점이 있다.

이 방안의 모델이 되는 독일의 경우 우리의 헌법에 해당하는 기본법(Grundgesetz) 제정 당시 언론 매체가 정치의 시녀로서 정치적 선전 수단으로 전락했던 나치 시대에 대한 반성으로 문화고권(Kulturhoheit)을 연방이 아닌 연방 각 주에서 행사해야 한다고 규정하고 있다.[29] 이러한 헌법 규정에 따라 통신에 대한 관할권과 방송에 대한 기술적인 인프라 구축에 관한 권한은 연방이, 방송정책과 내용 규제 등의 문화적 사안에 대해서는 연방 각 주[30]에서 행사하도록 되어 있다. 이렇게 방송에 대한 관할권이 각 주

---

28) 구체적인 추진 방안에 관해서는 정보통신정책연구원(2004), 『통신서비스 산업과 방송산업의 균형발전 방안 연구』, 156-160면 참조.

29) 독일 기본법 제30조, 제73조 제7호 및 제83조 이하 참조. 여기에서는 연방의 권한을 나열하고 있으며, 이러한 연방의 권한에 속하지 않는 권한은 당연히 각 주의 관할권에 속한다고 규정하고 있다.

30) 현재 독일에는 3개의 자유시(Berlin, Bremen, Hamburg)와 13개의 주가 있다. 이 주들에는 민영방송을 관장하는 14개 미디어청(Landcsmcdicnanstalten)들이 각 주 내지 자유시의 민영방송을 관장한다(연방 각 주에는 「미디어법」 또는 「방송법」이라는 다양한 명칭의 방송관계법이 존재). 이러한 미디어청들의 연합체가 '지방미디어청협의회(Arbeitsgemeinschaft der Landesmedienanstalten: ALM)'이며, 여기에서 「방송국가협약

에 있는 관계로 경쟁 체제에 돌입한 방송시장의 통일적인 규율이 필요하게 되자 연방 각 주는 통일적인 규정의 필요성을 절감하고 「방송국가협약(Rundfunkstaatsvertrag)」[31]을 체결했다.

그 후 오랜 기간 동안의 논의 끝에 융합형 서비스 중 방송적 속성을 가지는 미디어는 미디어서비스(Mediendienste)로 구분해 각 주의 관할로 하고 「미디어서비스 국가협약(Mediendienstestaatsvertrag)」을 체결했고, 통신적 속성을 강하게 갖고 있는 매체(가령 원격의료, 원격게임 등)들은 연방의 관할로 보아 「텔레서비스법(Teledienstegesetz)」을 제정해 규율하고 있었다.[32] 그러나 최근에는 미디어서비스와 텔레서비스 양자를 '텔레미디어(Telemedien)'로 통칭해 모두 연방에서 관할하는 것을 내용으로 하는 「텔레미디어법(Telemediengesetz)」을 제정했다. 따라서 현재 독일은 방송정책은 「방송국가협약」에 의해 연방의 각 주가, 통신정책은 「통신법」에 의해 연방이 관할하되, 멀티미디어에 대해서는 방송에 비해 규제 수준을 대폭 완화해 연방에서 관할하도록 하고 있다.

이렇게 방송 영역에 대한 관할권의 분리로 인해 각 주간의 이해관계가 대립할 경우가 발생할 가능성이 있는데, 이때에는 서비스의 성질에 관한 최종적인 결정권은 주미디어청장회의에서 행사하게 된다. 여기에서 낭해 매체의 속성이 방송이라고 만장일치로 판정할 때에는 방송으로 인정해 연방 각 주가 관할하고, 그렇지 않으면 통신·텔레서비스 등으로 구별해 연

(Rundfunkstaatsvertrag: RfStV)」을 체결, 연방 각 주의 중요한 정책을 조율하게 된다. 참고로 공영방송은 협업 형태의 '독일공영방송사협의회(Arbeitsgemeinschaft der öffentlich-rechtlichen Rundfunkanstalten der Bundesrepublik Deutschland: ARD)'와 단일 방송사인 '제2공영방송(Zweite Deutsche Fernsehen: ZDF)'을 구성하여 내부적 규제를 가하고 있다.

31) 통상 '협약'이나 '조약'이란 법률 용어는 국가 간의 약정에 사용하게 된다. 하지만 여기서 'Staatsvertrag(국가협약)'이라는 단어를 사용하는 이유는 우리나라와 달리 외교권이나 국방권 등 협소한 권한만을 연방에서 행사하고, 나머지 권한들(특히 교육, 지방행정, 경찰권 등)은 모두 각 주에서 행사하고 있는 독일의 현실에서 이를 통일적으로 규율한다는 의미인 것으로 보인다.

32) 좀 더 상세한 사항에 대하여는 지성우(2004), "방송과 유사 방송서비스의 규제에 관한 연구", 「헌법학연구」 제10권 제1호, 381면 이하 참조.

방의 관할 하에 두게 된다.

이와같이 복잡다기한 방송 규제 제도를 형성하고 있는 독일에서도 통일적인 법규 및 규제기관의 필요성이 강력히 제기되고 있다. 그러나 역사적·문화적인 이유로 문화고권 전체를 연방 각 주에 부여하고 있는 기본법 규정을 방송만을 위해 개정한다는 것은 쉽지 않은 일이며, 헌법 개정은 국민들의 동의가 있어야 하는데 방송·통신의 융합과 이에 대한 신속한 결정보다는 방송의 국가로부터의 독립과 선전 도구화의 지양이라는 이념이 더 우선시되는 독일에서 이러한 헌법 개정은 거의 불가능할 것이다. 따라서 규제기관 통합은 단기간에는 기대하기 어려우며 이로 인한 연방과 각 주 간의 관할권 다툼 역시 지속적으로 재연될 것으로 전망된다.33)

아울러 이러한 방법에 의해 정책기관을 분리할 경우 향후 기술의 발전으로 인해 새로운 유형의 융합형 서비스가 나타나면 당해 서비스가 방송 유사 서비스인지 통신 유사 서비스인지에 관한 구별 기준과 경계가 모호해 관할권에 관한 의견 대립의 가능성이 상존한다.

결론적으로 표면적으로는 독일식의 협의체 모델 설립 방안이 매우 설득력이 있는 것처럼 보이지만 이러한 모델은 방송과 통신의 융합과 규제기관 간의 갈등을 근본적으로 해소하는 데 적합하지 못하다.

나. 네트워크와 콘텐츠의 분리모델에 대한 검토

규제기구 분리를 주장하는 또 한 가지 견해는 네트워크와 콘텐츠를 분리해 각기 다른 기관에서 관장케 하자는 것이었다.

이 견해는 방송통신의 정책 및 규제 기능을 견제와 균형의 원칙, 규제의 정치적 중립과 독립성 확보 측면에서 합리적·효율적으로 정비함을 목적으

33) 다만 여기에서 유의할 점은 독일 역시 지난 2007년 1월 18일 「전자상거래통합법(Elektronischer Geschäftsverkehr Vereinheitlichungsgesetz: EIGVG)」을 통과시키면서 그 일부 법률로 「미디어서비스 국가협약(Mediendienstestaatsvertrag)」 또는 「텔레서비스법(Teledienstgesetz)」을 통합한 「텔레미디어법(Telemediengesetz)」을 입법화했다는 점이다. 이로써 독일에서는 방송과 통신 및 중간적 영역의 서비스에 대한 관할권 중 방송에 대한 관할권은 각 주에, 통신에 대한 관할권은 연방에 부여하되 양자의 중간적 영역의 서비스에 대해서는 연방이 관할권을 갖게 되어 최소한의 입법적인 타협의 실마리를 찾은 것으로 평가된다.

로 하여 정책 수립, 산업 육성 및 법령 제·개정은 정부부처에서 관장하되, 공정경쟁 및 내용 등에 관한 기술·경제적, 사회·문화적 규제는 독립기관인 위원회에서 담당하게 하자고 주장한다.

이 견해에 따르면, 신규 서비스 도입 및 통신망 발전정책과 방송정책 등 방송통신에 관한 전반적인 정책권 및 지원 기능은 정부부처(정부부처 신설 불가 시 위원회 형태)에서 담당하고,[34] 이와는 별도로 방통위를 설치해 공정경쟁 및 소비자 보호 관련 기술적·경제적 규제는 방통위에서 담당하고, 방송 및 통신 프로그램의 내용에 관한 사회·문화적 규제는 방통위 산하의 민간기구인 방송통신윤리위원회를 설립해 여기에서 담당하게 해야 한다는 것을 주요 내용으로 한다.[35]

이 견해의 특징으로 들 수 있는 것은 정부의 독임체 부처에서 방송과 통신의 전반적인 정책권을 행사해야 한다는 것이다. 이런 전제에서 네트워크 규제기관에서는 방송·통신정책과 사업자 허가, 시장 규제 기능을 모두 총괄하고, 콘텐츠 규제기관은 방송·통신 콘텐츠 심의를 수행하도록 역할을 구분하자고 주장하면서 그 논리적 근거로 EU 권고안(EU Directive)과 OECD 권고안을 인용하고 있다.[36]

하지만 EU와 OECD 권고안의 근본 취지는 방송통신 융합환경에 대응하기 위해서는 규제기관 수를 감소시켜야 할 필요성이 있으며, 다만 산업활성화 측면을 고려하여 네트워크와 콘텐츠에 관한 규제 원칙을 다르게 해야 한다는 것이다. 즉, EU와 OECD 권고안의 핵심은 방송과 통신을 규율할 수 있는 단일 통합기구를 구성하되, 이 기관 내에서 방송과 통신이라는 수직적 모델 대신 네트워크와 콘텐츠 규제에 대한 규제 프레임워크를 차별적으로 설계할 것을 권고하고 있는 것이다.

---

34) 이 견해에 의하면 법령 제·개정 시에는 방통위와 방송통신윤리위원회에서 관련 법 내용에 대한 제·개정 건의권만 행사하고, 법령 제·개정 제안권은 정부부처에서 행사해야 한다고 주장해 왔다. 정보통신정책연구원(2004), 앞의 책, 160면 이하.

35) 정보통신정책연구원(2004), 앞의 책, 160면.

36) EU의 6개 권고안에 대한 상세한 사항은 정보통신정책연구원(2005), 『KISDI 이슈 리포트』 05-02을 참조.

이러한 권고안들의 내용은 별론으로 하고라도 현실적으로 네트워크와 콘텐츠를 엄격히 분리해 이를 각각 다른 기관에서 담당하게 하는 것은 정책의 실효성 측면에서도 부적절하다. 네트워크 정책과 콘텐츠 정책은 동전의 앞뒷면과 같이 연관된 것으로서 한 기관에서 네트워크 정책을 시행하고자 하는 때에는 적정한 정도의 콘텐츠 공급 가능 여부에 관해 면밀히 검토해야 한다. 또한 콘텐츠에 대한 정책 역시 네트워크에 대한 기술적·경제적 정책과 밀접한 연관이 있어 이를 각기 다른 기관에서 분리·규제하게 되면 기관 간의 견해가 대립할 경우 다시 이를 해결할 방안을 모색해야 하는 불합리한 점이 있다.

이상에서 살펴본 바와 같이 네트워크와 콘텐츠를 분리·규제하자는 견해는 이론적·실무적으로 채택하기 어려웠다.

(6) 소결

2008년 기구 통합 당시 새로운 경계 영역적 서비스들이 계속 등장하면서 정책기관 간의 분리 체계를 유지한 채 방송위원회와 정보통신부의 기관 간 갈등을 해결하기는 매우 어려웠다. 더욱이 당시 정보통신부에서 역점 사업으로 추진하고 있었던 IT839전략[37]을 분석해 보면 대부분의 서비스가 방송·영상 서비스 또는 방송과 관련된 서비스 제공을 전제로 하고 있다. 따

37) 통합 당시 정보통신부에서는 차세대 신성장 동력사업의 일환으로 IT839전략을 활발하게 추진하고 있었다. IT839전략이라 함은 Wibro 서비스, DMB(Digital Multimedia Broadcasting) 서비스, 홈 네트워크 서비스, 텔레매틱스 서비스, RFID(Radio Frequency Identification) 서비스, W-CDMA(Wideband Code Division Multiple Access) 서비스, 지상파 DTV(Digital TV), 인터넷전화(VoIP, Voice over Protocol) 등의 8대 서비스를 제공하기 위한 광대역통합망(Broadband Convergence Network: BcN), U-센서 네트워크(U-Sensor Network: USN), IPv6(Internet Protocol v6) 등의 3대 인프라를 구축함으로써, 차세대 이동통신, 디지털 TV, 홈네트워크, IT SOC(Social Overhead Capital), 차세대 PC, 임베디드 S/W, 디지털 콘텐츠, 텔레매틱스, 지능형 로봇 등 9대 신성장동력을 육성하겠다는 것이다. 다시 말하면 이는 언제 어디서나, 모든 사물이 인터넷에 연결되고 고품질 정보 수신 및 고속으로 처리할 수 있는 환경을 조성하고 이로부터 새로운 경제적 기회를 창출하겠다는 것이다. 정보통신부에 의하면 이러한 서비스를 활성화함으로써 2010년 정도에는 국민소득 2만 달러를 달성할 수 있다고 전망했었다. 정보통신부(2004), 『국민소득 2만 불로 가는 길: IT839전략』, 18면 참조.

라서 이러한 사업을 추진하고자 할 때 정보통신부 입장에서는 신규 서비스를 통신으로 구분해 자신들의 관할권에 속한다고 주장할 것이고, 방송위원회 역시 명백히 방송 서비스 내지 유사 방송 서비스에 속하는 서비스를 통신 영역에 포함시키게 될 경우에는 부처의 존립 근거가 사라지게 되므로 당해 신규 서비스들을 방송 영역에 포함시키려 했다.

그리하여 결과적으로는 방송위원회나 정보통신부 어느 한쪽도 융합형 서비스에 대한 관할권을 포기할 수 없는 실정이었으며, 이렇게 관할권 다툼이 지속될 경우, 미디어의 빠른 발달 속도를 고려할 때 새로이 등장하는 융합형 서비스는 사업을 시작하기도 전에 이미 낡은 기술이 되어 국민들로부터 외면당할 것을 예상하기는 어렵지 않았다. 실제로 과거 방송위원회와 정보통신부의 갈등으로 인해 신규 서비스 도입이 지연된 바 있고, 최근에는 IPTV 등을 둘러싼 정책기관 간의 관할권 다툼으로 인해 국가경쟁력이 실추될 우려가 있다는 점이 지속적으로 지적되어 왔다.

또한 우리나라와 같은 문제점을 안고 있던 영국을 비롯한 세계 각국에서 이러한 문제점을 해결하기 위해 다양한 방안을 검토했었음에도 불구하고, 최종적으로는 기관을 통합한 사례를 분석해 보면, 대부분의 국가가 기관을 통합하지 아니한 채 효율적인 규제 방안을 제시하기가 현실적으로 거의 불가능하다는 결론에 다다른 것이 아닌가 한다.[38] 이와같이 논의 과정의 어려움에도 불구하고 정책 대상인 방송과 통신의 경계 영역적 서비스 증가로 인한 정책 혼선의 예방을 위해 정책기관의 통합은 시기와 방법의 문제일 뿐 언제든지 이뤄질 수밖에 없었다.

결론적으로 방송·통신을 둘러싼 외부적·정치적 상황의 불확실성에도 불구하고 당위적·이론적인 측면에서 보면 정책·규제기구의 통합은 멀티미디어 기술의 발전, 방송·통신산업계의 통합과 이에 따른 관련 법규의 통합이라는 흐름에 따라 자연스럽게 귀결될 '논리적 필연의 구체화'라고 보아야 할 것이다.

---

38) 해외의 방송·통신정책기관의 통합 과정과 문제점에 대해서는 한국방송광고공사(2004), 『방송통신 융합과 방송정책 추진체계 개편 연구』를 참조.

그렇다면 다음 단계로는 과연 기구 통합 시 방송의 공공성·독립성과 통신의 효율성·경제성을 조화롭게 유지하여 융합에 따른 산업적 효과를 극대화할 수 있는 구체적인 방안은 무엇인지에 관해 논해야 할 것이다. 먼저 과거 논의되어 왔던 통합기구의 법적 지위와 성격에 대해 살펴본다.

2) 이명박 정부의 출범과 방송·통신정책기구의 통합 과정

(1) 이명박 정부 출범 이전 방송통신정책기구 관련 기구개편 논의의 경과

방송통신 전반에 대한 종합적·균형적 정책 방안을 수립하고, 관련 산업의 활성화와 경쟁력 강화를 위한 체계적 육성과 지원, 수용자 권리 보호를 위해 방송위원회와 정보통신부로 이원화되어 있는 구조를 개편하는 것이 불가피하다는 점에 대해서는 이명박 정부 이전에도 매우 심각하게 논의되고 건의된 바 있다. 이를 정리하면 <표 4-4>와 같다.

(2) 방송통신융합추진위원회에서의 논의

가. 방송통신융합추진위원회의 구성과 조직

방송과 통신의 융합이란 용어가 최초로 등장한 것은 1993년이지만 공식적으로 논의가 시작된 것은 2000년 12월 방송위원회가 '방송정책기획위원회'를 구성하면서부터이다. 이후 2005년 12월 통신사업자들이 IPTV를 도입하기로 결정하면서 통합에 따른 주도권 다툼이 나타나는 등 방송·통신 융합 논의는 한층 활성화되었다. 이에 노무현 정부는 대통령훈령 제175호[39]로 2006년 7월 '방송통신융합추진위원회'를 조직·운영하기에 이르렀다.

'방송통신융합추진위원회' 규정 제1조에 의하면 "방송통신의 융합환경에 대응하는 방송통신산업의 경쟁력 강화 및 국민 편익 증진을 위한 정책 방안 수립에 관하여 국무총리의 자문에 응하기 위하여 국무총리 소속하에 방송통신융합추진위원회를 둔다."고 규정해 국무총리의 자문위원회로 구성했다. 이에 의하면 방송통신융합추진위원회는 방송통신 전반에 대해 다음 사항을 심의·조정하도록 규정했다.

---

39) 신규 제정 2006.7.26, 대통령훈령 제188호 일부 개정 2007.3.19, 대통령훈령 제205호 일부 개정 2008.1.2.

1. 방송통신 융합 비전 및 대응전략의 수립에 관한 사항
2. 방송통신 융합에 관한 현황 조사 및 분석에 관한 사항
3. 방송통신 융합 관련 합리적인 정책 방안 수립에 관한 사항
4. 방송통신 정책 및 규제 체계 정비에 관한 사항
5. 방송통신 산업 활성화에 관한 사항
6. 방송통신 기구 및 법제도 정비에 관한 사항

표 4-4 방송통신정책기구 개편 관련 논의 경과

• 국민의 정부 시절 대통령 자문기관인 '방송개혁위원회' 건의(1999)
  – 방송·통신 융합에 따른 규제 체계 재정립을 위해 방송통신위원회 설치 제안

• 행정자치부 경영진단위원회의 대정부 건의(1999년)
  – 방송통신위원회를 신설, 정보통신 관련 인허가 등 규제 업무 이관

• 참여정부 대통령 선거 정책공약
  – 방송통신위원회를 구성해 방송·통신 관련 기구 일원화
  – 방송·통신전문가, 정부부처, 관계 기관 대표, 시청자 대표 등을 망라한 '방송통신구조 개편위원회'를 설치해 방송통신위원회의 기능 설정과 관련법 정비 추진

• 국무조정실 주관 '방송통신구조 개편TF' 구성(2005.3~2005.4)
  – 방송위, 정통부, 문광부, 산자부 등 관계 부처 참석
  – '(가칭)방송통신구조개편위원회' 설치 관련 준비 사항 논의

• 정보미디어사업법안(유승희 의원 대표 발의) 발의(2005.10.13)
  – 융합에 따른 신규 서비스를 '정보미디어사업'으로 정의하고, 이를 규율하기 위해 한시기구인 '정보미디어감독위원회' 설치

• 언론개혁국민행동, 「방송법」 개정안 입법 청원(2005.11.15)
  – 방송 송신 개념 외에 '제공' 개념을 도입하고, '인터넷방송사업'과 '별정방송사업' 개념 신설
  ※ 이 입법 청원의 일부 내용을 반영한 「방송법」 개정안(김재홍 의원 대표 발의) 발의 (2005.11.30)

• 국무조정실 주관 '방송통신융합실무 준비TF' 구성(2006.2~2006.7)
  – 방송위, 정통부, 문광부, 산자부, 공정위, 행자부 등 관계 부처 참석
  – '(가칭)방송통신융합추진위원회' 설치 관련 준비 사항 및 의제(안) 논의

이후 '방송통신융합추진위원회'는 약 1년여 간에 걸쳐 방송과 통신 분야의 융합에 대해 조직, 인력 구성, 조직 간 권한 배분 등 전반적인 사항에 대해 결정해 국무총리에게 건의했다.

나. 방송통신융합추진위원회에서 각 기관의 의견 대립

방송통신융합추진위원회에서는 이해관계자인 방송위원회, 정보통신부, 문화관광부가 매우 큰 의견의 차이를 보였다.

먼저 방송위원회는 방송의 공공성·다양성·독립성을 유지하기 위해 방송과 통신정책을 융합적으로 아우르는 회의체적 기구를 설립해야 한다고 주장했다.

당시 방송위원회는 융합 현상이 급진전되는 과도기·혼란기에 방송·통신 분야의 종합적·균형적 정책 수립과 관련 산업에 대한 체계적 지원 시스템을 조속히 확보할 수 있는 통합기구로의 개편 추진을 주장하면서 방송행정의 특수성으로 인한 개편기구의 '직무 독립성' 보장과 관련해서는 사회적 합의 수준을 반영할 필요가 있다고 주장했다.

또한 정보통신부는 통합에 따라 융합 서비스를 도입하더라도 방송과 통신은 각각의 고유 영역이 병존하기 때문에 이를 간과하고 법·제도를 통합하는 것은 상당히 위험하므로 방송과 통신 영역을 관할할 별도의 법(가칭 「방송통신융합서비스사업법」)을 제정해야 한다고 주장했다.

한편, 문화관광부는 규제기관의 정비에만 치우친 통합기구의 논의는 한계가 있으므로 통합된 정책 또는 규제기구는 산업 발전, 공정 경쟁 및 미디어의 공익성을 확보할 수 있는 조직 체계와 인적 구성이 필요하며, 통합의 범위는 진흥정책과 규제정책을 업무 영역에 적합하도록 분산·배치해야 한다고 주장했다.

이와같이 각 기관 간에 기구개편에 대한 주장은 서로 매우 달랐지만 방송산업과 통신산업의 분리를 전제로 설계된 당시의 기구 체계로는 방송·통신 융합 시대에 국가경쟁력을 강화하고, 방송·통신의 균형 발전을 추진하며 수용자 편익을 극대화하는 데 한계가 있다는 점에 대해서는 견해가 일치했다.

이렇게 방송통신 전반에 대한 종합적·균형적 정책 방안을 수립하고, 관련 산업의 활성화와 경쟁력 강화를 위한 체계적 육성과 지원, 수용자 권리 보호를 위해 당시 방송위원회와 정보통신부로 이원화되어 있는 구조의 개편이 불가피하다는 점에서 정부조직 개편의 필요성이 있었다고 보았다.

방송통신융합추진위원회는 2006년 추진백서를 통해 방송통신의 정책기구가 통합되어야 하며, 통합 시에는 회의제적 구조로 형성되어야 한다는 내용을 다수안으로 하는 내용의 건의서를 채택하게 되었다.

(2) 이명박 정부의 정부조직 개편

지난 2008년 1월 16일 한나라당의 대통령직 인수위원회는 중앙정부의 조직을 현재 18부, 4처, 18청, 4실, 10위원회에서 2원, 13부, 2처, 17청, 4실, 5위원회로 대폭 축소할 계획이라고 밝혔다. 이 계획안에 의하면 기존의 18부 중 통일부, 정보통신부, 해양수산부, 과학기술부, 여성가족부 등 5개 부처와 국정홍보처, 기획예산처 2개 처는 폐지·흡수되는 것으로 알려졌었다.[40] 그 후 여·야의 합의 과정에서 통일부와 여성부를 존치하기로 최종 결정함으로써 15개의 부처로 정부가 운영하게 되었다.[41]

당시의 행정조직 개편안에 대해서는 작고 효율적인 정부를 구축하기에 적절한 안이라는 평가와 과학기술과 IT산업 발전 및 여성의 지위 향상에 역행하는 조직개편이라는 평가가 엇갈리고 있다.

이명박 정부의 행정조직 개편 중 가장 특징적인 것은 '정보통신 혁명의 선구자'로서 역할을 해온 정보통신부를 폐지하고 그 기능을 행정안전부, 지

---

40) 중앙일보, 2008.1.17.

41) 애당초 인수위원회의 정부조직 개편안에 따르면 정부조직 중 존치되는 13부는 기획재정부(재정경제부+기획예산처)와 인재과학부(교육부+과학기술부 일부), 외교통일부(외교통상부+통일부), 법무부, 국방부, 행정안전부(행정자치부 개칭), 문화부, 농수산식품부(농림부+해양수산부의 수산 부문), 지식경제부(산업자원부+정보통신부 일부+과학기술부 일부), 보건복지여성부(보건복지부+여성가족부), 환경부, 노동부, 국토해양부(건설교통부+해양수산부의 해운기능) 등이었다. 이 중 최종적으로 폐지하기로 계획했던 통일부와 여성부를 존치시켜 기획재정부, 교육과학기술부, 외교통상부, 통일부, 법무부, 국방부, 행정안전부, 문화체육관광부, 농림수산식품부, 지식경제부, 보건복지부, 환경부, 노동부, 여성가족부, 국토해양부 등 15개 부처로 확정되었다.

식경제부, 방통위, 문화체육관광부 등으로 이관한다는 내용이다. 이러한 계획의 일환으로 한나라당에서는 방송과 통신의 진흥 및 규제 업무를 총괄하는 대통령 직속의 방통위를 설립하는 「방통위설치법」을 국회에 제출해 같은 해 2월 26일 여·야 합의로 국회에서 의결했고, 2월 29일부터 효력이 발생했다.[42] 이 법률에 의해 방송과 통신 업무에 대해 미국의 FCC를 모델로 한 대통령 소속의 '방통위'가 설립되었다.

정보통신부는 지난 1994년 문민정부 출범과 함께 체신부를 확대 개편해서 발족했다. 체신부 시절까지 거슬러 올라가면 무려 120년, 부처 창설 이후에도 14년간 초고속 인터넷 보급, 세계 최초로 코드분할 다중접속(Code division multiple access: CDMA) 이동전화 기술 상용화, 와이브로(Wireless Broadband: Wibro) 기술의 3세대(3G) 이동전화 표준 채택, 디지털 멀티미디어 방송(Digital Multimedia Broadcasting: DMB) 상용화 등의 성과를 올리면서 우리나라를 통신 강국으로 만드는 데 핵심적인 역할을 해왔다. 정부조직 개편 당시 정보통신부를 폐지해 IT 진흥 기능을 여러 부처로 분산시키는 데 따른 부작용이 발생하여 IT강국을 자처하던 한국의 선도적 지위가 위태롭게 될 가능성도 있다는 지적이 있었다.

그럼에도 불구하고 2008년 정부조직 개편 당시 학계와 실무계에서는 방송의 주무부서인 방송위원회와 통신의 주무부서인 정보통신부 간의 기구 통합과 방송·통신 관련 법제의 정비가 시급하다는 견해가 지배적이었다. 이는 방송에 적용되는 방송관계법과 통신에 적용되는 통신관계법이 엄격히 구분되어 있음은 물론, 그간 양 미디어를 관할하는 정책기관의 대립으로 인해 방송적 성격을 가진 통신 서비스, 통신적 성격을 가지는 방송 서비스 등 새로이 등장하는 경계 영역적 서비스에 대한 규율이 불가능하거나 지연되어 왔기 때문이다.

이와 같은 제반 문제점에 근거해 '민주화운동의 결정체'인 방송위원회와 '정보통신 혁명의 선구자'인 정보통신부는 마침내 많은 문제점에도 불구하고 방통위로 통합되었다.

42) 동아일보, 2008.1.22.

표 4-5 (구)방송위원회, (구)정보통신부와 (현)방송통신위원회의 조직 비교

	(구)방송위원회	(구)정보통신부	(현)방송통신위원회
소속	독립기관	중앙행정기관	대통령 직속으로 정부조직법상 중앙행정기관
소관 사무	방송/통신/전파연구 및 관리	통신/전파 행정 전반	방송행정 전반
구성	9명(상임 5명) 전문성과 대표성, 대통령이 임명 대통령 3/국회의장 3/국회 상임위3(상임에는 야당 추천 2명 포함)	장관/차관의 독임제	5인(전원 상임) 전문성 고려해 대통령이 임명 대통령 2/국회의장 3 (야당 추천 2명 포함)
지위	상임: 정무직 비상임: 명예직	정무직 공무원이자 정부위원	정무직 공무원이자 정부위원
위원의 신분 보장	"외부의 어떠한 지시나 간섭을 받지 않는다."	정무직 공무원, 대통령의 지시 받음	"외부의 부당한 지시나 간섭을 받지 않는다."
예산	방송발전기금 (예산처는 위원장의 의견 청취)	정부예산(정부부처)	정부예산 (예산독립성의 문제)
회의 공개	공개 원칙, 다만 의결에 의해 비공개 가능	정부부처, 원칙적으로 공개 대상 회의 없음	공개 원칙

* 한국방송협회(2009: 57면)에서 재인용.

3 비교법적 검토

1) 방송정책 담당기관의 정치적 독립성의 훼손 문제

현재 방통위는 여·야 합의제임에도 불구하고 대통령의 직속기구로 구성되어 있다. 방통위는 출범 때부터 방송·통신 융합을 방송의 문화적·공공적 기능에 대한 관심보다는 산업적 진흥에 역점을 두고 정책결정의 효율성을 우선시했기에 위원회 구조에 독임제 성격을 가미한 것으로 평가된다.

방송정책기구로서의 방통위가 방송정책의 전신인 '방송위원회'에 비해

대통령 직속기구로 설치됨으로써 중앙행정기관화한 데 대해서는 많은 논란의 여지가 있다.

특히 방송에 관한 정책기관이 대통령 직속기관이 됨으로써 전문성과 효율성이 다소 제고되었다고 평가되지만 국민대표성과 독립성은 고려되고 있지 않아 삼권분립만을 강조하고 국민의 기본권으로 헌법에 명시된 '언론의 자유'나 '표현의 자유'를 해칠 가능성이 높다는 문제점이 제기되고 있다.

「방통위설치법」은 제1조에서 "방송과 통신의 융합환경에 능동적으로 대응하여 방송의 자유와 공공성 및 공익성을 높이고 방송·통신의 국제 경쟁력을 강화하며 방송통신위원회의 독립적 운영을 보장함으로써 국민의 권익보호와 공공복리의 증진에 이바지함을 목적으로 한다"고 했다. 따라서 방통위는 공공성, 전문성도 매우 중요한 조직 원리이기는 하지만 정치적 독립성, 특히 행정부로부터의 독립성도 역시 중요하다.

하지만 현행 「방통위설치법」에는 법적 지위가 대통령 소속으로 되어 있어 '방송의 자유와 공공성 및 공익성'의 유지에 한계가 있을 수밖에 없다. 현행 「방통위설치법」상 방통위는 「정부조직법」 제11조와 제16조에 의해 대통령과 국무총리의 행정감독을 받게 되었다. 대통령과 국무총리의 행정감독을 받는 이상 방통위의 정치적 중립과 독립성은 이미 상실되고 대통령의 의지대로 움직이는 기구가 될 수밖에 없다. 특히 위원장에 대통령이 추천한 자를 임명하게 되어 있어 대통령의 의지로부터 자유로울 수 없다. 이를 견제하고 균형을 맞추기 위해서는 부위원장이나 야당 몫의 위원들이 역할을 제대로 해야 하지만 이러한 견제와 균형의 원리가 작동하기에는 매우 어려운 구조로 되어 있다.

또한 해외의 사례를 보더라도 방송통신을 규제하는 기관이 대통령의 직속기관으로 되어 있는 모델은 삼권분립의 원칙이 중시되는 대통령제 하에서는 어느 국가에서도 채택된 바 없으며, 유사한 유형의 모델을 가진 미국에서도 FCC는 대통령 직속기관이 아니라 법률에 의해 독립된 기관으로 설치되어 있다는 점에 유의해야 한다.

민주사회의 초석인 다양하고 건강한 여론 조성을 위해 언론으로서 방송의 독립성이 강조되는 것은 당연한데 방송정책을 담당하는 기관이 대통령의 직속기관으로서 대통령으로부터 직접 임명을 받는다면 방송의 독립성을 심각하게 훼손할 우려가 있다.[43)]

2) 방송통신위원회의 공영방송(KBS, MBC, EBS)에 대한 재정권·인사권 문제

방송이란 일반적으로 소유와 운영 재원의 확보 형태에 따라 '국영방송', '공영방송', '민영 또는 상업방송'으로 구분된다.[44)] 이 중 공영방송의 정의에 대해서는 많은 견해가 대립된다.[45)]

세계 각국에서 공영방송의 개념은 혼용되어 사용되고 있는데 가령 미국

---

43) 임동욱(2009.4.10), "방송통신위원회 출범 1주년 평가", 「미디어 공공성 포럼 세미나 발제문」.

44) 이하의 공영방송에 대한 서술은 지성우(2008b), "방통융합 시대의 국가기간방송의 운영체계", 「언론과 법」 제7권 제1호, 172면 이하에서 재인용함.

45) 가령 멕퀘일(Dennis McQuail)에 의하면 공영방송은 ① 공공 서비스(public service), ② 공적 책임(public accountability), ③ 독점(monopoly), ④ 정치화 또는 정치적 중립(politicization versus neutralization), ⑤ 국가적 범위(national scope), 비상업주의(noncommercialism)를 특징으로 한다고 보고 있다. McQuail, Dennis(1995), "Western European Media: The Mixed Model under Threat", in Downing, John et al., *Questioning Media: A Critical Introduction*, Thousand Oaks: Sage, pp. 147-164 참조. 영국의 '방송연구소(Broadcasting Research Unit)'는 공영방송의 조직 원칙으로서 ① 보편성(universality), ② 소구의 보편성(universality of appeal), ③ 소수자를 위한 특별한 규정(particular provision for minorities), ④ 국가정체성 및 공동체 의식(sense of national identity and community), ⑤ 이해집단으로부터의 독립성(distance from all vested interests), ⑥ 부담의 보편성(universality of payment), ⑦ 양질의 프로그램에 대한 경쟁(competition in good programming), ⑧ 제작자의 자유(liberation of programming makers) 등을 특징으로 한다고 주장하고 있다. Broadcasting Research Unit(1986), *The Public Service Idea in British Broadcasting: Main Principle*, London: BRU. 국내 학자들 중 강형철 교수에 의하면 공영방송은 ① 보편성, ② 정치적 독립, ③ 경제적 독립, ④ 문화적 정체성, ⑤ 다양성, ⑥ 차별성 등의 특징을 가진다고 보고 있다. 강형철(2004), 『공영방송론』, 나남, 39면. 한편, 이영주 교수에 의하면 공영방송이 공공성을 지향한다는 의미는 공영방송이 한 사회의 구성원들 사이에서 ① 공적이어야 하고, ② 공통적인 것이어야 하며, ③ 학문, 지식, 사상, 윤리, 의견, 여론, 예술의 창조·매개·확산자로서 궁극적으로 사회적 합리성을 매개해야 한다는 차원을 일차적으로 포함하는 것이라고 한다. 이영주(2007.7.11), "공영방송 정책론의 단절: 쁘띠 부르주아 언론장의 문제", 「크로스 미디어/채널 환경에서의 공영방송의 선택과 좌표(언론개혁시민연대 세미나 발제문)」.

이나 일본에서는 공영방송을 상업방송에 대한 대칭 개념으로 사용하고 있는데 반해, 영국에서는 방송 자체를 공공 서비스로 개념화하고 있다.

공영방송은 공공의 소유로서 그 운영 재원을 방송의 주인인 국민 각자가 공평하게 부담하는 국민의 방송이며, 방송문화의 발전을 통한 공공복지의 향상을 목적으로 한다.

일반적으로 공영방송은 그 운영 재원을 모든 시청자들이 납부하는 '텔레비전 방송 수신료'로 함으로써 권력과 자본으로부터 독립성과 자율성을 확보하고, 공정성과 공익성을 추구하면서 소외계층과 소수의 이익을 배려하는 사회적 책임을 가장 잘 구현할 수 있는 제도이다.

먼저 KBS는 「방송법」 제43조에 의해 공정하고 건전한 방송문화를 정착시키고 국내외에서 방송을 효율적으로 실시하기 위해 설립된 '공영방송'으로서 우리나라 언론과 문화의 중심이 되는 '국가 기간 방송'이다.

MBC는 「방송문화진흥회법」에 의해 설립된 공익법인인 방송문화진흥회가 70%, 정수장학회가 30%의 지분을 가진 상법상 주식회사이다.

MBC는 1961년 창사 이래, 전국 19개 지방 계열사를 통해 전국 네트워크를 구성하고, 15개의 자회사를 가지고 있다.

MBC 지분의 70%를 소유한 방송문화진흥회는 1980년 언론 통폐합으로 KBS가 소유하고 있던 (주)문화방송의 주식을 관리하기 위해 1988년 12월 31일 창립되었으며, MBC가 자본과 정치적 외압으로부터 자유롭게 방송을 할 수 있도록 하는 역할을 하여 MBC의 정치적 독립성을 유지하는 데 기여해 왔다.

EBS는 2000년 3월 13일 「한국교육방송공사법」의 제정에 의해 교육방송을 효율적으로 실시함으로써 학교교육을 보완하고 국민의 평생교육과 민주적 교육 발전에 이바지함을 목적으로 설립된 '교육 목적의 공영방송'이다.

공영방송은 헌법상 이원적 방송 체제(duales Rundfunksystem)의 하나로서 원칙적으로 그 활동의 특징과 범위가 법에 근거하는 것이 기본적인 원칙이며, 입법자는 방송의 자유가 기본권 구조 내에서 실현하려는 가치에 상응하는 실질적·조직적·규범적 절차를 법률에 규정해야 한다.[46]

공영방송은 민영방송과는 달리 가능한 한 관심을 가진 모든 국민에게 도달할 수 있는 균형 있는 프로그램을 제공해야 하는 '기본적 공급(Grundversorgung)' 의무가 있는데, 이는 의사 형성, 정보, 오락, 문화 요소 등 네 가지 개념을 특징으로 한다. 따라서 공영방송은 대중에게 매력적인 프로그램뿐만 아니라 지속적인 사실 보도, 광범위한 배경 보도, 그리고 비평까지도 충분히 제공해야 한다. 그러므로 공영방송은 '외적 다원주의(Außenpluralismus)'를 달성해야 하는 민영방송과는 달리 사회의 여러 세력이 참여해 다양한 프로그램을 공급할 수 있도록 '내적 다원주의(Binnenpluralismus)'를 달성해야 한다.[47]

이렇게 공영방송에는 시청자들에게 다양하고 객관적이며, 광범위한 프로그램을 제공함으로써 사회적 다양성을 제고해야 할 임무가 부여되어 있다. 독일 연방헌법재판소는 공영방송의 통합 의무가 의사의 다양성 보장, 모든 사회적·문화적·정치적 사조의 묘사, 그리고 모든 국민에 대한 방송 공급 의무 등으로 나타난다고 판시한 바 있다.[48]

이러한 공영방송의 국민 통합과 다양성 제고 의무는 공영방송에만 적용되는 것이며, 민영방송에는 강요되지 않는다. 공영방송이 사회적 통합 기능을 보장하고 기본적 공급 의무를 수행하기 하기 위해 입법자는 공영방송이 존립하고 발전할 수 있도록 해야 할 임무를 가진다(존속과 발전 보장 의무).[49] 이를 위해 입법자는 수신료 징수와 제공 등 다양한 입법적 조치를 통해 민영방송과의 시장 경쟁을 통해 발생할 수 있는 공영방송의 공적 성격 저하를 방지해야 할 임무가 있다.

세계 각국에서는 이러한 공영방송의 '존속과 발전'을 보장해 민영방송과

---

46) Bethge, Herbert(1987), *Der Verfassungsrechtliche Standort des öffentllich-rechtlichen Rundfunks*, Metzner: Frankfurt.a.M., S. 33.

47) BVerfGE 57, 295. 이 판결에 대한 상세한 사항은 이욱한(2004), "독일 연방헌법재판소의 TV방송 판결에 관한 소고", 「공법학연구」 제5권 제3호, 388-391면; 내부적 다원주의와 외부적 다원주의 대해서는 곽상진(2001), "공영방송의 급부활동과 헌법적 한계", 「헌법학연구」 제7권 제3호, 115-116면 참조.

48) BVerfGE 12, 205(260); 31, 315(326f.); 57, 295(319ff.)

49) BVerfGE 83, 238. 공영방송의 기본적 공급 의무에 대한 상세한 사항은 권형둔(2004), "공영방송의 기본 공급이론과 인터넷", 「공법연구」 제33집 제1호, 349-372면 참조.

의 경쟁에서 발생할 수 있는 제반 문제점에 대해 다양한 대비 방안을 강구하고 있다. 한국에서도 역시 공영방송에 '존립과 발전 보장'을 위한 입법 조치를 하고 있다. '존립과 발전 보장'이라 함은 공영방송의 기능에 대한 '최소한의 보장'은 아니며, 공영방송의 '존립과 발전 보장'은 민영방송과의 전면적인 경쟁은 아니지만 상업화되어 가고 있는 방송시장에서 충분히 경쟁할 수 있는 수준의 보장이다. 반대로 말하면, 공영방송이 방송시장에서 과도하게 경쟁하거나 민영방송의 경쟁을 저해하는 정도에는 이르지 않아야 한다는 것이다.

하지만 한국에서는 이러한 입법 조치가 공영방송에만 특별히 규정된 것이 아니고 지상파 방송사업자 전체에게 거의 동일하게 적용되어 공영방송사 역시 광고시장에서 민영방송사업자들과 경쟁하고 있다.

이렇게 되면 공영방송사가 민영방송사에 돌아가야 할 경제적 이익을 향유하게 된다는 구조적 문제점이 발생하게 된다. 즉, 한국의 방송 관계 법제는 소유구조나 재원 조달 방식의 차이에 불구하고 모든 지상파 방송사들을 공영방송화함으로써 후술하는 바와 같이 '경제적 관점'에서 민영방송사업자들이 충분히 성장할 수 있는 토양을 구축하는 것을 어렵게 하고 있다는 비판의 여지가 있다.

이와 더불어 공영방송 사장의 인사에 대해 대통령이 직·간접적으로 관여하게 하는 구조는 방송의 정치적 중립성 유지라는 차원에서 바람직하지 못하다.

3) 회의제적 정부조직의 본질적 문제점

방통위로 통합되기 전에 통합기구의 법적 위상에 관해 위원회 형태를 주장하는 견해와 독임제 형태를 주장하는 견해가 대립하고 있었다.

과거 방송위원회는 방송법에 근거한 무소속 국가기관이며, 정보통신부는 「정부조직법」에 근거한 독임제 중앙행정기관이었다. 이러한 이질적인 조직을 통합한 규제기관의 법적 지위에 대해서도 다양한 견해가 개진되어 왔으나, 요약하면 독임제와 위원회 형태 및 중앙행정기관형과 국가기관형의 선택의 문제로 귀결된다. 이 두 가지 문제는 서로 논리적으로 관련된 문제이므로 여기에서는 함께 다루기로 한다.

먼저 위원회제 또는 독임제의 선택의 문제에 관해 살펴보면, 일반적으로 양자는 서로 장단점을 가지고 있어 어느 쪽이 우월한 제도라고 일의적으로 말하기는 어렵다. 또한 현행 「정부조직법」 제2조 제2항에서는 "중앙행정기관은 이 법과 다른 법률에 특별한 규정이 있는 경우를 제외하고는 부·처·청으로 한다"고 규정하고 있으며, 동법 제5조에서는 "행정기관에는 그 소관 사무의 일부를 독립하여 수행할 필요가 있는 때에는 법률이 정하는 바에 의하여 행정위원회 등 합의제 행정기관을 둘 수 있다"고 규정하고 있으므로 통합 규제기구의 조직 구성 시 「정부조직법」상의 '부' 또는 특별법상의 '위원회' 형태 중 어느 쪽도 선택 가능했던 안이다.

먼저 합의제 행정기구의 경우에는 독임제 형태에 비해 상대적으로 정치적 독립성 확보가 용이하고, 정책결정에 다수의 구성원이 관여할 수 있어 독임제에 비해 미디어의 공공성을 확보할 수 있는 장점이 있다.

반면, ① 여·야의 정치적 안배만을 고려해 위원회를 구성함으로써 방송의 정치적 독립성보다는 정치적 균형성만을 추구하게 되면 결과적으로 여·야 간 의견이 대립하는 의제는 가급적 피하는 '비의제화 현상'이 일어날 우려가 있으며, ② 정식 행정기구가 아닌 불완전한 독립규제위원회의 형태를 취함으로써 정책의 결정·집행 시에 권위와 강제력이 결여될 수 있고, ③ 막강한 권한에 비해 전문성이 결여되어 정책 수립·집행 시에 피규제 기구와의 갈등이 야기되어 정책에 혼선이 야기될 수 있다는 문제점이 지적된다.[50]

이와는 반대로 독임제 중앙행정기관의 경우에는 다른 부처와의 긴밀한 협조를 통해 업무 수행의 효율성을 제고할 수 있다는 장점이 있다. 반면, 강한 규제집행력에 대해 사업자들의 저항이 예상되고 정보 내용물의 정치적 독립성에 대한 국민적 합의를 도출해 내기가 쉽지 않으며, 방송의 독립성 및 민주성 확보가 어렵다는 문제점이 있어 여론의 지지를 얻지 못했다.

---

50) 김정기(2003), 『전환기의 방송정책: 미국 FCC 정책과의 비교분석』, 한울, 93면 이하.

상기한 바와 같이 일반적으로는 위원회제나 독임제 중앙행정기관 유형은 상호 장·단점이 있어 어떤 유형이 다른 유형에 비해 우월하다고 단정적으로 말할 수는 없다.

그러나 방송을 비롯한 언론이 사회 통합을 위한 여론 형성의 촉진 수단인 동시에 민주적 통치 질서의 전제 조건이 되므로[51] 자유롭고 다양한 여론 형성이 민주정치의 사활이 걸린 중대한 문제라는 점을 고려하면, 방송정책을 독임제 행정기구에서 결정·처리하게 하는 것은 정치적 독립성을 해칠 우려가 있다. 또한 만일 독임제를 채택할 경우에는 위헌 논란에도 불구하고 2000년 통합방송법에서 방송위원회를 정부부처에 소속되지 않는 위원회 형태로 구성한 취지와 시대 정신에 배치되는 것이다. 그러므로 당시 다수의 학자들은 방송에 관한 정책권을 행사하는 기구는 독임제보다는 다양한 여론 수렴과 사회 세력 간의 견제와 균형이 가능한 위원회제 형태가 바람직하므로 독립된 위원회 형태의 국가기관형을 선호하고 있었다.[52]

하지만 회의제적 구조는 위에서 언급한 바대로 결코 무시할 수 없는 조직상의 단점이 있으므로 향후 산업 기반적 성격으로 인해 국가전략산업으로 인정받고 있는 방송·통신 분야의 정책결정 시에 신속한 의사결정과 강력한 집행력을 발휘할 수 있도록 하는 법제의 정비 방안이 지속적으로 연구되어야 한다.

현재 방통위는 대통령 소속의 합의제 행정기구이다. 예전의 정보통신부처럼 장관이 혼자 일을 처리하는 독임제 부처가 아니라 위원장과 4명의 상임위원이 합의해서 업무를 처리하는 합의기구이다. 이전의 합의기구인 방송위와 독임제 기구인 정보통신부를 합쳐 위원회조직으로 구성한 것이다. 그래서 명칭도 ○○○부와 달리 방통위라고 하여 위원회라는 명칭을 사용

---

51) 김철수(2007), 앞의 책, 841-902면; 허영(2011), 앞의 책, 564-586면.

52) 同旨 한국방송진흥원(2001) 『방송·통신 융합시대 정책일원화를 위한 규제·정책기구 개편 방안』, 128-146면; 이상식(2001), "방송환경 변화에 따른 방송·통신법제 연구", 방송위원회(편), 『방송·통신 융합에 대비한 규제기구 체계 수립 방안』, 103 123면. 2006년 8월부터 약 1년간 방송통신 융합에 대한 현안 문제를 해결하기 위해 조직되었던 '방송통신융합추진위원회'에서 제시한 안도 방송정책기관과 통신정책기관을 합의제 형태로 일원화하는 것이었다.

하고 있다. 위원회의 기본 정신은 위원들끼리 논의를 하고 토의를 하여 합의를 이끌어내는 것이다.

이를 위해 야당 추천위원들도 여당 추천위원들과 같이 충분한 논의와 토론을 거친 후에 소수의 의견도 존중되는 민주적인 합의 절차를 형성하도록 해야 할 것이다.[53)]

제 2 절 설립 목적 및 조직 목표

1 연방통신위원회(FCC)

무선 커뮤니케이션(radio) 기술은 19세기에 걸쳐 이 분야의 수많은 과학적 성과에 기초해 기술적으로 발전했고, 마르코니(Gugliemo Marconi)에 의해 1890년대 후반 상업화되기 시작했다. 마르코니의 미국 자회사인 아메리칸 마르코니(American Marconi)사는 무선 커뮤니케이션 영역에서 빠르게 지배적 사업자로 자리를 잡았다.

1909년의 리퍼블릭(Republic) 호와 1912년 타이타닉(Titanic) 호의 침몰로 무선통신에 대한 관심과 수요가 급증했다. 특히 수많은 인명을 앗아간 타이타닉 호의 침몰은 무선통신에서 미국이 국제적으로 규약화된 의무 사항을 준수하는 법안을 제도화하는 계기가 되었다.

FCC는 1934년에 제정된 통신 관련 기본법인 「1934년 통신법(Communication Act of 1934)」에 의해 라디오, TV, 유선, 위성, 케이블 분야 등의 모든 통신시장에서의 경쟁력을 향상시키고, 공공 부문의 통신산업을 보호하고자 국내 통신 및 국제 통신과 관련된 정책을 개발하고 구현하기 위해 설립된 미 의회 산하 정부기관이다. 미국 내 모든 주와 수도 및 미국령에 대한 관할권을 가지고 있으며,[54)] 본부는 워싱턴 DC에 두고 일반적인 회

53) 지성우(2008a), 앞의 논문, 35-63면; 임동욱(2009.4.10), 앞의 논문 참조.

의를 개최하고 있다.[55]

FCC는 「통신법」 제1조에 의거해 "방송 서비스의 합리적인 운영과 발전을 도모하고, 국내 및 국제 전신전화 서비스의 합리적인 요금을 효과적이고 신속하게 제공하며, 통신에 의한 인명, 재산의 안전과 국가안보의 도모"를 위해 다음과 같은 역할을 수행한다.

첫째, FCC는 신속하고 효율적인 전국적·국제적인 통신 서비스를 인종, 피부색, 종교, 국적 또는 성별 등에 의한 차별 없이 가능한 한 전 미국인이 쉽고 적절한 요금으로 이용할 수 있도록 하기 위해 주간(州間) 또는 국제적인 차원에서 유무선 통신 서비스를 규제한다. 둘째, 국가의 안보를 도모하며, 셋째 유무선 통신을 통한 인명과 재산의 안전을 도모하고, 넷째, 이전까지 법률에 의해 복수의 기관에 부여되었던 주간(州間) 및 외국과의 통신 서비스 거래에 관련된 권한들을 한 기관에 집중시키고, 추가적인 권한을 부여함으로써 통신정책의 효과적인 수행을 보장한다.[56]

나폴리(Philip M. Napoli)는 「통신법」에 나타난 FCC의 규제 이념으로 '수정헌법 제1조', '공익성', '사상의 자유', '다양성', '경쟁', '보편적 서비

표 4-6 FCC의 설립 목적

- 유무선 통신 분야의 국내 및 국제 통신에 관한 규제
- 적절한 시설과 합리적 요금 체계로 신속하고 능률적인 국내 및 국제적 유무선 통신 서비스의 제공
- 유무선 통신의 활용을 통한 국민의 생명과 재산의 안전 증진
- 국방 목적을 위한 통신의 적절한 활용

표 4-7 FCC의 주요 전략 목표

- 경쟁력을 가진 혁신적이고 우수한 통신 시스템의 개발 장려
- 통신에 대해 효과적이고 적절한 규제와 공익에 방해가 되는 규제의 해제
- 국제적인 통신 및 경쟁력에서 이익 추구
- 가장 효율적이고 이용하기 쉬우며 적절한 방법으로 우수한 서비스 제공

54) 47 U.S.C. §152(a).
55) 47 U.S.C. §154(e).
56) 47 U.S.C. §151.

스', '지역주의' 등을 들고 있다.57)

또한 2000년대에 접어들면서 FCC는 디지털 TV로의 전환 시기에 방송사업자들이 공익에 봉사해야 할 11가지 원칙을 구체적으로 제시하는 보고서를 발간했다. 이는 방송환경의 변화에 따라 방송에 적용되던 '방송사업자는 공익에 봉사해야 한다(the broadcasters serve the public interest)'는 원칙에 대한 기준(standard)들을 재검토해야 할 필요가 있다는 미 상원 의원들의 요구를 FCC가 수용한 것으로서, FCC의 공식적인 입장이 보고서의 형식으로 2000년 1월 17일 상원에 전달된 것이다.

이 보고서에서는 디지털 TV 시대로 전환되면서 ① 지역 이슈 중심의 프로그램 구성, ② 공공 서비스 안내, ③ 지역공동체와의 대화, ④ 어린이 정서 함양, ⑤ 어린이 보호, ⑥ 민주주의 발전, ⑦ 재난·위급 상황 정보, ⑧ 시청자의 프라이버시 보호, ⑨ 다양성, ⑩ 장애인 접근, ⑪ 기술과 공익 등의 가치를 지향해야 한다고 밝히고 있다.58)

FCC는 위와 같은 조직의 목표를 달성하기 위해 구체적인 계획을 수립·집행하고 있다.

이러한 FCC의 주요 전략은 최근 발표된 각 분야별로 6대 전략 목표(strategic goals)에 잘 나타나 있으며, 이를 구체적으로 실현하기 위해 실행 목표(performance goals)를 정하고 있다. 최근 발표된 FCC의 6대 주요 전략 목표는 다음과 같다.59)

1) 초고속 인터넷 서비스(Broadband)

FCC는 2009년부터 모든 미국인에게 저렴한 가격에 끊김 없는 초고속 인

---

57) Napoli, Philip M.(2001), *Foundations of Communications Policy: Principles and process in the regulation of electronic media,* Cresskill, NJ: Hampton Press.

58) FCC(2001), *Report to Congress: On the Public Interest Obligation of Television Broadcasters as the Transition to Digital Television,* Washington: FCC. 이에 대해 상세히 설명하고 있는 문헌으로는 송종길(2001a), "미국 FCC보고서 '디지털 전환 시기의 TV의 공익 의무'(I)", 「해외산업동향」 제123권; 송종길(2001b), "미국 FCC보고서 '디지털 전환 시기의 TV의 공익 의무'(II)", 「해외산업동향」 제124권 참조.

59) 이하의 전략목표는 FCC(2009), *Strategic Plan 2009-2014,* Washington: FCC 참조.

터넷 서비스를 제공하도록 한다. 이를 위해 FCC는 사업자들이 서비스와 제품을 개발할 수 있도록 기술중립성, 경쟁, 투자 유발 및 혁신을 더욱 촉진할 수 있는 정책을 수립한다.

2) 경쟁의 활성화

FCC는 국내는 물론이고 해외에서도 방송통신 서비스를 제공할 때 경쟁정책을 구사해 경제 발전에 기여하도록 한다. 방송통신 시장에서 경쟁(competition) 체계는 소비자의 신뢰를 제고하고 소비자들에게 저렴하고 신뢰할 수 있는 서비스를 제공할 수 있도록 혁신을 촉진하는 방향으로 구축한다.

3) 주파수의 효율적 · 효과적 이용

FCC는 미국 내외에서 비연방용 주파수(spectrum)의 효율적 · 효과적 이용을 통해 혁신적이고 효율적인 통신 기술과 서비스가 신속히 확산될 수 있도록 성장을 촉진한다.

4) 미디어정책

FCC는 미디어(media)정책에서 경쟁과 다양성 및 지역성을 동시에 추구하며, 디지털 전환을 촉진해야 한다.

5) 공공 안전과 국토안보

FCC는 비상시에 소비자들의 필요에 의해서뿐만 아니라 공공 안전(public safety), 건강, 국토 안보(homeland security)를 위해 필요한 통신이 반드시 제공되도록 해야 한다. 국가 기간통신망은 신뢰할 수 있고, 호환 가능하며 신속하게 복구될 수 있어야 하며, 예비용 통신 수단을 확보해야 한다.

6) FCC의 현대화

FCC는 FCC를 둘러싼 이해관계자와 구성원의 이익을 극대화시켜야 한다. 또한 FCC는 생산성이 높고, 빠른 적응력을 가지며 혁신적인 조직이 되도록 항상 노력해야 한다.

2 방송통신위원회

「방통위설치법」 제1조에 의하면 "방송과 통신의 융합환경에 능동적으로 대응하여 방송의 자유와 공공성 및 공익성을 높이고 방송·통신의 국제경쟁력을 강화하며 방송통신위원회의 독립적 운영을 보장함으로써 국민의 권익 보호와 공공복리의 증진에 이바지함을 목적으로 한다"고 규정되어 있다.

이 법의 내용을 보면 방통위는 "방송과 통신의 융합환경에 능동적으로 대응하여 방송의 자유와 공공성 및 공익성을 높이고 방송·통신의 국제경쟁력을 강화"하기 위해 설치되었다고 한다.

방통위는 디지털 기술 등의 발전으로 급속히 진행되고 있는 방송과 통신의 융합화 추세에 능동적으로 대응하고 나아가 국민들이 좀 더 풍요로운 방송통신 융합의 혜택을 누릴 수 있도록 하기 위해 대통령 소속의 합의제 행정기구로 출범했다.

「방통위설치법」에 근거해 설립된 방통위는 (구)방송위원회의 방송 정책 및 규제 기능과 (구)정보통신부의 통신 서비스 정책과 규제 기능을 총괄하고 있으며, 방송과 통신의 융합 현상에 능동적으로 대응하고, 방송의 자유와 공공성 및 공익성을 보장하며, 방송과 통신이 균형 있게 발전하고 국제경쟁력을 강화하는 것 등을 설립 목적으로 한다.

방통위 설립의 의의와 목적은 첫째, 방송통신의 융합에 능동적으로 대응하기 위해 다수 기구에 분산되어 있던 방송통신 관련 기능을 일원화해 정책적 효율성을 제고하는 것이다.

둘째, (구)방송위원회와 (구)정보통신부의 주요 기능을 통합해 대통령 소속의 방통위를 설치하고 전문성·책임성을 보장함으로써 급변하는 방송통신 환경에 대한 적응성을 향상시키는 것이다.

셋째, 방송통신 정책 및 규제 기능을 종합적으로 수행함으로써 방송, 통신 및 융합 분야의 획기적인 발전과 국민복지 증진에 기여할 수 있는 기반을 마련하기 위한 것이다.

방통위가 담당하는 주요 기능은 방송통신 융합정책의 수립과 융합 서비스의 활성화 및 관련 기술 개발, 전파에 관한 정책 수립 및 전파자원의 관리, 방송통신정책의 수립과 방송통신 시장의 경쟁 촉진, 방송통신망의 고도화와 방송통신의 역기능 방지, 방송통신 이용자 보호정책의 수립과 방송통신 사업자의 불공정행위 조사 및 분쟁 조정 등이 있다.60)

3 비교법적 검토

미디어에 대한 정책・규제 이념은 미디어정책에 대한 전반적인 규제 원리로 적용되는 기준이자 가치를 말하는 것이다. 전통적으로 미디어, 그 중에서도 특히 방송에 대해서는 미디어 자원의 공공성, 주파수의 희소성, 매체의 사회적 영향력, 기술적 관리의 필요성 등에 근거하여 다른 분야보다

60) 방통위의 설립 및 기구의 목적에 대해서는 김유환(2005), "통신・방송규제를 위한 행정위원회의 조직과 운영절차", 「정보법학」 제9권 제1호, 181-199면; 김도연(2006), "방송통신 융합 추진 방향", 「방송과 콘텐츠」 제3호, 102-121면; 안정민(2006), 『방송규제와 방송행정기관에 관한 공법적 고찰』, 박사학위 논문(연세대); 국회입법조사처(2007), 『정부위원회의 조직개편 방향』, 국회; 김준억(2007), "방송통신위 설치법안의 의미와 전망", 「방송문화」 304호, 34-41면; 김창규(2007), "방송통신통합위원회 설립 방안 논의의 점검과 개편 방향", 「여의도저널」 제10호, 7-26면; 고동희(2008), "방송통신위원회의 출범 의의 및 규제업무 개선 방안", *Hanyang Business Review* 제20권, 11-23면; 고홍길(2008), "방송통신 융합 걸맞은 기본 체제 마련", 「국회보」 제502호, 34-35면; 김영주(2008), "방송・통신의 융합과 규제기구의 일원화", 「국회도서관보」 제45권 제4호, 6-17면; 설원태(2008), "미디어정책 기구 개편: 공정경쟁과 규제 완화가 핵심", 「신문과 방송」 제447호, 22-25면; 계경문(2009), "방송통신위원회의 법적 지위와 권한", 「외법논집」 제33권 제2호, 347-378면; 한국방송협회(2009), 『방송통신융합과 미디어법제 연구』; 함인선(2010), "디지털시대의 정보통신법제의 현황과 과제: 방송통신위원회를 중심으로 하여", 「법학논총(전북대)」 제30집 제2호, 427-449면 등을 참고. 미국의 FCC와 대통령 및 국회와의 관계에 대해서는 안정민(2008), "미국 연방통신위원회(Federal Communications Commission)의 설립과 운용 과정: 독립규제기관의 성격과 그 통제 수단을 중심으로", 「언론과 법」 제7권 제1호, 269-308면 참조.

더욱 엄격한 규제의 대상이 되어 왔다.

하지만 최근 새로운 기술이 발달하고 이용자 측면에서 기존의 방송매체에 대해 갖는 중요도가 예전과 달라지고, SNS 서비스 등 다양한 매체들의 사회적 영향력이 확대되기 시작하면서 방송과 통신에 대한 정책·규제의 철학 역시 근본적으로 변화하지 않을 수 없는 상황이다.

현재의 방통위는 합의제 기구로서 방송 분야의 정책·규제를 담당하던 (구)방송위원회와 독임제 행정부처로서 통신 분야의 정책·규제를 담당하던 (구)정보통신부의 양자를 하나의 기구로 통합한 것이므로 당연히 양자의 이념이 혼재되어 있다.

전통적으로 미디어(방송)에 대한 규제는 문화적 측면이 강조되어 공공성이나 다양성 등이 기본적인 정책·규제철학이 되었다. 1987년 당시 방송위원회의 설립 근거가 되었던 1987년의 「방송법」과 2000년 소위 (통합) 「방송법」에서는 '정치적 중립성', '사회·문화적 책임성', '공정성', '공공성' 등을 강조했다.

반면, 통신의 경우에는 효율성과 산업성을 좀 더 중요시해 왔다. 특히 「전기통신기본법」에서는 '효율성', '산업성', '공공성', '이용자 편의와 복지', '경쟁'과 '보편적 서비스', '이용자의 권익 보호', '다수결의 원칙', '전문성' 등을 강조했다.

<표 4-8>에서 제시된 바와 같이 「방통위설치법」에서 나타난 각 이념별 분표지수(I)와 분포지수의 백분위(%, 괄호 안의 수치)는 '공정성' 43(23.89%), '전문성' 20(11.11%), '독립성' 19(10.55%), '대의제 이념' 14(7.78%), '공익성' 11(6.11%), '지역주의' 11(6.11%), '효율성' 11(6.11%), '경쟁' 10(5.57%), '산업성' 10(5.57%), '수용자 권익과 복지' 9(5.00%), '보편적 서비스' 8(4.44%), '다양성' 5(2.78%), '품질' 5(2.78%), '사상과 표현의 자유' 2(1.10%), '방송·통신 융합 이념' 2(1.10%)의 순으로 강조되어 있다.

「방통위설치법」에 기술된 단어의 빈도가 반드시 방통위의 규제 이념과 일치하는가와 아울러 법문의 규정과 구체적인 정책집행이 반드시 일치하는 것인가에 대해 의문의 여지가 있을 수 있다. 그러나 법문상으로는 미디어 정책에서 '공정성', '전문성'과 아울러 정치적 이해와 권력으로부터 벗어나

표 4-8 「방통위설치법」에 나타난 방송통신위원회의 규제 이념

순위	규제 이념	규제 이념별 분포지수(Ⅰ)			분포지수(Ⅰ)의 백분비(%)		
		법률 전체	총칙	각칙·부칙	법률 전체	총칙	각칙·부칙
1	공정성(fairness)	43	3	40	23.89	9.09	27.21
2	전문성(professionalism)	20	0	20	11.11	0.0	13.61
3	독립성(independency)	19	3	16	10.55	9.09	10.89
4	대의제 이념(ideals of representative system)	14	0	14	7.78	0.00	9.52
	공익성(public interest)	11	5	6	6.11	15.15	4.08
5	지역주의(localism)	11	0	11	6.11	0.00	7.48
	효율성(efficiency)	11	0	11	6.11	0.00	7.48
8	경쟁(competition)	10	5	5	5.57	15.15	3.40
	산업성 (industry development)	10	5	5	5.57	15.15	3.40
10	수용자 권익과 복지(public sovereignty & welfare)	9	5	4	5.00	15.15	2.73
11	보편적 서비스 (universal service)	8	3	5	4.44	9.09	3.40
12	다양성(diversity)	5	0	5	2.78	0.00	3.40
	품질(quality)	5	0	5	2.78	0.00	3.40
14	사상과 표현의 자유 (freedom of thought & speech)	2	2	0	1.10	6.065	0.00
14	방송·통신 융합 이념 (ideals of B-T convergence)	2	2	0	1.10	6.065	0.00
	계(15개 분포 이념의 총합)	180	33	147	100	100	100

출처: 김정섭·박주연(2011: 229면)에서 재인용.

독립적으로 정책을 수립하고 집행하는 독립성과 민주주의 원칙의 기초인 '대의제 이념' 등이 강조되어 있다.

한편, 현행 「방통위설치법」에서는 '사상 · 표현의 자유', '민주적 여론 형성', '다양성', '인권 보호와 차별 금지' 등 과거 방송위원회 시절에 가장 중요시되던 민주주의적 이념보다 '효율성', '경쟁', '산업성' 등 산업적 가치가 좀 더 높은 빈도로 규정되어 있다는 특징이 있다. 이는 공정한 경쟁과 산업 진흥을 강조하는 통신산업 본래의 규제 원리와 아울러 규제 완화와 산업 진흥을 강조하고 있는 현 정부의 정책 기조를 반영한 것으로 보인다.[61]

제 3 절 관련 법령

1 연방통신위원회(FCC)

1) 「1927년 무선법」

「1912년 무선법(The Radio Act of 1912)」[62]은 무선 커뮤니케이션 산업에 대한 포괄적인 규제를 적용하고자 한 최초의 시도였다. 이 법은 통상성 장관으로 하여금 무선 커뮤니케이션 전송장비에 대해 면허를 부여하고 간섭을 최소화할 수 있는 규제 조치를 마련했다. 또한 이 법에는 시험적인 무선 커뮤니케이션 전송국들(experimental stations)에 대해서도 면허를 부여하고, 변조 방식을 규제하고, 기준에 어긋난 사적인 메시지를 전송하는 것을 금지하거나 조난신호(distress signal)에 대해 우선권을 부여하는 것과 같은 내용이 포함되어 있었다.

61) 김정섭 · 박주연(2011), "방송통신위원회(KCC)의 미디어 규제 이념에 관한 연구: '방송통신위원회 설치 및 운용에 관한 법률' 내용분석", 「한국방송학보」 제25권 제6호, 233-234면 참조.
62) 47 USC Ch 3, Sec 51-60.

1920년대 초에는 면허를 받고자 하는 무선국들이 급증하고 주파수 대역 시간대를 둘러싸고 경합하면서 당시 후버(Herbert Hoover)를 장관으로 하던 상무부(Department of Commerce)는 복잡한 행정적 문제를 안게 되었다. 1922년부터 후버는 무선국, 단말기 제조업자, 기타 이해당사자 등으로부터 자발적인 협조를 도출할 목적으로 네 차례의 전국 무선회의(National Radio Conferences)를 소집했다.

이러한 와중에 「1927년 무선법(Radio Communications Act of 1927)」이 통과되었다. 당시 일부 의원은 방송사가 지닌 강한 선전, 여론 형성 능력에 대해 우려를 가졌고, 이를 통제하기 위해 권위있는 위원회, 강력한 반독점 조항들, 그리고 무선 방송국에 대한 기간통신사업자(common carrier)로서의 의무 부여를 주장했다. 「1927년 무선법」은 이러한 입장들을 절충한 결과물이다.

이 법은 전파가 공중의 소유라는 전제 하에 방송국의 등록을 요구했으며, 방송을 규제하는 제1의 철학으로 '수탁이론(trusteeship theory)'이 정립되었다. 이로써 방송사업에는 공공성, 전파자원의 유한성, 주파수 규제의 필요성 등이 강조되어 공익성(public interest), 편리성(convenience), 필요성(necessity) 등이 방송사업자의 면허 기준이 되었다.

2) 「1934년 통신법」

「1934년 통신법(Communications Act 1934)」은 높은 품질의 전기통신 서비스를 적정한 가격으로 전국 어디에서나 보편적으로 이용할 수 있게 할 목적으로 1934년에 제정된 미국의 연방통신법을 말한다. 1934년에 법안이 의회를 통과해 제정되었기 때문에 흔히 「1934년 통신법」이라고 부른다. 이 법에 따라 미국 연방통신위원회(FCC)라는 새로운 규제기관이 설치되어, 그때까지 분산되어 있던 주(州) 간, 국제 간 유선·무선 통신과 방송에 관한 모든 연방정부의 규제가 이 위원회로 이관되었다. 이 법은 공정하고 합리적이며 부당한 차별이 없는 전기통신 서비스와 가격에 대한 규제를 규정하고 있다.

3) 「1996년 통신법」[63)]

1934년에 통신법을 제정하기 이전인 1927년에 제정된 「무선법(Radio Act)」이 미국 최초의 방송법이다. 당시에는 연방무선위원회(Federal Radio Commission)가 라디오 주파수를 규제하고 방송국의 운영 등을 감독했다. 그 후 1934년에 「무선법」이 「통신법(Communications Act)」으로 개정되면서 연방무선위원회도 연방통신위원회(Federal Communications Commission: FCC)로 확대 개편되었고, 여기에서 전화, 통신, 방송을 관장하고 규제하게 되었다. 이후에도 새로운 미디어가 계속 출현하여 미디어의 운영 등 규제와 관련된 법 제정의 필요성이 제기됨에 따라 1962년에는 「커뮤니케이션위성통신법(Communication Satellite Act)」이, 1962년에는 「교육방송설비법(Educational Broadcasting Facility Act)」, 그리고 1967년에는 「교육방송법」이 차례로 제정되었으며, 1984년에는 「유선 커뮤니케이션정책법(Cable Communication Policy Act)」이 제정되어 유선방송을 규제했다. 그리고 1992년에는 「유선방송소비자 보호 및 경쟁법(Cable Television Consumer and Competition Act)」을 제정했다.

1934년의 「통신법」을 62년 만에 개정한 1996년의 「통신법(Communications Act)」은 미디어 융합 시대를 맞이해서 탈규제를 통해 시장의 원리를 도입함으로써 산업의 경쟁력을 높이고 보편적 서비스를 실현하겠다는 취지에서 개정한 법으로 평가되고 있다. 그리고 1996년의 「통신법」은 기존의 1934년의 「통신법」을 전면 개정하거나 새롭게 제정한 것이라기보다는 케이블 방송 등 새로운 미디어 서비스와 관련된 조항을 추가하고, 규제의 틀을 대폭 완화해 융합을 장려하는 등 경쟁을 촉진하는 내용을 근간으로 하는, 추가 개정의 형식을 띤 것이라고 할 수 있다.

1996년의 「통신법」에서는 방송과 통신 개념을 다음과 같이 정의해 놓고 있다. 방송이란 "공중이 직접 또는 중계무선국의 중계를 통해 수신할 수 있도록 무선통신을 널리 보내는 것"으로 정의하고 있으며, 통신이란 "특정한

---

63) 이하의 「1996년 통신법」에 대한 설명은 공용배 · 손승우 · 지성우(2006), 『방송통신의 법제적 개념 정립 방안』, 방송위원회, 71-74면의 내용을 일부 수정 · 전재함.

둘 또는 그 이상의 이용자 사이에서 정보의 형식이나 내용의 변화 없이 발신하고 수신하는 것"이라고 한다.64) 방송에 대한 이러한 개념 정의는 1934년의 「통신법」에서 정의하는 개념과 크게 다르지 않다.

다만 1996년의 「통신법」은 1990년대의 세계사적인 변화, 즉 동구 사회주의 국가들의 붕괴, 소련의 개혁개방에서 비롯된 신자유주의의 확산과 그에 따른 탈규제의 흐름, 나아가서는 인터넷의 등장 등 커뮤니케이션 기술의 발달을 반영해서 개정한 것이다. 이러한 세계적인 조류에 부응하기 위해 공익성을 강조한 아날로그 시대의 법을 디지털 시대의 변화를 반영하면서 탈규제를 통한 경쟁 촉진에 초점을 둔 법으로 변경했다고 할 수 있다. 이런 점에서 1996년의 「통신법」은 방송·통신 융합에 따른 변화를 세계에서 가장 먼저 법률 체계에 반영한 것으로 볼 수 있다.

(1) 동신 분야에서의 개정 사항

1934년의 「통신법」에서는 "전 미국인이 범국가적이면서도 범세계적인 수준에서 유선 및 무선 통신 서비스를 신속하고도 효율적으로 그리고 적절한 요금으로 이용할 수 있도록 하기 위해" 이 법을 제정한다는 보편적 서비스 정신이 담긴 제정 취지를 밝혀 놓은 바 있다. 1996년의 개정법은 이러한 보편적 서비스 정신을 실현하기 위해서는 통신 서비스 부문에 대한 대폭적인 규제 완화를 통해 경쟁 원리를 도입한다는 방침을 명시하고 있다.

구체적으로 개정법 제253조에서는 "어떤 주와 지방자치단체의 법률과 규제도 주내, 그리고 주간 통신 서비스를 제공하는 통신업체의 능력을 제약할 수 없다"라고 규정하면서 시장 진입의 장벽을 대폭 낮추고 있다.

이러한 원칙에 따라 7개의 지역 전화회사가 독점하고 있던 시내 전화 서비스 시장을 장거리 전화사업자를 비롯한 무선통신 사업자, 그리고 케이블 텔레비전 사업자 등 경쟁적인 사업자들에게 개방하는 한편, 공정한 경쟁 여건 마련을 위한 조건을 마련했다. 그리고 보편적 서비스 제공 등의 조건을 만족시키는 경우에는 지역 전화회사가 장거리 전화를 포함한 다른 시장

64) Communications Act of 1996, Section 3.

에도 진입할 수 있도록 허용하고 있다.

이를 통해 지역에서 독점적 시장을 형성하고 있었던 지역전화 산업에 모든 통신사업자들이 상호 접속 의무를 부과해 경쟁을 촉진하고, 케이블 TV와 과점 상태에 있었던 장거리 전화사업에도 경쟁 체제를 도입해 서비스의 질 개선과 이용 요금 등 이용자의 복지를 증진시켜 보편적인 서비스를 실현하겠다는 것이 1996년 개정법의 주된 내용이라고 할 수 있다.

(2) 방송 분야에서의 개정 사항

1996년의 개정법에서는 방송 서비스와 관련해서는 소유 규제 완화와 함께 방송사 재허가 기간의 연장에 초점을 두고 있다.

과거 방송사업자는 3년마다 재허가 갱신 절차를 밟아야 했으며, 이를 위해서는 공중 수탁자로서의 의무를 지켰는지 여부를 가리기 위해 청문회를 거쳐야 했다. 1996년 법에서는 방송사업자에게 부과되어 오던 공중 수탁자 의무를 폐지했으며, 방송 허가 또는 재허가를 받고자 할 때 거쳐야 했던 비교심사 청문 절차도 폐지했다. 대신 공익과 편의 또는 필요에 봉사한다는 서류상의 조건들 외에 방송 프로그램의 폭력성에 관한 시청자들의 평가를 첨부해야 한다는 조건을 부과하고 있다.

그리고 1996년의 법은 허가 기간과 관련해서도 텔레비전의 경우 3년마다 갱신해야 했던 허가 기간을 8년으로, 라디오는 3년에서 8년으로 연장했다.

1996년의 개정법을 통해 소유 규제 조항을 완화하기 이전까지 미국은 소유 규제를 엄격하게 시행해 왔다. 즉 첫째, 복점규칙으로서 동일 지역에서 한 방송사가 같은 유형의 방송사를 하나 이상 소유할 수 없도록 제한하고 있었다. 둘째, 복수 소유 제한 규칙으로서 전국 단위에서 방송사 소유의 상한제를 설정했다. 셋째, 교차 소유 금지 규정으로서 같은 지역에서 신문이 텔레비전을 소유할 수 없도록 한다든지 TV 네트워크가 케이블방송국을 소유할 수 없도록 하거나 또는 전화회사가 동일한 서비스지역에서 케이블 방송을 소유할 수 없도록 제한하고 있었다. 이와 함께 방송사업자는 적어도 3년 이상 허가권을 유지해야 한다는 규칙을 적용해 오고 있었다.

그런데 복점규칙과 관련해서, FCC는 1992년에 규모가 큰 시장에서 운영되는 라디오방송사의 경우 하나 이상의 다른 라디오방송국을 소유할 수 있도록 허용하기 시작한 이후, 1996년에 와서는 이 규제마저도 대폭 완화했다. 그에 따라 라디오방송의 경우 45개 이상의 상업방송국이 운용되는 시장에서는 8개 방송국까지 소유할 수 있도록 그 상한선을 늘렸으며, 15개에서 29개까지 운용되는 시장에서는 6개국을 그 상한선으로 설정했다.

한편 텔레비전방송의 경우에는 8개의 독립방송국이 존재하고 그 중 한 방송국이 시청점유율 4위 안에 포함되지 않을 때에는 하나 이상의 방송국을 소유할 수 있도록 허용하기에 이르렀다.

복수 소유 규제와 관련해서, FCC는 1980년대 이전에는 전국 시장에서 AM라디오 7개, FM라디오 7개, 그리고 TV 7개를 소유할 수 있도록 상한선으로 설정해 두고 있었다. 그러나 그 이후 이 제한을 계속 완화하다가 1996년 법에서는 모든 제한을 폐지하되 전국 시청률이 35%를 넘어서는 안 된다는 요건만을 남겨 두게 되었다. 그리고 교차 소유 규제와 관련해서 1996년의 법은 네트워크 간, 케이블 및 전화 간, 케이블 간의 교차 소유 금지 규정을 폐지했다.[65]

2 방송통신위원회

이명박 정부에서는 2008년 기획예산처와 재정경제부를 통합해 기획재정부를 설치했고, 산업자원부와 정보통신부의 산업 육성 기능을 합해 지식경제부로 일원화했으며, 방송위원회와 정보통신부의 기능을 합쳐 방통위를 설치하는 등 정보 및 정보화 관련 업무가 정보통신부나 행정안전부 중심에서 다수의 부처 및 위원회로 이관되었다.

이러한 「정부조직법」의 개정에 따라 정보화 관련 법률들은 다음과 같이 그 주무 부처가 변경되었다.

65) Zuchman, Harvey(1999), *Modern Communication Law*, West Group: St. Paul, pp. 1201-1206.

IT 분야에서는 정보통신부의 국가정보화 기능을 행정안전부로 이관해 전자정부와 국가정보화 추친 체계를 행정안전부 위주로 개편했다. 이는 참여정부 시대 이래 전자정부와 국가정보화 추진의 주체 문제에 대해 행정안전부와 정보통신부가 지속적으로 충돌해 온 것을 해결하기 위함이었다. 당시 정보통신부는 「정보화촉진기본법」에 의해 정보통신부를 중심으로 한 국가정보화 추진 체계를, 행정안전부는 「전자정부법」을 제정해 전자정부 구현을 위한 행정 업무의 전산화 문제의 주체를 행정안전부로 설정했기 때문에 양자 간에 지속적으로 관할권과 추진 체계를 놓고 갈등이 계속된 바 있다.

지난 2008년 이명박 정부의 정부조직 개편으로 인해 국가사회 정보화와 공공정보화로 이원화된 정보화 기능이 행정안전부로 통합되어 통일적이고 체계적인 국가정보화 정책 추진 체계가 일원화되었다.

이번 개정 「정부조직법」에 의하면 「국가정보화기본법」, 「정보 시스템의 효율적 도입 및 운영에 관한 법률」, 「정보격차해소법」, 「지식정보자원관리법」, 「전자서명법」, 「정보통신기반보호법」 등의 법률이 (구)정보통신부에서 행정안전부로 이관되었다. 기타 다른 정보화 관련 법률들은 지식경제부, 방통위로 이관되었다.

1) 정보화의 기본법으로서 「국가정보화기본법」

지난 2009년 5월 22일 「국가정보화기본법」 적용 이전에 정보화와 관련된 사항에 대한 원칙적인 규정을 하고 있던 「정보화촉진기본법」이 행정안전부에 의해 전부 개정되어 2009년 8월 23일부터 「국가정보화기본법」[66]으로 명칭이 변경되었다. 2008년 2월 정부조직 개편으로 정보화 기능이 다수 부처로 분산되고 세계적으로 국가정보화의 패러다임이 정보화 촉진에서 정보 활용 중심으로 변화하는 등 국가정보화의 추진 환경이 급격히 변화하고 있어, 이에 부응하는 새로운 국가정보화의 기본 이념 및 원칙을 제시하고 관련 정책의 수립·추진을 위한 사항을 규정해 지식정보사회의 실현에 이바지하려는 목적으로 제정되었다.

---

66) 법률 제9705호, 2009.5.22. 전부 개정, 시행 2009.8.23.

표 4-9 「정부조직법」 개정에 따른 정보화 관련 법률 이관 현황

<table>
<tr><th>법률명</th><th>부문(장)</th><th>이관 부처</th></tr>
<tr><td rowspan="3">국가정보화기본법</td><td>- 정보화 추진 체계(제2장)
- 국가사회 정보화의 촉진(제2장의2)</td><td>행정안전부</td></tr>
<tr><td>- 정보통신산업의 기반 조성(제3장)
- 정보통신진흥기금(제5장)</td><td>지식경제부</td></tr>
<tr><td>- 정보통신 기반의 고도화(제4장)</td><td>방통위</td></tr>
<tr><td rowspan="3">정보통신망법</td><td>- 정보통신망 이용 촉진 및 정보 보호 시책의 강구(제4조)
- 개인 정보의 보호(제4장)</td><td>행정안전부</td></tr>
<tr><td>- 정보통신망의 이용 촉진(제2장)
- 정보보호산업협회의 설립(제68조의2)</td><td>지식경제부</td></tr>
<tr><td>- 정보통신망에서의 이용자 보호(제5장)
- 정보통신망의 안정성 확보(제6장)
- 통신과금 서비스(제7장)
- 정보통신산업협회의 설립(제68조)</td><td>방통위</td></tr>
<tr><td rowspan="2">정보통신기반보호법</td><td></td><td>행정안전부</td></tr>
<tr><td>- 정보 보호 컨설팅 전문업체 지정(제5장)</td><td>지식경제부</td></tr>
<tr><td>온라인디지털콘텐츠 산업발전법</td><td></td><td rowspan="2">문화체육관광부</td></tr>
<tr><td>컴퓨터프로그램보호법</td><td></td></tr>
<tr><td>소프트웨어산업진흥법</td><td></td><td>지식경제부</td></tr>
<tr><td rowspan="2">전기통신기본법</td><td>- 전기통신 기술의 진흥(제2장)</td><td>지식경제부</td></tr>
<tr><td>- 전기통신설비(제3장)
- 전기통신기자재 관리(제4장)
- 통신위원회(제5장)
- 통신재난관리(제6장)</td><td>방통위
(현재는 대부분 「방송통신발전기본법」으로 이관됨)</td></tr>
<tr><td>전기통신사업법</td><td></td><td rowspan="7">방통위</td></tr>
<tr><td>전파법</td><td></td></tr>
<tr><td>정보통신공사업법</td><td></td></tr>
<tr><td>통신비밀보호법</td><td></td></tr>
<tr><td>인터넷 멀티미디어 방송법</td><td></td></tr>
<tr><td>위치정보의 보호 및 이용에 관한 법률</td><td></td></tr>
<tr><td>인터넷주소 자원관리에 관한 법률</td><td></td></tr>
</table>

「국가정보화기본법」은 국가정보화의 기본 방향과 관련 정책의 수립·추진에 필요한 사항을 규정함으로써 지속 가능한 지식정보사회의 실현에 이바지하고 국민의 삶의 질을 높이는 것을 목적으로 한다.

「국가정보화기본법」 제6조 제1항에 의하면 정부는 국가정보화의 효율적·체계적 추진을 위해 5년마다 국가정보화 기본 계획을 수립해야 한다. 또한 동조 제2항에 의하면 기본 계획은 행정안전부 장관이 국가와 지방자치단체의 부문계획을 종합해 수립하며, 제9조에 따라 국가정보화전략위원회의 심의를 거쳐 확정한다. 기본 계획 중 대통령령으로 정하는 중요한 사항을 변경하는 경우에도 이와 같다.

또한 국가기관 등의 국가정보화 추진과 관련된 정책의 개발과 건강한 정보문화 조성 및 정보 격차 해소 등을 지원하기 위해 한국정보화진흥원을 법정기관으로 설립하도록 하고 있다.

국가기관 등은 국가정보화의 추진을 통해 창출되는 각종 지식과 정보가 사회 각 분야에 공유·유통될 수 있도록 필요한 기반을 마련해야 한다(법 제18조). 이 법에서는 공공정보화, 지역정보화, 민간 분야 정보화 등 세 개 분야에서 정부와 민간이 각각 정보화를 추진해야 한다고 규정하고 있다.

첫째, 공공정보화는 국가기관 등에서 추진한다. 국가기관 등은 행성 업무의 효율성 향상과 국민 편익 증진 등을 위해 행정, 보건, 사회복지, 교육, 문화, 환경, 과학기술 등 소관 업무에 대한 정보화를 추진해야 한다(법 제15조 제1항).

둘째, 지역정보화는 국가기관과 지방자치단체가 공동으로 추진한다.

국가기관과 지방자치단체는 지역 주민의 삶의 질 향상과 지역 간 균형 발전, 정보 격차 해소 등을 위해 하나 또는 여러 개의 지역·도시에 대해 행정·생활·산업 등의 분야를 대상으로 하는 정보화를 추진할 수 있다(법 제16조 제1항).

셋째, 민간 분야의 정보화 추진 주체는 정부이다.

정부는 산업·금융 등 민간 분야의 생산성 향상과 부가가치 창출 등을 위해 기업의 정보화 및 정보통신 기반의 구축·이용 등 민간 분야의 정보화에 필요한 사항을 지원할 수 있다(법 제17조 제1항).

이와 더불어 이 법에서는 제29조부터 제36조까지에 걸쳐 정보 이용의 건전성·보편성을 보장하기 위한 조치를 취해야 한다고 규정하고 있다. 구체적으로 국가와 지방자치단체는 정보문화의 창달과 정보 격차 해소를 위한 시책을 마련하도록 하며, 행정안전부 장관은 인터넷 중독 예방, 웹사이트 접근성의 보장 및 정보 격차 해소 교육의 실시 등 이를 지원하기 위한 각종 시책을 수립·추진하도록 해야 한다.

또한 정부는 정보 이용의 안전성·신뢰성을 보장하는 조치를 취해야 한다(법 제37조 내지 제42조). 이를 위해 정부는 정보보호, 개인정보 보호, 건전한 정보통신 윤리의 확립, 이용자 권익 보호 등을 위해 필요한 시책을 마련해야 한다고 규정하고 있다.[67]

2) 현행 방송통신위원회의 소관 법률

먼저 법률의 종류를 조직법과 작용법으로, 총론적 규범과 각론적 규범으로 구분한다면 「방통위설치법」은 조직법인 동시에 방통위 전반에 걸쳐 규정하고 있는 총론적 규범이며, 여타의 법률들은 대부분 각론적 규범으로서 작용법에 해당한다.

먼저 「방통위설치법」은 방송과 통신의 융합환경에 능동적으로 대응하여 방송의 자유와 공공성 및 공익성을 높이고 방송·통신의 국제경쟁력을 강화하며 방통위의 독립적 운영을 보장함으로써 국민의 권익 보호와 공공복리의 증진에 이바지함을 목적으로 하고 있다(「방통위설치법」 제1조).

이 법에서는 ① 방송과 통신 이용자의 복지 및 보편적 서비스의 실현, ② 방송·통신 기술과 서비스의 발전 장려 및 공정한 경쟁환경의 조성, ③ 방송통신사업이 공공의 이익에 부합될 수 있도록 필요한 대책 마련 등 세 가지 사항을 운영 원칙으로 하고 있다(「방통위설치법」 제2조).

이 법 이외에 방송과 통신에 대해 규정하고 있는 구체적인 법률들은 <표 4-10>과 같이 구분할 수 있다. 다만 여기에서 융합 분야, 방송 분야,

---

67) 이상의 「국가정보화기본법」의 내용에 대해서는 김민호·지성우(2010), 『정보법의 의의와 과제』, 한국정보화진흥원, 32-35면의 내용을 전재·재인용함.

통신 분야 등이 지정되어 있다고 해서 반드시 해당 분야만을 규율하는 것은 아니며, 방송 분야의 법률이 통신 분야에도 영향을 미치고 반대의 경우도 가능하다.

표 4-10 방송통신위원회의 소관 법률

구분	법률	시행령
융합 분야	- 방송통신위원회의 설치 및 운영에 관한 법률 - 인터넷멀티미디어방송사업법 - 방송통신발전기본법	- 방송통신위원회의 설치 및 운영에 관한 법률 - 인터넷멀티미디어방송사업법 - 방송통신발전기본법 시행령 - 방송통신위원회와 그 소속기관 직제
방송 분야	- 방송법 - 지상파 텔레비전방송의 디지털 전환과 디지털방송의 활성화에 관한 특별법 - 한국교육방송공사법 - 방송문화진흥회법	- 방송법 시행령 - 지상파 텔레비전방송의 디지털 전환과 디지털방송의 활성화에 관한 특별법 시행령 - 한국교육방송공사법 시행령
통신 분야	- 전기통신사업법 - 정보통신망 이용 촉진 및 정보 보호 등에 관한 법률 - 국가정보화 기본법 - 위치정보의 보호 및 이용 등에 관한 법률 - 전기통신기본법 - 인터넷주소자원에 관한 법률 - 정보통신공사업법 - 통신비밀보호법	- 전기통신사업법 시행령 - 정보통신망 이용 촉진 및 정보보호 등에 관한 법률 시행령 - 국가정보화기본법 시행령 - 위치정보의 보호 및 이용 등에 관한 법률 시행령 - 전기통신기본법 시행령 - 인터넷주소자원에 관한 법률 시행령 - 정보통신공사업법 시행령 - 통신비밀보호법 - 방송통신설비의 기술 기준에 관한 규정 - 전기통신사업 회계정리 및 보고에 관한 규정
전파 분야	- 전파법	- 전파법 시행령

3 비교법적 검토

미디어 분야에서 미국과 한국의 법제를 비교해 보면 다음과 같은 특징이 발견된다.

첫째, 미국에서는 방송과 통신의 두 분야가 기본적으로 「통신법(Communication Act)」이라는 단일 법제에 의해 규율되고 있다. 미국에서는 「통신법」 제정 당시부터 주파수의 공공성, 전파자원의 유한성을 이유로 주파수의 간섭 현상 등 기술적인 부분에 대한 해결 방안이 방송사업자에게 면허를 부여할 것인지의 여부를 판단하는 준칙이 되었다.

비록 「통신법」이라고는 불리고 있지만 당해 법률의 원래 명칭이 Communication Act이므로 미국의 「통신법」은 통신 분야에만 한정하여 적용되는 것이 아니라 방송 등의 매스미디어에도 포괄적으로 적용된다.

최근 미국은 1996년의 「통신법」의 개정을 통해 ① 시내 전화 시장에의 경쟁 도입, ② 보편적 서비스를 위한 자금 갹출과 대상 사업자의 인정, ③ 신규 참여 사업 분야의 조건 결정, ④ 종합 유선방송(CATV) 사업의 요금 규제 완화, ⑤ 방송사업자의 소유 상한 규제 완화, ⑥ 외설·폭력 프로그램의 규제 등에 대해 포괄적으로 규율함으로써 방송·통신 융합 분야에서의 규제 원칙과 기준을 제시하고 있다.

반면, 한국의 「방송법」과 「전기통신기본법」 등은 애초부터 정책기관이나 규제 방식이 확연히 차이가 있었다. 방송 분야에서는 엄격한 진입규제와 행위규제가 적용되었던 반면, 전기통신 분야에서는 통신사업의 조기 안정화를 위해 초기부터 대기업들에게 사업권을 부여함으로써 자본의 집중을 통해 대규모의 사업이 가능하도록 했다.

최근 「방송통신발전기본법」이 제정됨으로써 외형적으로는 방송과 통신 분야에 공통적으로 적용되는 상위 규범이 완성된 것으로 보인다. 이 법은 방송 · 통신 융합의 제도적 기반을 마련하고 방송통신 정책의 기본 방향을 규정하는 법률이다. 여기에서는 융합환경에 대응하여 「전기통신기본법」과 「방송법」 등 여러 법률에 산재하던 규정을 통합하고, 융합에 의해 등장하는 새로운 기술이나 서비스를 수용할 수 있도록 방송·통신 개념을 포괄적으로 정의하고 있다.

하지만 기본법에서 지향하고 있는 진정한 방송·통신의 융합을 실현하기 위해서는 공정경쟁의 환경이 조성될 수 있도록 수평적 규제 체계의 확립이 필요하다.

이를 위해 첫째, KBS, MBC, SBS, EBS 등의 지상파 전체를 공공방송으로 지정하여 다른 유료방송과 차별화하거나, 이 중 몇 개의 방송을 공영방송으로 지정하여 경쟁으로부터 보호하되 적정한 사회적 책무를 부여하는 방안을 강구해야 할 것이다.

둘째, 유료방송에 대해서도 수직적 규제 체계를 수평적 규제로 전환하는 문제를 검토해야 한다. 현재까지 우리나라의 법제는 케이블TV·위성방송·IPTV 등에 적용되는 법률이 모두 상이하여 규제의 혼선과 불균형을 초래하고 있다. 향후 지역이 협소하고 유료방송의 요금이 낮게 형성되어 있는 현실을 감안하여 적정한 수평적 규제 방안이 법제화되어야 할 것이다.

셋째, 우리나라의 현행 방송·통신 관련 법제는 새롭게 발생하고 있는 다양한 융합형 미디어에 적용하기가 어렵다는 문제가 있다. 방송법제는 새로운 미디어에 적용하기에 지나치게 규제의 정도가 강한 반면, 통신법제는 거의 진입·소유규제 등 규제 장치가 없다. 향후 출현하게 될 다양한 전자상거래 등의 양방향 서비스와 유료 서비스들을 효과적으로 규제할 수 있는 법제가 필요할 것이다.

제 4 절 위원회의 구성

1 연방통신위원회(FCC)

1) 구성 방식 및 법적 성격

FCC는 미국의 방송, 통신에 대한 정책과 행정을 총괄적으로 수행하는 '독립규제위원회'이다.68)

FCC는 대통령이 미국 시민 중에서 상원의 인준을 얻어 임명하는 5명의 위원으로 구성되고 각 위원의 임기는 원칙적으로 5년이다.69) 하지만 의회 내 다수당이 영향력을 행사할 수 없도록 하기 위해 동일 정당 출신의 위원 구성은 3명으로 제한하고 있다.70)

또한 업무의 연속성을 보장하기 위해 위원의 임기가 1년에 한 사람씩 만료되는 시차 조절 시스템을 취하고 있다. 위원들은 위원회의 사무와 관련된 기업의 지분을 보유하는 등의 경제적 이해관계를 가질 수 없으며, 위원은 재임 중 기타 영리 추구행위나 겸직을 할 수 없도록 규정하고 있다.71) 위원회의 의사에 필요한 정족수는 5인의 위원 중 3명이다.72)

2) 위원장

대통령은 위원 중에서 1인을 위원장으로 선임하며, 위원장은 FCC의 대표자가 된다. 위원장은 위원회의 모든 회의와 모임을 주재하고 모든 입법 관련 보고에서 FCC를 대표한다. 또한 다른 공무원 또는 정부기관들과 회

68) 미국의 독립규제위원회에 대한 상세한 사항은 강승식(2007), 『미국 헌법학 강의』, 궁리, 213-243면 참조.
69) 47 U.S.C. §154(a).
70) http://www.fcc.gov/aboutus.html(2011.11.30 최종 검색).
71) 47 U.S.C. §154(b)(2)(A).
72) 47 U.S.C. §154(h).

의나 협의를 요하는 모든 문제에 대해 FCC를 대표하고, FCC 관할 내의 모든 업무를 일반적으로 조정하고 관장하는 것이 위원장의 직무이다. 그러나 위원회의 구성원인 위원들 각각도 자신의 의견을 제시할 수 있으며, 소수 의견이나 추가 의견을 표명할 수 있다.[73]

만일 특정한 사안에 대해 사고 또는 궐위로 인해 의사정족수에 미달하는 경우, 위원장은 현직 위원들 중에서 활동 가능한 위원들로 구성된 위원회의(board of commissioners)를 소집한다. 다만 위원회의는 주요 현안에 대한 정책결정을 할 권한은 부여되지 않는다.

FCC는 미국 대통령이 지명하고 상원이 승인한 5년 임기의 5명의 위원으로 구성된다. 대통령은 위원 중 1인을 위원장으로 지명한다. 현재 위원장은 지난 2009년부터 임기를 시작한 제나코브스키(Julius Genachowski)인데, 그는 FCC 위원장으로 부임하기 전에 변호사로 미디어와 인터넷 산업계에 근무한 경력이 있다.

3) 위원

미국의 FCC는 5년 임기의 위원 5인을 상원의 권고와 인준에 따라 임명하며, 위원장은 위원 중 1인을 지명하게 된다.[74] 다만 위원 중 3인까지만 동일 당적을 보유할 수 있기 때문에 대부분 여당 3인, 야당 2인의 균형을 이루고 있다. 또한 위원들은 미국의 시민이어야 한다는 요건[75] 이외에는 특별히 자격 조건에 대한 제한이 없다.

2011년 12월 31일 현재 FCC의 위원은 4인으로 구성되어 있는데, 위원들의 경력을 간략히 정리하면 <표 4-11>과 같다.

FCC 위원의 임기는 원칙적으로 5년이며, FCC에는 업무의 연속성 보장

---

73) 47 U.S.C. §155(a).

74) 다만 현재에는 공화당 출신의 베이커(Meredith A. Baker) 위원이 2011년 6월에 캠캐스트(Comcast)사의 부사장으로 취임하면서 FCC를 사임했기 때문에 4인으로 구성되어 있다. 또한 콥스(Michael J. Copps) 역시 임기가 만료되었지만 후임자가 취임할 때까지 재임한다는 「통신법」의 규정에 따라 2011년 12월 31일 현재까지 직무를 수행하고 있다.

75) 47 U.S.C. §155 (b)(1).

표 4-11 FCC 위원의 주요 경력

순번	성명	추천	주요 경력	임기 개시	출신지	직책
1	Julius Genachowski	민주당	변호사, 미디어업계	2009	뉴욕	위원장
2	Michael J. Copps	민주당	미국 상무부, 전 FCC 위원	2001	위스콘신	위원장 대행
3	Robert M. Mcdowell	공화당	변호사, 버지니아 주지사 보좌관	2006, 2009 재지명	버지니아	위원
4	Mignon Clyburn	민주당	사우스캐롤라이나 공공서비스위원회 위원장	2009	사우스 캐롤라이나	위원

을 위한 순차임명제(staggering system)가 도입되어 있다.[76] 가령 콥스(Michael J. Copps)는 2001년 5월 31일, 제나코브스키(Julius Genachowski)는 2009년 6월 29일, 맥도웰(Robert M. McDowell)은 2006년과 2009년 6월 2일, 클라이번(Mignon Clyburn)은 2009년 8월 3일에 업무를 개시했다. 이 제도로 인해 직무의 안정성과 아울러 위원들이 일시에 교체됨으로 인해 발생할 수 있는 행정 공백을 예방할 수 있다.

FCC의 위원은 상임이며, 다른 직책을 보유하거나 방송통신산업 분야에서 금전적 보상을 수령하는 것이 금지되어 있다.

FCC의 위원들은 안건에 대해 일반적으로 자신의 의견, 소수 의견 또는 추가적 보고를 할 수 있으며,[77] 위원의 활동을 위해 법학, 언론학, 경제학, 회계학 등 다양한 학문적 배경을 가진 5인 내외로 구성된 보좌관을 두고 있다.

---

76) FCC(2004), *About FCC*, Washington: FCC, p.3.
77) 47 U.S.C. §155(a).

2 방송통신위원회

1) 구성 방식 및 법적 성격

방통위는 2008년 2월 제정된 「방통위설치법」에 의해 설치된 대통령 소속의 합의제 행정기관이다. 법적 성격으로는 독립규제위원회보다는 '행정기관형 위원회'에 더 가깝다.

방통위 위원 5인 전원은 대통령이 임명하는데, 국회 추천 3인은 여당(대통령이 소속되거나 소속되었던 정당) 1인, 야당 2인으로 구성된다. 특별히 여당의 범위를 대통령이 현재 소속되어 있는 정당뿐만이 아니라 과거 소속되었던 정당까지 포함시켜 정치적 균형성을 배려했다.

방통위 위원 5인은 FCC와 마찬가지로 전원 상임위원으로서의 지위를 갖는다. FCC와 동일하게 위원장은 대통령이 지명하되 국회의 청문회를 거쳐야 한다. 위원장 유고 시 권한대행자인 부위원장은 위원들 간의 호선으로 선임되며, 법적으로 부위원장과 다른 위원들 간에는 권한의 차이가 없다.

위원장 및 위원은 방송·통신 분야의 전문성을 고려해 다음 각 호의 어느 하나에 해당하는 자 중에서 대통령이 임명한다. 이 경우 위원장은 국회의 인사청문을 거쳐야 한다(「방통위설치법」 제5조 제1항).

2008년 이전의 방송정책 기관이었던 방송위원회는 방송의 공적 책임과 공정성과 공익성을 실현하고 방송 내용의 질적 향상과 방송사업의 공정한 경쟁을 도모할 목적으로 설립되었다. 당시 방송위원회 위원은 9명으로 구성되었는데 9인 중 5인만 상임위원이고 4인은 비상임위원이었다. 이 중 3인은 대통령이 임명하고 3인은 국회의장이 각 교섭단체 대표의원과 협의해 추천한 자로, 그리고 나머지 3인은 방송 관련 전문성과 시청자 대표성을 고려해 국회 문화관광위원회의 추천 의뢰를 받아 국회의장이 추천한 자를 임명했었다. 현재의 방통위는 대통령의 소속기관이라는 점, 전원이 상임이라는 점과 아울러 구성 방식면에서 예전의 방송위원회와는 약간 상이하다.[78]

78) 좀 더 상세한 사항은 김정태(2010), 『방송법 해설』, 커뮤니케이션북스 참조.

(1) 위원장

위원장은 방송 및 정보통신 분야의 전문성을 고려해 대통령이 임명하되, 국회의 인사청문을 거쳐야 한다.

위원장은 위원회를 대표하고 위원회의 회의를 주재하며 소관사무를 통할한다. 위원장은 필요한 경우 국무회의에 출석해 발언할 수 있으며, 그 소관사무에 관해 국무총리에게 의안의 제출을 건의할 수 있다. 또한 위원장은 국회에 출석해 위원회의 소관사무에 관해 의견을 진술할 수 있으며, 국회의 요구가 있을 때에는 출석해 보고하거나 답변해야 한다.

만일 위원장이 부득이한 사유로 직무를 수행할 수 없을 때에는 부위원장과 위원회가 미리 정한 위원 순으로 그 직무를 대행한다. 국회는 위원장이 그 직무집행에 있어 헌법이나 법률을 위배한 때에는 탄핵의 소추를 의결할 수 있다(「방통위설치법」 제6조).

(2) 위원

가. 위원의 선임

위원(위원장 포함) 5인은 전원 상임이며 방송 및 정보통신 분야의 전문성을 고려해 다음 각 호의 어느 하나에 해당하는 자 중에서 대통령이 임명한다. 이 경우 위원장은 국회의 인사청문을 거쳐야 한다. 구체적으로 위원들은 다음과 같은 자격을 갖춰야 한다(「방통위설치법」 제5조 제1항).

1. 방송학·언론학·전자공학·통신공학·법률학·경제학·경영학·행정학 그 밖에 방송·언론 및 정보통신 관련 분야를 전공한 자로서 대학이나 공인된 연구기관에서 부교수 이상의 직에 있거나 있었던 자 또는 이에 상당하는 직에 15년 이상 있거나 있었던 자
2. 판사·검사 또는 변호사의 직에 15년 이상 있거나 있었던 자
3. 방송·언론 또는 정보통신 그 밖의 관련 분야에 관한 경험이 있는 2급 이상 또는 이에 상당하는 공무원 또는 고위공무원단에 속하는 직에 있거나 있었던 자
4. 방송·언론 또는 정보통신 관련 단체나 기관의 대표자 또는 임·직원

표 4-12 방통위 위원의 주요 경력

순번	성명	추천	주요 경력	임기 개시	직책
1	이계철	한나라당	공무원	2012	위원장
2	홍성규	한나라당	언론인	2011	부위원장
3	김충식	민주당	언론인	2011	상임위원
4	신용섭	한나라당	공무원	2011	상임위원
5	양문석	민주당	시민단체 회장 언론학박사	2010, 2011 재임명	상임위원

의 직에 15년 이상 있거나 있었던 자

5. 방송·언론 또는 정보통신 분야의 이용자 보호활동에 15년 이상 종사한 경력이 있는 자

나. 위원의 결격 사유

방통위는 국가의 중추적인 역할을 담당하는 방송통신 업무를 다루고 있기 때문에 이해관계로부터 자유롭게 정책을 결정·집행하게 하기 위해 다음과 같은 경우 어느 하나에 해당하는 자는 위원이 될 수 없는 결격 사유를 규정했다(「방통위설치법」 제10조).

1. 「정당법」 제22조에 따른 당원
2. 방송·통신 관련 사업에 종사하거나 위원 임명 전 3년 이내에 종사하였던 자
3. 「국가공무원법」 제33조 각 호의 어느 하나에 해당하는 자
4. 탄핵 결정에 따라 파면된 자

「방통위설치법」 제10조 제1항 제2호에 따른 방송·통신 관련 사업에 종사하는 자의 구체적 범위는 대통령령으로 정하도록 하고 있는데, 동법 시

행령 제4조에서는 1. 「방송법」 제2조 제2호 · 제5호 · 제8호 · 제11호 · 제13호에 따른 방송사업 등에 종사하는 자, 2. 「전기통신사업법」 제5조 제2항에 따른 기간통신사업에 종사하는 자는 위원이 될 수 없다고 규정하고 있다(「방통위설치법 시행령」 제4조).

위원은 「방송위설치법」 제10조 제1항 각 호의 어느 하나에 해당하게 되는 때에는 그 직에서 당연 퇴직한다.

다. 위원의 임기

위원 5인 중 위원장을 포함한 2인은 대통령이 지명하고 3인은 국회의 추천을 받아 제1항에 따른 임명을 한다. 이 경우 국회는 위원 추천을 함에 있어 대통령이 소속되거나 소속되었던 정당의 교섭단체가 1인을 추천하고 그 외 교섭단체가 2인을 추천한다(「방통위설치법」 제5조 제2항). 또한 부위원장은 위원 중에서 호선한다(「방통위설치법」 제5조 제3항).

방통위 위원의 임기는 3년이며 1회에 한하여 연임할 수 있으므로 위원의 최장 근무 한도는 6년이다. 위원이 결원되었을 때에는 결원된 날부터 지체 없이 보궐위원을 임명하여야 하며, 보궐위원의 임기는 전임자의 잔임 기간으로 한다(「방통위설치법」 제7조).

라. 위원의 신분 보장

위원은 다음 각 호의 어느 하나에 해당하는 경우를 제외하고는 그 의사에 반하여 면직되지 아니하며(「방통위설치법」 제8조), 위원은 직무를 수행함에 있어 외부의 부당한 지시나 간섭을 받지 않는다.

1. 장기간 심신장애로 인하여 직무를 수행할 수 없게 된 경우
2. 제10조의 결격 사유에 해당하는 경우
3. 이 법 또는 그 밖의 다른 법률에 따른 직무상의 의무를 위반한 경우
4. 이 법 또는 그 밖의 다른 법률에 따른 위원회의 소관 직무와 관련하여 부당한 이득을 취한 경우

마. 위원의 의무

위원은 공무 외의 영리를 목적으로 하는 업무에 종사하지 못하며 다른

직무를 겸할 수 없고, 정치활동에 관여할 수 없다. 또한 「방통위설치법」 제9조 제1항에 따른 영리를 목적으로 하는 업무의 한계에 관해 필요한 사항은 대통령령으로 정하고 있다.

바. 제척 · 회피 제도

위원이 다음 각 호의 어느 하나에 해당하는 경우에는 그 직무 집행에서 제척된다(「방통위설치법」 제14조 제1항).

1. 위원 또는 그 배우자나 배우자이었던 자가 당해 사안의 당사자가 되거나 당해 사안에 관하여 공동권리자 또는 의무자의 관계에 있는 경우
2. 위원이 당해 사안의 당사자와 친족 관계에 있거나 있었던 경우
3. 위원이 당해 사안에 관하여 증언이나 감정을 한 경우
4. 위원이 당해 사안에 관하여 당사자의 대리인으로서 관여하거나 관여하였던 경우
5. 위원이 당해 사안의 대상이 된 처분 또는 부작위에 관여한 경우

위원회는 직권 또는 당사자의 신청에 의하여 제척의 결정을 한다. 위원에게 심의 · 의결의 공정을 기대하기 어려운 사정이 있는 경우 당사자는 기피 신청을 할 수 있고, 위원회는 의결로 이를 결정한다. 다만, 동일한 안건에 대하여 2인 이상의 위원을 기피할 수 없다(「방통위설치법」 제14조 제2항 및 제3항). 위원이 제1항 또는 제3항의 사유가 있는 경우에는 당해 사안에 대하여 회피할 수 있다(「방통위설치법」 제14조 제4항).

2) 위원회의 심의 · 의결 사항

위원회의 소관사무는 1. 방송에 관한 사항, 2. 통신에 관한 사항, 3. 전파연구 및 관리에 관한 사항, 4. 그 밖에 이 법 또는 다른 법률에서 위원회의 사무로 정한 사항이다(「방통위설치법」 제11조).

위원회는 소관사무 중 다음 각 호의 사항을 심의 · 의결한다(「방통위설치법」 제12조).

1. 방송 · 통신 기본 계획에 관한 사항

2. 방송사업자의 허가·재허가·승인·등록·취소 등에 관한 사항
3. 전기통신사업자의 허가·취소 등에 관한 사항
4. 주파수의 효율적 사용에 관한 사항
5. 방송·통신 관련 기술정책의 수립에 관한 사항
6. 방송 프로그램의 유통상 공정거래 질서의 확립에 관한 사항
7. 방송·통신 서비스의 고도화 및 보편적 서비스에 관한 사항
8. 방송·통신사업자 상호 간의 공동사업이나 분쟁의 조정 또는 사업자와 이용자 간의 분쟁의 조정
9. 전기통신설비의 제공·공동 이용·상호 접속 또는 공동 사용 등이나 정보 제공에 관한 협정의 인가 등에 관한 사항
10. 방송사업자·통신사업자의 금지행위에 대한 조치 및 과징금 부과에 관한 사항
11. 방송 프로그램 및 방송광고의 운용·편성에 관한 사항
12. 방송·통신에 관한 연구·조사 및 지원에 관한 사항
13. 시청자 불만 처리 및 방송·정보통신 이용자 보호·복지에 관한 사항
14. 방송·통신 관련 기금의 조성 및 관리·운용에 관한 사항
15. 방송·통신 관련 국제 협력 및 통상에 관한 사항
16. 방송·통신 관련 남북 교류·협력에 관한 사항
17. 위원회의 예산 편성 및 집행에 관한 사항
18. 소관 법령 및 위원회 규칙의 제·개정 및 폐지에 관한 사항
19. 이 법 또는 다른 법률에 따라 위원회의 심의·의결 사항으로 정한 사항

위원회는 「방통위설치법」 제11조 제1항 제1호의 방송에 관한 사항을 심의·의결하는 경우 방송영상 정책과 관련된 사항은 문화체육관광부 장관과 협의하여야 하고, 제1항 제6호의 사항을 심의·의결하는 경우에는 공정거래위원회의 의견을 들어야 하며, 제1항 제16호의 사항을 심의·의결하는 경우에는 통일부 장관의 의견을 들어야 한다(「방통위설치법」 제12조 제2항).

3 비교법적 검토

1) 대통령 직속기관으로 인한 정치적 중립성 훼손의 문제

과거 2008년 「방통위설치법」 시행 전의 방송위원회는 무소속 독립 합의제 행정기구로 구성되어 있었다. 이는 (구)공보처를 폐지하면서 방송에 대한 정책 기능을 독립기관인 방송위원회로 이관하여 방송의 독립성 및 방송 민주화를 실현하고자 했던 당시의 시대사상의 반영이었다.[79]

방송위원회가 법률에 의해 중앙행정기관으로부터 독립된 행정기관으로서의 위상을 가지게 되는 경우, 정치적 독립성을 확보할 수 있는 장점이 있다.

반면, 2000년 설립 이후 7년여 동안 이 제도를 운영해 본 결과, 방송위원회가 준입법, 준사법, 행정권을 가지는 국가기관이라는 법원의 판결이 있었음에도 불구하고,[80] 출범 이후 끊임없이 위헌 시비에 휘말려 왔다. 또한 비정부 소속 행정기관을 예견하지 않고 있는 각종 법규 제정, 행정조직, 관리,

79) 과거 방송법에 의한 방송위원회의 법적 지위와 성격 및 권한에 대해서는 고민수(2005. 10.8), "독립행정위원회의 헌법적 정당성: 방송위원회의 법적 지위의 체계 정당성을 중심으로", 「한국행정학회 2005년 추계학술대회 발제문」, 27-38면 참조.

80) 대법원은 이미 2000년에 다음과 같은 이유로 방송위원회가 국가기관임을 인정하고 있었다. 첫째, 방송위원회는 방송의 공적 책임 및 공정성과 공공성을 유지하고 방송 내용 전반의 질적 향상을 도모하기 위해 설립된 기관이다. 둘째, 방송위원회는 그 구성에 관해 국가가 관여하며, 위원의 신분이 보장된다. 셋째, 방송위원회는 방송의 운용 편성의 기본 정책과 광고방송에 관한 사항 등을 심의 결정하는 등 다양한 행정 권한을 행사함을 직무로 한다. 넷째, 방송위원회는 방송사업자에 대한 심의 및 제재에 관한 행정 권한을 행사한다. 다섯째, 위원회의 규칙을 제정한다. 대법원 2000.8.22. 98두9295판결(원심 서울고등법원 1998.4.24. 97구51256판결) 참조. 생각건대 근거 법령이나 명칭, 소속기관 등에 관계없이 국가의 사무를 수행하는 기관 일체를 가리킨다고 해석함이 타당하고, 반드시 그 기관이 국가 통치기구 중 행정부의 일반적인 조직과 사무를 규정하고 있는 「정부조직법」에 근거를 두고 있어야 하는 것도 아니라고 할 것이며, 만일 후자와 같이 국가기관의 의미를 좁게 해석한다면 입법부나 사법부 소속의 기관, 그리고 각종 특별법 내지는 별도의 단행법에 의해 설립되어 3부(府)의 지휘를 받거나 혹은 독립적으로 국가 사무를 수행하는 기관을 제외하게 되어 부당한 결과가 될 것이다. 따라서 방송위원회의 독립기관화로 인한 문제점을 지적하는 견해는 별론으로 하고, 방송위원회의 국가기관성은 이미 판례를 통해 확인되었다고 본다.

예산, 민원 서비스 관련 법령들의 적용을 받지 못한다는 문제점을 드러내왔다.

이와 같은 무소속 독립기관의 문제점에 비춰 방통위 출범 당시 학자들 간에는 대통령 소속기관으로 하면서도 직무상 독립할 수 있는 방안을 선택하는 편이 현실적이라는 견해가 개진되고 있었다. 이 유형은 독립기관과 행정부처의 절충 형태로 현행 헌법 체계 내에서 소속을 명확히 하면서 기관의 직무 독립성을 유지할 수 있는 방안이다.81)

여러 가지 문제점과 우려에도 불구하고 대통령 소속의 직무상 독립기관의 경우, 방송에 대한 정책기관의 직무 독립성과 방송의 독립성을 유지할 수 있는 구체적인 대안이 마련된다면 대통령에 소속됨으로써 조직의 법적 위상을 명확히 정립하고 행정부처와의 긴밀한 협조 및 원활한 직무 수행이 가능하다는 장점이 있다.

현실적으로 과거 무소속 독립기관인 방송위원회가 업무를 추진할 때 만일 다른 정부기관들이 방송위원회의 법적 지위에 대해 의문을 제기하면서 업무에 협조하지 않을 경우에는 정부기관 간의 공식적인 채널을 통해 이를 해결할 유효한 방법이 없었다. 방통위 구성 당시에는 새로이 구성될 통합기구가 방송뿐만 아니라 정보산업과 정보기술의 범사회적 기반으로서의 성격을 가진 통신 영역도 관할하는 것으로 예정되어 있었기 때문에 방송의 독립성을 이유로 다른 행정기관과의 업무 협조를 할 통로가 마련되어 있지 않은 과거의 구조를 유지한 채 효율적이고 신속한 결정이 요구되는 통신행정까지 처리하라고 요구하는 것은 무리라는 점도 고려되었다.

방통위의 법적 지위에 관한 지속적인 논의 과정에서는 방송의 독립성이라는 명분에만 집착해 과거와 같은 법률상의 무소속 독립행정위원회 형태

81) 방통위는 대통령의 직속기관으로 구성되어 있으며, 사무처 직원의 신분 및 예산 등에서 정부부처의 운영 형태를 준용하게 된다. 방통위의 구조가 대통령 소속기관화되고, 직원들의 신분이 공무원화된다면 대통령 소속기구에 의한 '내용 심의'는 권력에 의한 '검열'이라는 비판을 받을 수 있는 가능성이 있다. 이러한 법적 문제점 때문에 현행법에서는 방송위원회의 심의 기능과 정보통신윤리위원회의 심의 기능을 일원화하여 확대 개편해 '방송통신심의위원회'를 구성하도록 규정하고 있다.

를 유지할 경우, 새로운 통합기구가 자칫 '국가기관들 사이에 외로이 떠 있는 섬과 같은 존재'로 전락해 정치적 독립성이나 효율성 양자 모두를 상실할 우려가 있다는 점이 고려되어야 한다.

그럼에도 불구하고 현재의 방통위의 조직·권한 구조는 방통위가 소속은 국가기관이지만 직무 수행에서는 대통령과 다른 행정부처로부터 독립되어야 한다는 설립 시의 기본 전제와는 크게 배치되어 소속과 직무에서 정치적 영향력이 지나치게 미칠 가능성이 매우 높다는 문제가 있다. 또한 현재의 방통위처럼 위원회 전체가 아니라 위원장에게 일상적인 운영뿐만 아니라 위원회의 중요 결정 사항에 대해서도 전권을 부여하여 독임제적 성격을 지나치게 강조한 것은 개선의 여지가 있는 것으로 보인다.

2) 위원의 순차임명 제도 도입 문제

현재 방통위를 비롯한 위원회 제도의 가장 큰 단점 중의 하나는 위원들이 일시에 교체되기 때문에 업무의 연속성이 없다는 점이다.

위원들이 동시에 교체되는 경우에는 위원회의 일상적인 정책·행정 업무의 처리에 매우 큰 영향을 받게 된다. 따라서 향후 위원회 형태의 합의제 기구를 유지한다면 업무의 연속성을 보장하기 위해 위원들이 한꺼번에 교체되지 않도록 미국의 FCC와 같이 순차임명제(staggering system)가 도입되어야 할 것으로 본다.

3) 보좌관 제도의 도입

FCC와 현행 방통위의 구조에서 가장 차이가 있는 것은 보좌관(Counselor 또는 Advisor) 제도이다.

FCC의 경우에는 사무처 조직과는 별도로 각 위원들에게 소속된 보좌관 제도를 운영하고 있다. 위원들은 자신의 주요 정책·규제 분야에 적합한 법학·미디어학·경제학·회계학 분야 등의 전문가들을 보좌관으로 두고 당해 중요 사항에 대해 보좌관들과 의견을 교환하고 사무처와 의견 조율을 할 수 있도록 하고 있다.

표 4-13 FCC 위원별 보좌관 구성 현황

소속	직위	주요 담당 업무
위원장 Julius Genachowski(7명)	Chief of Staff(비서실장)	
	Senior Counselor (선임고문)	Strategic Advisor specially on National Plan (특히, 전국광대역계획에 대한 전략 조언)
	Chief Counsel and Senior Legal Advisor (수석변호사 · 선임법률자문)	Wireline, International Broadband, and Internet issues (유선, 국제 및 인터넷 분야)
	Senior Counsel and Legal Advisor(선임변호사 법률자문)	Media, Consumer and Enforcement Issues(미디어, 소비자 및 집행 분야)
	Senior Counsel and Legal Advisor(선임변호사 법률자문)	Public safety, Spectrum and accesibility (공공안전, 주파수 및 접속 분야)
	Confidential Assistant(수행비서)	
	Advisor(자문)	Operation within the Chairman's Office (위원장실 운영)
위원 Micahel J. Copps(5명)	Chief of Staff(비서실장)	
	Policy Advisor(정책자문)	Wireline(유선)
	Media Advisor(미디어자문)	Media(미디어)
	Confidential Assistant(수행비서)	
	Staff Assistant(비서)	
위원 Robert M. McDowell	Chief of Staff and Senior Legal Advisor(비서실장 · 선임법률자문)	Wireless and International (무선 및 국제 분야)
	Policy and Wireline Counsel (정책 · 유선 분야 변호사)	Wireline Issues(유선 분야)
	Acting Legal Advisor(법률자문 직무대행)	Media Issues(미디어 분야)
	Deputy Chief of Staff(비서실 차장)	
	Staff Assistant(비서)	
위원 Mignon Clyburn	Chief of Staff and Media Legal Advisor(비서실장 · 미디어 분야 법률자문)	
	Wireline Legal Advisor(유선 분야 법률자문)	Wireline, Broadband, and Universal service(유선, 광대역 및 보편적 서비스 분야)
	Legal Advisor(법률자문)	Wireless, International, and Public Safety(무선, 국제 및 공공안전 분야)
	Deputy Chief of Staff(비서실차장)	
	Staff Assistant(비서)	

출처: 오병철 외(2011: 18-19면)에서 재인용.

반면 우리나라의 경우에는 FCC와 같은 다수의 전문보좌관 제도를 두지 않고 있으며, 다만 장관(급)에게 정책보좌관을 두도록 하여 전문성을 제고하고 있다.

장관 정책보좌관 제도는 2003년 참여정부 출범과 함께 도입된 제도인데, 장관의 전략적 정책 수립 기능을 강화하기 위해 국무위원이 장인 각 부처의 주요 정책 과제에 대해 장관을 전문적으로 보좌하는 인력을 두는 제도이다. 장관 정책보좌관은 민간인들의 참여를 촉진하기 위해 참여정부 시기에 신설된 직책으로, 계약직이지만 장관을 보좌한다는 특성상 보통 장관들과 임기를 함께한다.

정책보좌관 제도는 부처의 특성에 따라 특정 사안에 대해 조언하고 장관의 전문성 부족을 보완할 수 있는 장점이 있는 반면, 해당 전문 분야에 대한 전문적인 식견이 부족한 인력이 정치적인 고려에서 정책보좌관으로 임명될 경우에는 전문성 보완이라는 긍정적인 측면보다는 엽관주의의 병폐가 발생할 가능성이 매우 높다는 문제점이 있다.

방통위와 같이 전문성과 아울러 정치적인 측면을 고려해 외부에서 임명된 위원들의 경우 사무처의 업무를 정확히 이해하고 의결하기 위해서는 위원들의 편에서 부족한 전문성을 보완하고 정확한 정책 판단을 할 수 있도록 조언할 수 있는 전문가로 구성된 참모조직이 필요하다. 따라서 회의제적 구조 하에서는 정책문제에 관해 좀 더 전문적인 견해를 얻기 위해 법학·미디어학·경제학·경영학·회계학 등의 전문가로 구성된 보좌관을 구성하도록 함으로써 다양한 분야의 전문가들이 특정한 정책 이슈에 대해 공동작업을 수행하도록 할 필요가 있다.

FCC의 경우 특정 사안에 대해 매우 심도 있는 학문적 배경을 바탕으로 한 심결례가 판례와 유사하게 정치한 논리를 구사하며 작성·발표되고, 다수 의견과 다른 소수 의견도 논리적으로 일관된 정책을 주장할 수 있는 이유 중의 하나도 바로 해당 의원과 정치적 견해가 유사한 전문가들로 구성된 정책보좌관 제도에서 기인한다.

제 5 절 사무처 조직 및 권한

1 연방통신위원회(FCC)

FCC는 총 7개의 국(局, Bereau)과 10개의 실(室, Office)로 편제되어 있다.[82] 각 국(Bereau)은 주요 정책에 대한 현안문제를 발굴하고 방송통신 정책문제와 관련 직원들의 업무를 효율적으로 조율하기 위해 1949년에 설치되었다. 그 이전까지는 회계, 기술, 법률 등 각 전공 분야별로 직원들이 편제되어 있었다. 현재의 각 국의 구성은 방송과 통신산업의 분류에 상응한 것이다.[83]

가령 공중통신사업을 위한 공중통신사업국(Common Carrier Bereau), 무선전기에 관한 업무를 위한 무선전기통신국(Wireless Telecom Bureau) 등이 있다.

국의 업무에는 허가와 기타 신청의 처리, 이의신청의 분석, 규제 프로그램의 개발과 시행, 개별 심리 참가 등이 포함되고 해당 실은 이를 지원하게 된다. 모든 사무처리 부서는 고유의 기능을 수행하지만 위원회의 문제 해결에 관해 정기적으로 인력과 전문지식을 공유하고 있다.[84]

이러한 7개의 국과 아울러 위원회의 정책, 절차 그리고 행정 업무를 보조하는 11개의 실이 있다. 이 중 대표적으로 자문실(Office of General Council)은 위원회 및 각 국과 실에 대한 총괄적인 자문 역할을 한다.

연방통신위원회의 인력은 대부분 서비스 승인 및 집행 활동에 투입되고 있으며, 이들 중 공학 인력의 상당 부분이 정책, 규칙 및 국제 활동에도 투

82) 권오상(2008), "위원회 조직으로서 FCC에 대한 고찰", 「정보통신정책연구」 제20권 제14호, 22-42면 등의 내용과 2011년 11월 30일 현재 FCC의 홈페이지(http//www.fcc.gov)의 내용을 참조.

83) 이원철(2010), 앞의 논문, 60-67면.

84) 구광모(1989), "미연방통신위원회의 구조적 특성과 교훈", 「중앙법학」 제14집, 161-183면.

입된다. 기술 인력의 상당수는 대민 서비스 활동에 종사하고 있다. 또한 법학 전공자는 주로 서비스 승인, 정책 및 규칙 제정, 집행 등의 활동을 하며,[85] 경제·경영 전공자는 서비스 승인 및 사업분석과 집행, 회계감사 활동을 하고 있다. 집행국의 정책, 규칙 활동이 법학 및 공학 전공자에 의해 주로 이뤄지며, 국제 활동 분야의 종사자도 공학 전공자가 다수이다.[86]

1) 국(Bureaus)

국(局)은 1949년부터 FCC의 주요 정책 현안 문제를 제기하고 방송통신 정책 문제와 관련된 업무를 상호 조정하기 위해 설치되었다. 1949년 이전에 직원들은 전문 계열에 따라 법, 회계, 기술 등의 분야별로 조직되었다.

하지만 분야별 조직은 모든 직원이 전문가가 아닌 일반인(generalist)이 되어야 했으므로 특정 분야에 대한 전문성이 효율적으로 발휘되지 못했으며, 세 계열의 전문가가 위원들에게 각자 자신들의 전문 분야에만 기반해서 조언함으로써 전문가들의 의견이 상이한 경우가 매우 많았다.

이러한 문제점을 해결하기 위해 FCC에서는 다양한 분야의 전문가가 한 국에 근무하면서 상호간의 의견을 교환·조율할 수 있도록 하고 있다. 이로써 법·행정·회계·기술 등의 전문가들이 특정한 정책 이슈에 대해 공동작업을 수행할 수 있는 기반이 마련되었다.

현재 국은 방송과 통신산업에 따라 구분되어 있으며, 국장(chief)이 책임자로서 해당 분야의 업무 전반을 관할한다. 국에서는 규칙의 초안을 작성하고 처분절차를 담당하며, 필요한 경우 위원회를 대신해 정책적인 조치를 취한다.

---

85) 조순용(2005), 『방송정책 및 규제기구 변화에 관한 고찰: 김대중 정부의 방송정책을 중심으로』, 석사학위 논문(건국대), 67-68면.

86) 조소영(2010), 『주요 국가의 방송통신법제에 관한 비교법적 연구(VI): 미국』, 법제연구원, 77-80면의 내용을 중심으로 최근의 조직개편 내용을 반영함. FCC의 권한에 관한 좀 더 상세한 사항은 CRS(2008), *Congressional Review of Agency Rulemaking: An Update and Assessment of the Congressional Review after a Decade*, Washington: CRS; GAO(2010), *FCC Management: Improvement Needed in Communication, Decision-Making Process and Workforce Planning*, Washington: GAO.

(1) 소비자 및 대정부 관계국

소비자 및 대정부 관계국(Consumer & Governmental Affairs)은 방송 장애나 불편 문제 해결을 포함한 위원회의 소비자 정책을 발전시키고 보완하는 역할을 담당한다. 여기에서는 소비자 요청과 불만 및 이의 제기에 책임을 지는 소비자센터를 통하는 경우뿐만 아니라 위원회의 공식적인 장으로 기능한다. 통신제품과 서비스에 관해 소비자를 교육하고 의사결정 과정에 소비자의 참여를 확대할 수 있는 계획과 프로그램을 개발하여 집행하는 동시에 정보 수집 능력과 정보 확산 기능을 증진시키기 위해 소비자와 의견을 교환하는 역할을 한다.

표 4-14 FCC의 조직 체계

<table>
<tr><th colspan="4">위원회(위원장 포함 5인의 Commissioner)</th></tr>
<tr><td rowspan="11">정책 입안을 위한 국(Bureaus)</td><td>소비자 및 대정부관계국 (Consumer & Governmental Affairs)</td><td rowspan="11">업무 지원을 위한 실(Offices)</td><td>행정법판사실 (Administrative Law Judges)</td></tr>
<tr><td>집행국(Enforcement)</td><td>통신사업진흥실(Communications Business Opportunities)</td></tr>
<tr><td>국제국(International)</td><td>기술실(Engineering & Technology)</td></tr>
<tr><td>미디어국(Media)</td><td>법무실(General Counsel)</td></tr>
<tr><td>공공안전 국토보안국 (Public Safety & Homeland Security)</td><td>감사실(Inspector General)</td></tr>
<tr><td>무선국통신국(Wireless Telecommunications)</td><td>입법실(Legislative Affairs)</td></tr>
<tr><td rowspan="5">유선경쟁국 (Wireline Competition)</td><td>사무처(Managing Director)</td></tr>
<tr><td>홍보실(Media Relations)</td></tr>
<tr><td>비서실(Secretary)</td></tr>
<tr><td>전략기획 및 정책분석실 (Strategic Planning & Policy Office)</td></tr>
<tr><td>고용균등보장실 (Workplace Diversity Office)</td></tr>
</table>

(2) 집행국

집행국(Enforcement Bureau)은 통신 경쟁의 증진, 소비자 보호, 공공 안전을 위한 주파수의 효율적 활용 장려와 아울러 「통신법」 및 FCC의 규칙을 강제하는 역할을 한다.

(3) 국제국

국제국(International Bureau)은 국제 문제에서 위원회를 대표하며, 위성방송 및 정확한 허가 시스템, 혁신적인 스펙트럼 관리와 책임 있는 국제적 운영을 통해 소비자들의 방송에 관한 국제 문제들을 해결하고 유도하기 위한 활동을 한다. 내부에 정책 분과, 위성방송 분과, 전략분석 및 협상 분과를 두어 분과별로 활동한다.

(4) 미디어국

미디어국(Media Bureau)은 케이블 텔레비전 서비스, 위성 서비스 등과 아울러 AM, FM 라디오와 텔레비전 방송국 등을 규제한다. 미국 내 미디어와 관련된 규칙 제정에 관한 계획을 수립하고, 관련 기업들이 요구하는 정책 등에 대해 법률적·기술적·경제적 분석을 담당한다. 내부에 라디오를 포함한 오디오 분과, TV를 포함한 비디오 분과, 정책 분과, 산업분석 분과, 기술 분과 등을 두고 있다.

(5) 공공안전 및 국토보안국

공공안전 및 국토보안국(Public Safety & Hameland Security Bureau)은 자연재해, 세계적으로 유행하거나 테러리스트들의 공격에 대항해 통신산업과 정부 전체의 안전을 좀 더 효율적으로 지원할 수 있는 비상 대응 능력과 국가의 통신 인프라 구조와 공공 안전에 대한 안전 보장과 책임을 강화하기 위한 역할을 수행한다. 이를 위해 공공의 안전과 국토 보안 및 위기관리, 재난관리 등과 관련된 업무를 맡고 있다. 내부에 정책 분과, 공공통신 구조 및 기능 분과, 통신 시스템 분석 분과 등 세 분과를 두고 있다.

(6) 무선통신국

무선통신국(Wireless Telecommunications Bureau)은 방송과 위성을 제

외한 미국 내 모든 민간 부문에 대해 무선통신정책 수립 및 주파수 경매에 관한 전반적인 사항 등을 관할한다. 여기에서는 무선통신 서비스, 설비 및 주파수 자원의 규제와 허가에 관한 모든 문제(셀룰러폰이나 PCS폰, 호출기, 쌍방향 통신 등) 및 주파수에 관한 문제를 총괄한다.

무선통신국 내에는 스펙트럼 운영 자원 및 기술 분과, 경매 및 스펙트럼 사용 분과, 스펙트럼 정책 및 경쟁정책 분과, 공공 안전 및 중요 인프라 분과, 이동통신 분과, 광대역 분과 등을 두고 있다.87)

(7) 유선경쟁국

유선경쟁국(Wireline Competition Bureau)은 유선통신과 관련된 문제들에 관해 FCC를 위한 정책 목표와 기준, 프로그램, 계획들을 개발하고 권유하는 역할을 한다.

유선경쟁국은 유선통신 서비스와 시장에서 선택과 기회, 공정성의 확보와 비규제적인 정책들의 발전을 목표로 하고 있다.

2) 실(Offices)

(1) 행정법판사실

행정법판사실(Administrative Law Judges Office)에서는 FCC가 명하는 심리를 담당하고 준사법적인 절차를 거쳐 1차 결정을 내린다. 심리 기능은 심리 과정에서 제출된 일련의 가청구에 대한 처리를 포함하며, 행정법판사는 증거로 채택된 관련 문서와 증인의 선서에 대한 반대 심문이 이뤄지는 심리를 주관한다. 당해 행정법판사의 1차 결정에 대해 당사자는 FCC에 이의를 제기할 수 있고, FCC의 재심을 거쳐 최종 결정이 내려진다.

(2) 통신사업진흥실

통신사업진흥실(Communications Business Opportunities Office)은 중소 규모의 통신사업자나 소수자 또는 여성이 소유·운영하는 사업체의 통신사업 기회를 진흥하기 위한 조직이다. 이를 통해 궁극적으로 기업, 산업

87) 이성중(2006), 『미연방통신위원회의 전파 관련 조직과 역할』, 한국전파진흥원, 25면.

체, 공익단체, 개인 기타의 자들에게 FCC의 정책에 관한 정보를 제공해 통신사의 소유와 고용의 기회를 증진시키고, 공중 전파를 통해 전달되는 목소리와 견해의 다양성을 진작시키며, FCC의 제반 과정에 적극적인 참여를 촉진하기 위한 활동을 한다.

(3) 기술실

기술실(Engineering & Technology Office)은 FCC의 기술적 조언과 자문을 제공하는 부서로서 비정부용 무선 주파수를 관리하는 책임을 지며, 통신과학 기술과 정보분석 능력의 동향을 파악하고 기술지도를 담당한다. 민간통신을 위해 무선 주파수를 할당하며 통신 기술을 실험, 분석, 평가해 그의 활용도 제고를 위한 연구를 수행한다. 또한 통신 기술 및 기기의 표준을 제정하고 품질을 관리하며, 통신과학 기술을 보급하고 홍보・교육한다.

(4) 법무실

법무실(General Counsel Office)은 위원들의 법률적 자문을 담당하며 외부적인 소송에 대한 대리 및 소송에 관한 행정 업무를 담당한다. 법무실은 FCC의 각 국과 실의 주된 법률 자문을 담당하며, 법무실장은 연방법원에서의 소송에서 FCC를 대표하고, FCC의 통신사무와 일반 행정법 관련 쟁점에 대한 법률자문을 수행하는 동시에 행정적 쟁점에 대해 일반적 법률정보를 제공한다. 또한 소송 과정에서 규칙 간의 일관성 및 법적 적합성에 대해 검토하고 이를 보고하는 업무를 수행한다.

(5) 감사실

감사실(Inspector General Office)은 FCC의 제반 프로그램과 기능 수행에 관한 조사, 회계감사, 심리를 객관적이고 독립적으로 행한다. 이러한 감사 활동을 통해 평가된 FCC의 효율성을 제고하기 위한 정책활동을 조정하며 조직 운영상의 낭비나 비효율성, 사기 등을 감시하고 위원장과 의회에 보고해야 한다. 또한 법규와 규제를 검토해 FCC 운영의 효율성에 미치는 영향에 대해 위원회 위원장과 의회에 6개월마다 보고서를 제출한다. 아울러 감사는 법무부와 다른 법집행기관에 형사적인 사안을 의뢰할 수 있다.

(6) 입법실

입법실(Legislative Affairs Office)은 FCC의 규제 결정과 관련된 정보들을 의회에 제공하고, 정책 질문 및 입법사안과 관련해 자문하고 답변하는 기능을 한다. 또한 의회 청문회 대상으로서 FCC의 입장을 정리해 준비하고, 입법적 제안과 의회의 요구에 대한 FCC의 답변을 준비하는 기능을 하며, 다른 연방행정기구나 주 또는 지방정부와의 관계도 책임진다. FCC의 정책, 규제 결정, 규칙 등이 미친 영향 및 결과에 대해 의회의 승인을 받을 때에는 법무실과 협의해 대응한다.

나아가 입법실은 의회에 대한 연례보고서의 작성과 예산안 및 지출 결과를 작성할 때에 사무처장을 보좌한다.

(7) 사무처

FCC 사무처(Managing Director)의 사무처장은 조직의 운영에 대해 실질적인 권한을 행사한다는 점에서 우리나라 위원회 조직에서 흔히 볼 수 있는 사무처장과 유사하나 사건 처리에 직접 관여하지 않는다. 사무처장은 위원회의 승인을 얻어 위원장이 임명한다. 사무처장은 일상적인 업무와 실국 간 조정이 필요한 업무 등을 담당하고 있으며, 기관 간의 예산과 재정 프로그램, 요금 프로그램 등을 포함한 일반행정관리 업무를 총괄한다.

(8) 홍보실

홍보실(Media Relations Office)은 FCC의 제반 업무 및 활동에 대한 정보와 인터뷰를 요청하는 각종 미디어에 협력하고, FCC의 각종 정책 발표나 규칙, 기타 정보들을 미디어를 통해 알림으로써 그에 대한 국민의 이해와 인식을 진작시키기 위한 기능을 수행한다. 홍보실은 주로 FCC의 일간 브리핑, 웹사이트와 오디오 시청센터를 관리하며, FCC의 목적과 정책에 대한 국민과 기업의 반응을 위원회에 보고한다.

(9) 비서실

비서실(Secretary Office)은 위원들의 기록과 영수증 등 제반 서류를 관리하며, 위원 등의 선출을 위한 제반 절차를 관장한다. 또한 연방관보와

FCC의 기록을 출판해 효율적인 업무 수행을 보조한다.

(10) 전략기획 및 정책분석실

전략기획 및 정책분석실(Strategic Planning & Policy Office)은 FCC의 권한에 속하는 모든 영역에 대한 통신정책의 장기적 영향을 평가하기 위해 독립적인 정책분석을 실행하고 적절한 대안을 제시하기 위한 활동을 한다. 또한 기관 정책 목표와 계획에 부합되는 예산 편성을 위해 각 기관의 연간 예산 편성을 돕고, 기관별 정책과 연계된 요건들에 일치하는 전략을 발전시키기 위해 위원장과 사무처장을 보좌한다.

(11) 고용균등보장실

고용균등보장실(Workplace Diversity Office)은 고용에서의 다양성, 고용기회 균등, 적극적 고용정책 사항을 관장한다. 특히 다양한 노동력을 활용할 수 있도록 단계적 구조를 구축하여, FCC 내의 모든 근로자와 후보자들을 위한 균등한 근로의 기회를 보장하고 촉진해야 한다. 또한 FCC의 적극적 고용목표와 대상을 개발해서 추진해야 한다.

2 방송통신위원회

방통위의 조직은 대통령령인 「방송통신위원회와 그 소속기관 직제(이하 「방통위와 그 소속기관 직제」)」[88]에 규정되어 있다.

이 규정은 「방통위설치법」 제4조 · 제17조 등에 따라 방통위와 그 소속기관의 조직과 직무범위, 그 밖의 필요한 사항을 규정함을 목적으로 한다(「방통위와 그 소속기관 직제」 제1조).

1) 위원회

위원회는 「방통위설치법」 제11조에 따른 업무를 수행한다(「방통위와 그

88) 시행 2011.10.10, 대통령령 제23209호, 2011.10.10(타법 개정).

소속기관 직제」 제3조).

위원회는 위원장 1명과 부위원장 1명을 포함한 5명의 상임위원으로 구성하되, 위원회의 위원은 정무직으로 보한다(「방통위와 그 소속기관 직제」 제4조).

2) 하부조직

위원회에 운영지원과 · 기획조정실 · 방송통신융합정책실 · 방송정책국 · 통신정책국 · 이용자보호국 및 네트워크정책국을 둔다. 위원장 밑에 대변인 및 감사담당관 각 1명을 둔다(「방통위와 그 소속기관 직제」 제5조).

(1) 운영지원과

운영지원과에서는 위원회 소속 공무원의 승진, 채용, 파견 등 임용에 관한 사항, 교육훈련 등 소속 공무원의 능력 발전에 관한 사항 등 제반 사항에 대해 방통위의 운영을 지원한다(「방통위와 그 소속기관 직제 제8조」).

(2) 기획조정실

기획조정실에 실장 1명을 두고, 실장 밑에 정책기획관 및 국제협력관 각 1명을 둔다. 실장 · 정책기획관 및 국제협력관은 고위공무원단에 속하는 일반직 공무원으로 보한다. 기획조정실에 기획재정담당관 · 정책관리담당관 · 규제개혁법무담당관 · 국제협력담당관 · 국제기구담당관 · 비상계획담당관 및 의안조정팀을 둔다(「방통위와 그 소속기관 직제」 제9조).

기획조정실은 ① 각종 정책과 계획의 수립 · 종합 및 조정, ② 주요 업무계획의 지침 수립 · 종합 및 조정, ③ 국정과제 및 각종 지시 사항의 종합 · 조정 및 관리, ④ 조직 · 정원의 관리와 부서 간 업무 범위의 조정에 관한 사항, ⑤ 위원회 내 규제개혁 및 정비에 관한 사항(규제개혁담당관), ⑥ 방송통신 관련 정부간 협력 등 지역별 국제협력 정책의 총괄(국제협력관), ⑦ 국가비상사태에 대비한 제반 계획의 수립 · 종합 및 조정(비상계획관), ⑧ 위원회의 소집, 안건의 취합 및 보존관리에 관한 사항, ⑨ 위원회의 회의 안건 접수 및 검토에 관한 사항(이상 의안조정팀) 등의 업무를 담당한다.

(3) 방송통신융합정책실

방송통신융합정책실은 방송통신융합정책실에 실장 1명을 두되, 실장 밑에 융합정책관·전파기획관 및 방송진흥기획관 각 1명을 둔다. 실장·융합정책관·전파기획관 및 방송진흥기획관은 고위공무원단에 속하는 일반직 공무원으로 보한다(「방통위와 그 소속기관 직제」 제10조 제1항 및 제2항).

방송통신융합정책실에 ① 정책총괄과, ② 융합정책과, ③ 방송통신진흥정책과, ④ 방송통신녹색기술팀, ⑤ 전파정책기획과, ⑥ 전파방송관리과, ⑦ 주파수정책과, ⑧ 방송진흥기획과, ⑨ 디지털방송정책과, ⑩ 편성평가정책과를 둔다.

방송통신융합정책실에서는 ① 방송통신 융합에 따른 정책의 기획 및 총괄·조정(정책총괄과), ② 인터넷 멀티미디어방송 등 융합 서비스 진흥에 관한 종합계획의 수립 및 시행(융합정책과), ③ 방송 프로그램 관련 진흥정책의 수립 및 시행(방송통신진흥정책과), ④ 방송통신 기술의 진흥에 관한 주요 정책의 수립·시행(방송통신녹색기술팀), ⑤ 전파 진흥 기본계획의 수립(전파정책기획과), ⑥ 전파 이용 질서 확립을 위한 정책의 수립(전파방송관리과), ⑦ 주파수의 효율적 이용에 관한 정책의 수립·시행(주파수정책과), ⑧ 방송의 보편적 서비스에 관한 정책 및 제도의 수립과 성과 분석(방송진흥기획과), ⑨ 방송의 디지털 수신환경 개선(디지털방송정책과), ⑩ 방송 프로그램의 운용·편성 관련 기본 계획의 수립 및 시행(편성평가정책과) 등의 업무를 수행한다.

또한 융합정책관은 융합정책에 관한 사항에 관해, 전파기획관은 전파행정에 관해, 방송진흥기획관은 방송 진흥 및 편성에 관한 사항에 대해 실장을 보좌한다.

(4) 방송정책국

방송정책국은 국장 1명을 두되, 국장은 고위공무원단에 속하는 일반직 공무원으로 보한다. 방송정책국에는 방송정책기획과·지상파방송정책과·뉴미디어정책과 및 방송채널정책과를 둔다.

방송정책국은 방송 서비스 정책 기획 및 총괄, 중·장기 방송 기본 정책 수립(방송정책기획과), 지상파방송에 대한 기본 계획의 수립 및 시행(지상파방송정책과), 뉴미디어방송에 대한 기본 계획의 수립 및 시행(뉴미디어정책과), 방송채널사용사업에 대한 기본 계획의 수립 및 시행(방송채널정책과) 등의 업무를 수행한다(「방통위와 그 소속기관 직제」 제11조).

(5) 통신정책국

통신정책국에는 국장 1명을 두되, 국장은 고위공무원단에 속하는 일반직 공무원으로 보한다. 통신정책국에 통신정책기획과 · 통신경쟁정책과 · 통신이용제도과 및 통신자원정책과를 둔다.

통신정책국은 ① 통신 서비스 정책 기획 및 총괄, ② 통신사업 관련 중 · 장기 기본 정책의 수립(이상 통신정책기획과), 통신시장의 중 · 장기 경쟁활성화 정책의 수립, 통신시장 시장 획정에 관한 정책 수립(이상 통신경쟁정책과), 이동전화단말기 보조금 정책 및 제도의 수립(통신이용제도과), 통신사업자의 중요 전기통신설비의 설치 승인(통신자원정책과) 등의 업무를 수행한다(「방통위와 그 소속기관 직제」 제12조).

(6) 이용자보호국

이용자보호국에는 국장 1명을 두되, 국장은 고위공무원단에 속하는 일반직 공무원으로 보한다. 이용자보호국에 조사기획총괄과 · 시장조사과 · 이용자보호과 및 시청자권익증진과를 둔다.

이용자보호국은 방송통신시장 조사에 관한 종합계획의 수립(조사기획총괄과), 「전기통신사업법」 제50조, 「인터넷 멀티미디어 방송사업법」 제17조 · 제20조 및 「방송법」 제76조의3 등에 따른 금지행위 위반사업자에 대한 조사 및 시정 조치(시장조사과), 방송통신 이용자 보호에 관한 종합 계획의 수립 및 집행(이용자보호과), 시청자위원회 구성 및 운영에 관한 관리 감독(시청자권익증진과) 등의 업무를 수행한다(「방통위와 그 소속기관 직제」 제13조).

(7) 네트워크정책국

네트워크정책국에는 국장 1명을 두되, 국장은 고위공무원단에 속하는 일반직 공무원으로 보한다. 네트워크정책국에는 네트워크기획과·개인정보보호윤리과·인터넷정책과·지능통신망팀 및 네트워크정보보호팀을 둔다.

네트워크국은 ① 방송통신망의 고도화·안전성·신뢰성 확보 관련 주요 정책의 종합·조정(네트워크기획과), ② 방송통신망에서 개인 정보 보호와 불법 유해정보 유통 방지에 관한 기본 정책의 수립 및 관련 법령의 제·개정, 인터넷 서비스 개인 정보 보호에 관한 대책의 수립(이상 개인정보보호윤리과), ③ 인터넷 이용 기반의 확충, 이용 활성화 및 국제 협력(인터넷정책과), ④ 미래인터넷 기본 계획의 수립·시행(지능통신망팀), ⑤ 방송통신망의 안전성·신뢰성 확보를 위한 종합대책의 수립 및 관련 법령의 제정·개정(네트워크정보보호팀) 등의 업무를 수행한다.

(8) 대변인

대변인은 고위공무원단에 속하는 일반직 공무원으로 보한다(「방통위와 그 소속기관 직제」 제6조 제1항). 대변인은 주요 정책에 대한 홍보계획의 수립·시행, 정책 발표 사항 관리 및 언론 브리핑 업무를 수행한다(「방통위와 그 소속기관 직제」 제6조 제2항).

(9) 감사담당관

감사담당관은 부이사관·서기관 또는 기술서기관으로 보한다(「방통위와 그 소속기관 직제」 제7조 제1항). 감사담당관은 ① 위원회 및 그 소속기관에 대한 감사, ② 방송 및 통신 분야 산하단체에 대한 감사, ③ 진정 및 비위 사항의 조사·처리 등의 업무를 수행한다(「방통위와 그 소속기관 직제」 제7조 제2항).

3) 소속기관

방통위의 관장사무를 지원하기 위하여 위원회 소속 하에 국립전파연구원 및 중앙전파관리소를 둔다(「방통위와 그 소속기관 직제」 제2조).

(1) 국립전파연구원

국립전파연구원에는 지원과·전파자원기획과·전파환경안전과·기술기준과·녹색인증제도과 및 정보운영팀을 둔다.

국립전파연구원은 전파 연구에 관한 종합계획의 수립·조정(전파자원기획과), 전파의 환경 및 보호에 관한 연구(전파환경안전과), 방송통신 관련 표준 및 기술 연구(기술기준과), 방송통신 기자재 등의 적합성평가 및 시험 등에 관한 업무(녹색인증제도과), 방송통신정보화계획의 수립·시행(정보운영팀) 등의 업무를 수행하며, 지원과는 전파연구원 업무 전반에 대한 지원 업무를 수행한다(「방통위와 그 소속기관 직제」 제14조).

국립전파연구원의 사무를 분장하기 위해 국립전파연구원장 소속으로 이천분소를 둔다(「방통위와 그 소속기관 직제」 제15조). 또한 우주전파의 관측·예보·경보 및 장비 개발에 관한 기본 계획을 수립하기 위해 우주전파센터를 둔다(「방통위와 그 소속기관 직제」 제15조의2).

(2) 중앙전파관리소

중앙전파관리소장은 고위공무원단에 소속하는 일반직 공무원으로 보한다. 중앙전파관리소에 지원과·전파계획과·전파관리과·전파보호과 및 전파운용팀을 둔다.

중앙전파관리소는 전파관리에 관한 종합 계획의 수립·조정(전파계획과), 전파감시 기본 계획의 수립·시행(전파관리과), 전파조사 및 보호에 관한 기본 계획의 수립·시행(전파보호과), 특별전파감시 기본 계획의 수립·시행(전파운용팀) 등의 업무를 수행한다. 지원과는 중앙전파관리소의 제반 업무 수행을 지원하는 역할을 한다.

3 비교법적 검토

1) 독립규제위원회(FCC)와 행정기관적 위원회(방송통신위원회)의 차이점

행정위원회란 정부위원회 중 기능이나 권한을 기준으로 자문위원회나 의결위원회와는 달리 행정기관적 성격을 지닌 조직의 통칭이다. 때로는 행정위원회라는 개념이 '행정기관적 위원회' 또는 '독립규제위원회'와 동일한 의미로 사용되기도 하지만, 행정위원회의 개념은 '행정기관적 행정위원회', '독립규제위원회' 등 정부위원회의 상위 개념으로 보아야 한다.

이 중 '행정기관적 위원회'란 행정위원회(administrative board) 중 행정기관의 성격을 가진 합의제 기관으로서 당해 위원회에서의 결정에 법적 구속력이 부여되고 결정·집행 등에서는 행정기관과 동일한 효과가 있다. 행정기관적 위원회는 행정활동을 규제하고 준입법적·준사법적 활동과 아울러 해당 분야에서 정책을 결정하고 이를 기획·집행하고 조정하는 역할을 하기도 한다.

이에 반해 '독립규제위원회'는 행정수반을 정점으로 하는 계층제에서 독립적으로 업무를 수행하기 위해 준입법적(準立法的, quasi-legislative)·준사법적(準司法的, quasi-judicial) 규제 기능이 부여된 행정위원회를 말한다. 독립규제위원회는 행정수반이나 의회로부터 압력을 받지 않고 독립적인 입장에서 준입법적·준사법적 업무를 수행하는 합의제 행정기관으로서 주로 시장경제에 대한 규제 업무 영역을 담당하며, 행정부나 의회의 감독을 받지 않고 독립적인 지위에서 그 업무를 수행한다.[89]

2) 국내에서 위원회의 개념

행정안전부에서는 위원회의 개념을 위원회, 심의회, 협의회 등 명칭을 불문하고 행정기관의 소관사무에 관해 자문에 응하거나 조정, 협의, 심의 또는 의결 등을 하기 위한 복수의 구성원으로 이뤄진 합의제 기관을 말한다고 본다.[90]

위원회는 정책 수립 및 결정 과정에서 외부 전문가의 전문지식을 활용하고 각계각층의 의견 수렴을 통해 이해관계를 조정함으로써 행정의 전문성·민주성·투명성·공정성 등을 제고하여 국민의 행정 참여 기제로 작용

89) 미국의 행정부 조직 체계에 대해서는 이상규(2001), 『미국행정법』, 법문사; 이익현 외(2010), 『미국행정법개론』, 한국법제연구원[원저: Straus, Peter L.(1989). *Introduction to Administrative Justice in the United States*, Durham: Carolina Academic Press].
90) http://www.mopas.go.kr(행정안전부 홈페이지, 2011.11.30 최종 검색).

한다.

우리나라에서는 정부위원회를 크게 행정위원회와 자문위원회 등으로 구분한다.

먼저 행정위원회라 함은 행정기관 소관사무의 일부를 독립적으로 수행할 필요가 있을 때 법률이 정하는 바에 따라 설치되는 합의제 행정기관을 말한다. 국가의 의사를 결정하고 대외적으로 이를 표시할 권한이 있으며, 사무국 등 필요 최소한의 하부조직을 설치할 수 있다.

또한 행정위원회는 법률이 정하는 바에 따라 행정 기능과 함께 규칙을 제정할 수 있는 준입법적 기능 및 이의의 결정 등 재결을 행할 수 있는 준사법적 기능을 가지기도 하는데, 행정위원회는 무소속기관 성격, 중앙행정기관 성격, 중앙행정기관의 소속기관 성격의 위원회로 구분할 수 있다.

다음으로 자문위원회는 행정기관의 자문에 응해 전문적인 의견을 제공하거나, 자문을 구하는 사항에 관해 심의・조정・협의하는 등 행정기관의 의사결정에 도움을 주는 위원회를 말한다.

자문위원회는 대부분 비상설 위원회로 구성되고, 원칙적으로 사무기구를 둘 수 없으며, 결정 사항을 대외적으로 표시하거나 집행할 수 있는 권한이 없는 것이 일반적이다.

자문위원회는 업무 내용이 전문적 지식이나 경험이 있는 자의 의견을 들어 결정할 필요가 있거나 업무의 성질상 특히 신중한 절차를 거쳐 처리할 필요가 있는 경우에 설치하는데 법령에서 규정된 위원회의 기능과 성격에 따라 구분이 가능하며 위원회 결정이 행정기관을 법적으로 기속하는 위원회이다.

자문위원회는 법령상 '의결', '재결', '결정', '심판', '심사', '분쟁조정' 등으로 규정된 경우가 많은데, 가령 최저임금위원회, 중앙징계위원회 등이 이에 해당하며 위원회 결정이 행정기관을 법적으로 기속하지 않는 위원회이다.

또한 법령상 '심의・자문', '심의・조정', '평가', '조정' 등으로 명시된 경우에도 자문위원회의 성격을 갖고 있다. 가령 공공기관운영위원회, 중앙도시계획위원회 등이 이에 해당한다.

표 4-15 한국에서 위원회의 종류

구분	위원회
무소속 기관	국가인권위원회, 진실 화해를 위한 과거사정리위원회
중앙행정기관	방송통신위원회, 공정거래위원회, 금융위원회, 국민권익위원회
소속기관	규제개혁위원회, 소청심사위원회, 무역위원회, 복권위원회, 전기위원회, 보훈심사위원회, 각종 과거사위원회 등

3) 독립규제위원회로서 FCC와 행정기관으로서 방송통신위원회

(1) 문제의 제기

지금까지는 방송·통신 융합 관련 기구의 설치 논의를 하면서 구체적인 입법 기술상의 한계 및 행정조직법 일반이론상의 한계 등에 대해서는 충분한 검토를 하지 않았던 것으로 보인다. 해외 법제를 피상적으로 소개하거나 비판하기에 앞서 해외에서는 왜 이러한 유형의 법제를 만들었으며 그 배경은 무엇인가에 대해 조금만 사려 깊게 살펴보았다면 우리가 지금 논의하고 있는 방송·통신 융합 관련 기구의 설치 문제와 관련해 가장 먼저 검토해 보아야 할 요인 중 하나가 바로 '입법 기술적 문제'와 '행정조직법적 문제'라는 것을 쉽게 알 수 있다.

방송·통신 융합 관련 기구는 결국 행정조직, 좁게는 행정기관의 지위를 가진다.

공공 부문과 민간 부문은 비록 방송·통신 융합 현상에의 대응이라는 공통 분모가 있기는 하지만 분명 그 규율의 대상과 목적, 특히 수단이 상이할 수밖에 없다. 따라서 입법 원리에 충실한다면 공공 부문과 민간 부문을 규제하는 법률과 행정조직은 별개로 구성되는 것이 타당하다.[91]

그러나 앞에서 언급한 바와 같이 방송·통신 융합은 어느 한 영역을 통제한다고 해서 그 효율성을 담보할 수 없을 뿐만 아니라, 상호 중첩되는 영역이 존재한다는 현실적 요청을 완전히 배제할 수도 없다. 따라서 방송·통신 융합 법제 및 관련 기구의 설치 문제에 대해 융합이라는 현상학적 분

91) 김일환·김민호(2007), "개인 정보보호기구 법제 정비의 원칙과 방향에 관한 공법체계적 고찰", 「토지공법연구」 제36집, 255-280면.

석과 아울러 행정조직의 규율 대상과 목적 및 수단이라는 입법 기술적 · 행정조직법적 분석이 병행되어야 한다.

(2) 독립규제위원회로서 FCC

FCC는 미국의 역사적 배경에서 탄생한 전형적인 독립규제위원회의 일종이다.

미국의 독립규제위원회는 연방위원회(Federal Agency) 중에서 의회의 입법에 의해 대통령으로부터 일정 정도 독립적인 지위를 갖도록 설립된 위원회이다. 개별적인 독립규제위원회의 특징은 위원회별로 설립 목적과 수권법률(Enabling Act)에 따라 상이하지만 합의제로 운영된다는 점과 의회와 행정부로부터 어느 정도 독립성이 보장된다는 점은 공통적이다.

독립규제위원회는 조직상 대통령이 상원의 인준을 거쳐 위원회 위원들을 임명하기는 하지만 대체로 자기 당에서 과반수 이상의 위원을 임명하지 못한다. 또한 대통령은 위원장을 임명할 권한은 있지만 해임할 수는 없는데, 이는 독립규제위원회에 대해 어느 정도의 자율권을 부여함으로써 정치권이나 행정권이 독립규제위원회 위원들의 신분을 위협하지 못하게 하기 위함이다.

재정적인 측면에서 독립규제위원회는 다른 정부기관과는 달리 자신의 예산안 내지 규칙안에 대해 관리예산처(Office of Management and Budget: OMB)의 직접적인 간섭 없이 의회에 제출할 수 있는 권한을 가진다.

또한 행정절차적 측면에서 독립규제위원회는 대통령의 행정명령(Presidential Executive Orders)의 적용을 받지는 않지만, 「연방행정절차법(Administrative Procedure Act: APA)」을 적용해 운용되는데, 일반적으로 「연방행정절차법(APA)」은 독립규제위원회의 행정 과정을 통제하기 위한 목적에서 제정되었다고 한다.[92]

---

92) 이상 FCC의 법적 성격에 대해서는 안정민(2006), 앞의 논문, 186-190면 참조. 또한 독립규제위원회 제도에 대해서는 강승식(2002), 앞의 논문, 287-321면 참조; 이용경(2008), 『미디어 소유규제 어떻게 논의할 것인가?: 미국 FCC의 정책 논의과정 분석』, 2008 국정감사 정책보고서, 국회.

독립규제위원회의 행위를 일정 부분 통제하기 위해 「연방행정절차법(APA)」 제701조에서는 미국 연방정부의 각 행위는 '개별 법률이 사법심사를 배제'하거나 '정부의 행위가 법에 의한 행정재량(agency discretion)에 의해 행해진 경우'를 제외하고는 사법심사의 대상이 된다고 규정하고 있다. 이에 근거해 행정법규가 시행되기 이전에 사전적인 사법심사가 가능하다.

하지만 모든 행위에 대해 법원의 사법심사가 가능한 것은 아니고, 해당 법규가 명백히 즉각적이고 회복 불가능한 영향을 원고에게 미치는 경우 또는 그 법규의 영향이 직접적이고 급박한 경우에만 사전적인 사법심사가 인정된다.

또한 의회 역시 독립규제위원회인 FCC의 행위를 통제한다. 즉, 의회는 1996년 「연방행정절차법(APA)」을 개정해 비공식 절차에 따라 주요 법규(major rule through notice and comment rulemaking)를 제정할 때 독립규제위원회는 몇 가지 보고서를 의회에 제출해야 한다는 규정을 신설했다.

나아가 의회는 「의회심사법(Congressional Review Act: CRA)」[93]을 제정해 거의 모든 행정입법에 대해 심사하고 승인하지 않을 수 있는 법적 근거를 마련했다.

이렇게 FCC는 미국 법체계에서 전형적인 독립규제위원회로서 의회와 사법부로부터 법적·정치적 규제를 받고 있다.

(3) 행정기관적 성격의 방송통신위원회

방송과 통신에 관한 사항을 조정·통제하고 감독하는 행정조직의 성격을 파악하기 위해서는 가장 먼저 당해 '조직의 목적과 기능'에 대한 행정조직법적 검토가 선행되어야 한다. 앞에서 언급한 바처럼 방송통신에 대한 통합적 기구는 기구의 성격에 비춰 "방송·통신 융합을 통할할 수 있는 '통할성(統轄性)'과 부처 간의 이해관계 및 상하 관계를 초월하여 중립적 입장에서 감독권을 행사할 수 있는 '독립성'이 보장되는 조직 형식"이 담보되어야 할 것이다. 또한 이 기구는 "사업자들에 대해 시의성 있는 기준을 제시

93) 5 U.S.C. §§ 801-808.

하고 융합 현상에 대해 신속하게 구제할 수 있는 '즉응성(卽應性)'과 민간 사업자들의 자유적 통제를 유도할 수 있는 '탄력성'이 보장되는 조직 형식"이 담보되어야 할 것이다.94)

이처럼 방송과 통신 양자를 감독하는 행정조직은 각각 그 조직의 목적은 동일하지만 기능면에서는 상당한 차이가 있다. 따라서 조직의 목적적 측면에서는 양자를 하나의 기구로 창설해야 하지만 조직의 기능적 측면에서는 양자를 각각 별개의 조직으로 창설해야 하는가의 문제가 제기된다.

근래 새로 창설되는 행정기관의 형식에 대한 논의는 주로 '독임제 행정기관', '합의제 행정기관' 또는 '독립행정청' 중심으로 이뤄지고 있는 추세이다. 방통위 설립 당시의 정부조직 개편안들은 모두 '합의제'의 외형을 갖추고 있는 것으로 평가된다. 다만 그 성질이 「정부조직법」 제5조 소정의 '합의제 행정기관'인 것인지 아니면 범국가적 차원의 '독립행정청'인지에 대해서는 명확하지 않다.

2008년 기구 통합 당시에는 '통할성'과 '독립성'이 강조되는 방송 규제·정책기구, 그리고 '즉응성'과 '탄력성'이 필요한 통신 규제·정책 감독기구 양자 모두 그 성질상 독임제 행정기관으로는 그 소임을 수행하기에 적절하지 않은 것으로 판단했던 것 같다. 따라서 그 외형은 '합의제' 형식을 취하는 것이 타당하다는 결론을 도출한 것으로 보인다. 문제는 이른바 '독립성'의 정도에 관한 것인데, 공공 부문에서 '공공'의 개념이 행정기관뿐만 아니라 입법기관, 사법기관, 지방자치단체를 비롯한 공공단체, 공기업기관 등을 모두 포함하는 최광의의 영역이라면 '행정기관으로서의 합의제 행정기관'은 이러한 기관들보다는 독립성의 밀도가 높아야 할 것이다. 물론 대통령·행정부와 완전히 단절된 형태의 독립성이 필연적으로 요구되는 것은 아니다. 따라서 행정기관으로서의 합의제 행정기관의 조직 형식을 취한다 해도 크게 문제될 것은 없지만, 적어도 방송의 독립성을 확보할 수 있는 정도의 '직무상의 독립성'과 '임면에 있어서의 독립성'은 유지되어야 할 것이다.

94) Carter, Lief H. & Harrington, Christine B.(2000), *op. cit.*, p. 152.

헌법상 법률의 위임을 받아 '명령'을 제정할 수 있는 행정기관은 대통령, 국무총리, 장관, 중앙선거관리위원회, 감사원 등이라는 것이 통설적 견해이다. 그런데 공공 부문이 최광의의 개념으로 정의되는 한 하위 법령이 총리령이나 부령의 형식을 취하기는 어렵다. 왜냐하면 현행 헌법과 「정부조직법」상 국무총리는 행정 각부를 통할하지만 행정 각부의 소관사무로 분장되지 않은 영역에서는 대통령을 보좌할 뿐이므로 광의의 공공 부문에 대해 국무총리가 법규명령을 발할 권한은 없다고 판단된다. 광의의 개념으로서 공공 부문을 감독하는 것은 대통령의 사무로 보아야 할 것이며, 따라서 방송통신 관련 법률의 하위 법령에 대한 명령제정권은 대통령에게 있다고 보아야 할 것이다. 물론 행정사무를 행정 각부가 각각의 영역에서 담당하고 있는 바, 이를 통할하는 국무총리도 총리령을 발할 수 있는 권한이 있다고 생각된다.

방송통신 정책·규제 기구인 방통위는 대통령의 소속기관이므로 독자적으로 대통령령을 발할 수 있다(「방통위설치법」 제6조 제2항).

행정조직을 신설 또는 개편하고자 할 때 행정기관(행정청)의 처분 권한에 대한 검토는 매우 중요하다. 왜냐하면 행정조직법상 행정청의 의미는 바로 처분 권한을 행사할 수 있는 자를 의미하기 때문이다.

방송통신에 대한 규제기구는 주로 방송통신 관련 사무들에 대해 '조사 및 감사', '시정명령', 또는 '훈령·예규 등과 같은 행정규칙의 제정·하달' 등을 하는 것이 주된 사무가 된다. 따라서 처분 권한과 관련해서는 직접적으로 법적 효과가 발생하는 처분(강학상 행정행위) 권한을 행사할 수 있어야 한다.

또한 방통위는 '행정지도'나 자율규제를 지원하는 '가이드라인의 제정·하달' 등과 같은 비구속적 행정작용도 하지만 종국적으로는 '제재적 행정처분'을 비롯해 대국민적 명령 권한을 직접 행사할 수 있는 권한이 부여되어 있다. 이러한 방통위의 구체적인 권한에 대해 상세히 살펴보면 다음과 같다.

가. 준행정권

방통위의 행정적 권한은 정책·규제기관이 갖는 가장 기본적인 권한으로서 방송통신산업에 대한 진입과 요금 규제 및 사후 규제 권한을 행정적으로 보유하고 있다는 것을 의미한다. 현재 방통위는 기간통신사업자 등에 대한 허가권과 지상파방송사업자 등에 대한 허가권을 동시에 보유하고 있으며, 방송통신사업자들에 대해 허가취소권 및 등록취소권 등을 보유하고 있다.

또한 방통위는 방송통신 분야의 전반적인 정책적 사안에 대해 정책을 결정·시행할 수 있는 권한을 가지고 있다.

나. 준입법권

준입법권이라 함은 규제기관이 자신에게 주어진 입법에 관한 권능으로 피규제 대상에 대해 무엇을 행할 수 있는지를 전반적으로 규정하는 권한이다. 준입법권의 위임은 법률에 근거해야 하며, 절차적으로도 일정한 적법절차에 의해 행사되어야 한다(「방통위설치법」 제13조 제6항). 한편 FCC의 규칙제정권은 「통신법」 제4조 제1항에 근거한다.

방통위는 「방송법」에서 위임한 사항에 대해 법령의 효력을 가지는 위원회 규칙을 제정·시행한다. 가령 방통위의 구성과 운영에 관한 규칙(「방통위설치법」 제13조 제6항), 방송평가위원회 구성과 운영에 관한 규칙(「방송법」 제31조), 시청자 불만 처리에 관한 규칙(「방송법」 제35조), 협찬고시에 관한 규칙(「방송법」 제74조) 등을 제정·시행할 수 있다.

또한 규칙 이외에 법령적 효력을 갖는 것으로서 방통위 고시를 통해 다양한 사항을 규율할 수 있다.

다. 준사법권

방통위는 방송사업자의 재허가 거부 또는 재승인을 거부하는 경우 및 허가·승인 또는 등록을 취소하는 경우에는 청문절차를 거친다(「방송법」 제101조).

이 밖에도 방통위는 현재 조사 기능과 아울러 심판 보좌 기능을 수행하고 있다. 현행법상 방통위는 조사과와 심결지원팀이 상호 독립적으로 업무를 수행하도록 하고 있다. 또한 제재 조치(「방송법」 제100조), 시청자 불만 처리 제도(「방송법」 제35조) 등을 통해 준사법적 권한을 행사한다.

이러한 제반 권한을 고려하면 방통위는 준행정권, 준입법권, 준사법권을 행사하는 행정위원회로서 단순히 위원회적 성격을 갖는 데 그치는 것이 아니라 국가의 행정권을 적극적으로 시행하는 '위원회형 행정기관'이라고 보아야 한다.

특히 방통위는 단순히 규제 권한만을 행사하는 것이 아니라 방송통신에 대한 전반적인 사항에 대해 정책을 결정하고 집행할 수 있는 권한을 가진 행정기관으로서의 역할을 하고 있다. 그러므로 방통위가 회의제적 성격을 가지고 있다고 해서 단순한 독립규제위원회라고 볼 수는 없으며, 방송통신에 대한 정책권을 포괄적으로 행사하는 행정기관적 위원회로서 독립규제위원회적 성격의 FCC와는 상당히 다른 법적 위상과 권한을 가지고 있다고 보아야 한다.

제 6 절 예산

국가 예산이란 헌법과 법률이 정하는 바에 따라 정부가 일정 기간 동안(1회계연도) 징수할 수입과 공공 서비스 공급을 위해 지출할 경비의 내역 및 규모에 대한 계획을 의미한다. 전자를 세입이라고 하고 후자를 세출이라고 한다.[95] 행정부는 국회가 의결한 예산과 달리 예산이 상정되지 않은 다른 용도로 지출하는 것이 금지되고, 예산 위반행위에 대해서는 의회 및 감독기관의 재정통제를 통해 처벌 및 징계의 대상이 된다.

예산은 일반적으로 다음과 같은 성격을 가지고 있다.

첫째, 일정 기간의 국가의 수입과 지출에 관한 예정적 계산이다.

가령 예산은 우리나라의 경우 「국가재정법」 제89조에 따라 이미 확정된 본예산에 변경을 가하여 유동적 재정 수요에 탄력적으로 대응하기 위해 편성되는 추가경정예산의 경우에는 예산의 예정적 성격에 대한 예외를 인정할 수 있다. 하지만 이러한 예외적인 경우를 제외하고는 특정 기간에 대한

95) 홍정선(2012), 『행정법원론(하)』, 박영사, 885면; 류지태·박종수(2012), 『행정법신론』, 1257-1260면; 홍성방(2010), 『헌법학(하)』, 박영사, 143면 등을 참조.

국가의 수입 및 지출에 대한 사전적·예정적 작성이라는 특징을 갖는다.

둘째, 예산은 국가의 전체적인 재정 운용의 방향 및 재정지출에 대한 결단으로서 사업계획인 동시에 재정계획으로서의 성격을 갖는다.

예산은 특정 회계연도의 세입·세출에 대한 예정준칙으로서 수입·지출 그 자체의 견적으로서의 의미뿐만 아니라 국가의 거시적인 재정 운용의 방향을 결정하는 역할을 한다. 그러므로 예산은 조세 부과 등 세입에 대해서도 세법 등 법적 통제장치가 따르며, 세출에 대해서도 헌법과 국가재정법 및 개별 관계 법령에 따라 재정에 대한 통제가 예정되어 있다.[96]

1 연방통신위원회(FCC)

1) FCC의 예산 현황

FCC는 2012년 약 4억 4천 5백만 달러의 예산을 의회에 요청했는데, 이 중 약 80%에 해당하는 금액을 규제수수료(regulatory fee)에 의해 충당한다. FCC에 의하면 국가광대역 계획, 21세기의 경제 성장과 미국의 경쟁력 강화를 위한 로드맵 구현, 데이터시스템 프로세스의 현대화 및 공공 안전과 사이버 보안 강화 등의 역할을 효율적으로 수행하기 재정의 확충이 필요하다고 한다. 최근 3년간의 구체적인 FCC의 예산 현황은 <표 4-16>과 같다.

표 4-16 최근 3년간 FCC의 예산 현황 (단위: 천 달러)

	예산		
	FY 2010 (Fiscal Year)	FY 2011	FY 2012(요청)
규제수수료	$ 335,794	$ 335,794	$ 354,181
전체 예산	$ 428,793	$ 427,081	$ 445,468

출처: FCC(2011: p. 4)의 표를 간략하게 재편집함.

96) 이에 대해서는 장용근(2005), 『예산의 법적 성격 및 예산통제에 관한 연구』, 한국법제연구원 현안분석; 정종섭·황승흠·황성기(2005), 『국가재정에 관한 국회의 기능 강화 방안에 관한 연구』, 국회예산결산특별위원회 연구보고서; 강주영(2010), "예산의 공법적 함의: 예산법률주의를 중심으로", 「동아법학」 제48호, 105-134면 등을 참조.

2) 독립규제위원회 예산안에 대한 심의

FCC는 미국 헌법상 권력구조 내에서는 '독립규제위원회'에 해당되므로 FCC의 예산 편성과 집행 과정은 일반적인 독립규제위원회의 예산편성의 원칙과 절차에 의한다.

FCC를 비롯해 미국의 모든 독립규제위원회는 예산안의 작성과 심사·결정에 대해 대통령과 의회의 견제를 받는다.

먼저 대통령은 1921년에 제정된 「예산회계법(Budget and Accounting Act)」에 의해 모든 행정기관의 예산요구서를 심사하고 이를 수정할 권한을 갖기 때문에 독립규제위원회에 대해서도 당연히 예산요구서의 심사·수정권을 갖는다. 당시 이 법의 내용에 대해 독립규제위원회 측에서는 당해 법률이 독립규제위원회에는 적용될 수 없다고 주장했다.

하지만 의회는 이러한 주장을 수용하지 않고 1939년 「정부개편법」 제2장(Title II)을 개정해 모든 독립규제위원회의 예산요구서는 예산국의 심사와 수정의 대상이 된다고 규정했다.

의회 역시 독립규제위원회의 예산에 대한 심사권을 갖는데, 원칙적으로 의회는 대통령의 예산안이 제출된 후 심사할 수 있다. 하지만 일부 독립규제위원회에 대해서는 대통령에 의해 예산안이 제출되기 전에 예산요구서를 검토할 수 있으며, 나아가 대통령과 관리예산국의 수정도 금지시키는 경우가 있다. 가령 1974년 의회는 「무역법(Trade Act)」을 통해 최초로 독립규제위원회 예산안에 대한 행정부의 수정을 금지했다. 이 법에 의하면 국제무역위원회(International Trade Commission)의 예산요구서는 대통령의 예산안에 포함된다고 하더라도 사전에 수정되지 않는다고 규정하고 있다. 또한 연방체신청(Federal Postal Service), 연방준비제도이사회(Federal Reserve Board: FRB), 사인 소유의 각종 정부공사 등에도 수정 금지 조항이 포함되어 있다.[97]

---

97) 이상에 대해서는 김민전 역(1997), "미국의 연방 예산과정", 『국회사무처 법제예산실 예산정책자료』 제97-01호; 강승식(2002), 앞의 논문, 230-231면; FCC(2011), *Fiscal Year 2012 Budget Estimates Submmitted to Congress*, Washington: FCC 참조.

3) FCC의 예산

FCC의 예산 중 대부분은 FCC가 징수하는 규제수수료(regulatory fee)에 의해 충당된다. 규제수수료 제도는 1994년부터 전파관리에 필요한 행정비용을 충당하기 위해 도입된 제도이다.

「통신법」에 따라 FCC에서는 법집행활동, 정책개발 및 입법활동, 사용자정보 제공 서비스 및 국제활동 등과 같은 규제활동에 필요한 비용을 충당하기 위해 규제수수료를 징수할 수 있다. FCC는 필요한 경우 「통신법」이나 규칙 제정을 통해 수수료를 징수할 수 있는 서비스의 종류를 추가, 삭제 또는 변경함으로써 수수료표의 서비스를 추가, 삭제 또는 재분류할 수 있다.

FCC의 운영을 위한 규제수수료의 산정 기준은 전파관리에 필요한 활동을 수행하는 FCC의 전일제(full time) 직원의 수를 기준으로 하여 산출된다.[98]

2 방송통신위원회

1) 방송통신위원회의 예산 현황

현재 방통위는 대통령의 소속기관이므로 국가의 예산 중 국고를 사용할 수 있고 '방송통신발전기금' 등 특별부담금 형식의 기금을 징수·운용할 수도 있다.

2012년 현재 방통위의 예산안은 방송통신발전기금 5,360억 원을 포함해 전년도(2011년)보다 약 629억 원이 증가된 총 8,308억 원이다.

방통위의 예산의 약 12.6%에 해당하는 1,046억 원은 현재 가장 역점사업 중의 하나인 '디지털 전환사업'에 투입되었다. 또한 약 345억 원은 최근 잇따라 발생하고 있는 해킹, 개인 정보 유출, 전산망 장애 등의 사이버 침해

98) 박진현(2001), "미국의 심사수수료 및 규제수수료 제도", 「정보통신정책」 제13권 제21호, 58-59면.

에 대한 대응 능력을 개선하고 확충할 수 있는 사업에 지원된다. 다음으로는 방송통신의 미래 서비스를 육성하기 위한 차세대 이동통신 네트워크 등의 원천 기술과 혁신 기술 개발, 해당 전문인력 양성 등을 위한 방송통신 연구개발에 2,072억 원, 방송 콘텐츠 제작 인프라 조성사업에 1,172억 원이 투입된다.

이와같이 방통위는 2012년에도 국고와 기금을 활용해 방송통신 분야의 기술 개발과 정책연구를 함으로써 성공적으로 디지털 방송의 전환을 달성하고, 안전한 사이버 세상을 구현하며 콘텐츠 연구개발을 위한 경쟁력 강화 등을 지원해 우리나라 방송통신 산업과 서비스가 재도약할 수 있는 계기를 마련하려고 계획하고 있다.

방통위의 예산 중 약 65% 정도를 차지하는 기금의 징수·운용에 대해서는 「방송통신발전기본법」 제24조에 "방송통신위원회는 방송통신의 진흥을 지원하기 위하여 방송통신발전기금을 설치한다"고 규정하고, 제27조까지 기금 조성과 사용에 대한 구체적인 근거 규정을 두고 있다.

2) 기금의 조성과 사용

(1) 특별부담금으로서 기금에 대한 일반적 고찰

가. 공용 부담의 일부로서 특별부담금

일반적으로 '공용 부담'이라 함은 "특정 공익사업, 특정 공익 목적을 위하여 또는 특정 물건의 효용을 보존하기 위하여 개인에게 강제적으로 부과되는 경제적 부담"을 말한다. 공용 부담은 여러 가지 다양한 기준에 따라 구분될 수 있으나, ① 내용에 따라 인적 공용 부담과 물적 공용 부담으로, ② 발생 원인에 따라 강제적 부담과 임의적 부담으로 나눌 수 있다.[99]

이 중 인적 공용 부담은 "특정 공익사업의 수요를 충족시키기 위하여 법률에 의거하여 국민에게 과하여지는 작위·부작위·급부의 의무"를 말하며, 특정인에 대한 부담이라는 점에서 특정 권리에 대한 부담을 의미하는 물적 공용 부담과는 다르다. 인적 공용 부담에는 부담금, 부역·현품 부과,

99) 홍준형(2011). 『행정법』, 법문사, 1421-1425면.

노역 · 물품 부과, 시설 부과, 부작위 부담 등이 속한다. 이러한 인적 공용 부담은 다시 분담 근거에 따라 ① 일정 범위의 개인 일반(국민 · 지방자치단체의 주민)에 대하여 그 능력에 따라 과하여지는 일반 부담, ② 특정 공익사업과 특별한 관계에 있는 자에 대하여 과하여지는 특별 부담, ③ 우연히 사업의 수요를 충족시킬 수 있는 자에게 부과되는 우발 부담으로 구분할 수 있다.

이러한 인적 공용 부담 중 '부담금'이라 함은 "국가나 지방자치단체 등의 행정 주체가 특정의 공익사업으로부터 이익을 받거나 또는 공익사업을 필요하게 하는 행위를 하는 사인(私人)에게 그 사업에 필요한 경비의 전부 또는 일부를 부담하게 하는 것"[100]으로서 경비의 일부를 분담시키는 경우에는 특별히 '분담금'이라고도 한다.

이 중에서도 특별부담금은 "특별한 과제를 위한 재정에 충당하기 위하여 특정 집단에게 과업과의 관계 등을 기준으로 부과되고 공적 기관에 의한 반대급부가 보장되지 않는 금전급부 의무"를 말하는데, 이 부담금은 특정 과제의 수행을 위해 별도로 지출 · 관리된다. 즉, 특별부담금은 특정한 공익사업에 이해관계를 가지는 자가 그 경비의 전부 또는 일부를 국가 또는 공공단체에 대해 공법상의 급부 의무로서 부담하는 금전이라고 볼 수 있다.

현재 우리나라에서 부과되는 재정적 부담금은 ① 조세(Steuer), ② 사용료 및 수수료를 포함하는 수익자부담금, ③ 분담금,[101] ④ 사회보험료, ⑤

100) 홍정선(2012), 앞의 책, 577면.

101) 헌법재판소는 조세라 함은 "국민이 국가공동체의 일원으로서 국가의 일반적 과제 수행에 필요한 재정 수요를 각자의 경제적 능력에 따라 반대급부 없이 염출하는 것"이라고 판시하고 있다(헌재 1998.12.24. 98헌가1). 또한 학계에서는 일반적으로 조세를 ① 국가 또는 지방자치단체가, ② 국민에 대한 각종의 공공 서비스를 위한 자금을 조달할 목적으로, ③ 특별급부에 대한 반대급부 없이, ④ 법률에 규정된 과세 요건에 해당하는 모든 자에 대하여, ⑤ 일반적 기준에 의하여 부과라는 금전급부라고 정의하고 있다. 임승순(2005), 『조세법』, 박영사, 4면. 조세와 부담금이 강제 부담이라는 공법상의 금전급여 의무인 점에서는 동일하나 다음과 같은 점에서 구별된다. ① 조세는 국가나 공공단체의 일반수입을 목적으로 하는 데 비하여 부담금은 특정 사업의 경비에 충당함을 목적으로 하는 점, ② 조세는 일반국민에게 균등하게 부과되는 데 비하여 부담금은 당해 사업에 특별한 이해관계를 가진 사람에게만 부과되는 점, ③ 조세는 개인의 담세 능력을 표준으로 하여 과하는 데 비하여, 부담금은 사업 소요경비 · 부담자의 재력 · 사업과

특별부담금(Sonderabgabe) 등 다섯 가지 종류로 대별된다.

이 중 특별부담금은 조세나 부담금과 같은 전통적인 공과금 체계만으로는 현대 국가의 새로운 행정 수요에 원활하게 대처할 수 없는 영역에서 새로운 유형의 공과금 제도로 인정되고 있다.[102] 따라서 특별부담금은 일반적인 국가재정 수요의 충당을 위해 일반 국민으로부터 그 담세 능력에 따라 징수되는 조세와 구별된다.[103]

일반적으로 특별부담금은 그 성격에 따라 ① 일정한 과제의 수행에 필요한 재정경비를 조성하는 것을 목적으로 한 '재정충당 특별부담금'과 ② 법상의 명령이나 금지에 의해 직접 규제하는 대신에 금전의 부담을 지워 간접적으로 일정한 국가 목적의 달성을 유도하는 기능을 가진 '유도적 특별부담금'으로 나눌 수 있으며,[104] 그 기능에 따라 유도적 부담금(Lenkungsabgaben), 조정적 부담금(Ausgleichsabgaben), 조성적·장려적 부담금(Förderungsabgaben), 그리고 원인자 부담금(Verursacherabgaben)으로 구분된다.[105]

나. 특별부담금 징수에 대한 헌법적 정당화 근거

현대 복지국가에서 적극적인 정책의 필요성이 있는 행정 분야에서는 행정의 다양성과 복잡성 등으로 인해 조세와 같은 전통적 공과금만으로는 증

의 관계의 정도 등을 종합적 표준으로 하여 부과하는 점 등에 차이가 있다. 또한 수수료·사용료와 비교해 보면 ① 수수료·사용료에는 개개의 이용행위에 대한 대가(반대급부·보수)의 성질을 가지는 데 대하여 부담금은 사업 자체의 경영에 소요되는 경비의 부담인 점, ② 사용료·수수료는 이용자에게 과해지는 데 비하여 부담금은 사업 자체와 특별한 이해관계가 있는 사람에게 과해진다는 점 등에서 구별된다.

102) 과거 독일에서 조세와 부담금 이외에 특별부담금 개념을 도입하는 과정에서의 혼란과 학설의 대립 및 독일 연방헌법재판소의 판결 내용에 대해서는 김성수(1990), "특별부담금의 개념과 정당화 문제", 「한독법학」 제8권, 465면 이하 참조.

103) 헌재 2008.9.25. 2007헌가9(「학교용지확보등에관한특례법」 제2조 제2호 등 위헌제청).

104) 헌재 2003.1.30. 2002헌바5(「관광진흥개발기금법」 제2조 제3항 위헌제청).

105) 한편 이렇게 일반적으로 "공용 부담의 일부로서의 인적 공용 부담"과 "인적 공용 부담의 일부로서의 부담금과 특별부담금"으로 이해하는 일반적인 체계와 평등의 원칙이나 비례의 원칙에 의한 일반적인 헌법적 한계 이외의 독자적인 법이론적 체계와 헌법적 정당성이 필요하다고 하는 유력한 견해도 있다. 김성수(2003), "특별부담금의 정당화 문제", 「공법연구」 제31집 제3호, 238-239면.

가하는 행정 수요에 제대로 대처하거나 복잡다기한 행정 과제를 효율적으로 수행할 수 없게 되어 다양한 유형의 부담금을 부과할 필요성이 점차 커지고 있다. 특히 건설·교통·도시계획·환경 등의 부문에서는 명령·금지와 같은 직접적인 규제 수단을 사용하는 대신에 부담금이라는 금전적 부담의 부과를 통해 간접적으로 국민의 행위를 유도하고 조정함으로써 사회적·경제적 정책 목적을 달성하는 것이 행정 목적을 달성하는 데 훨씬 효과적일 수 있다. 그렇다고 하여 국가가 행정 과제 수행이라는 명분을 내세워 부담금을 원하는 대로 얼마든지 부과할 수 있다고 한다면 그로 인해 국민의 경제적 자유나 재산권이 보호될 수 없을 것이다. 따라서 헌법재판소에 따르면 부담금의 부과가 과잉 금지의 원칙과 관련해 방법상 적절한 것으로 인정되기 위해서는 이러한 부담금의 부과를 통해 수행하고자 하는 특정한 경제적·사회적 과제에 대해 특별히 객관적으로 밀접한 관련이 있어야 하며, 특정 집단에 국한해 부과되어야 한다고 판시하고 있다. 다만 헌법재판소는 부담금의 수입이 반드시 부담금 의무자의 집단적 이익을 위해 사용되어야 한다고는 볼 수 없으나, 부담금 의무자의 집단적 이익을 위해 사용되는 경우에는 부담금 부과의 정당성이 제고된다고 보아 특별부담금을 사용할 때는 탄력적인 적용이 가능함을 시사한다.[106]

이와같이 부과·징수된 부담금은 특정 과제의 수행을 위해 별도로 지출·관리되어야 하며, 국가의 일반적인 재정수입에 포함시켜 일반적 국가 과제를 수행하는 데 사용해서는 아니 된다고 판시하고 있다.[107] 부담금 징수를 무제한 허용할 경우에는 국가가 조세 저항을 회피하기 위한 수단으로

106) 헌재 1999.10.21. 97헌바84(「관광진흥법」 제10조의4 제1항의 위헌제청).

107) 헌재 1998.12. 24. 98헌가1(구 「먹는물관리법」 제28조 제1항에 대한 위헌제청). 그 밖에 부담금에 대한 사건으로는 헌재 1999.1.28. 97헌가8(「교통안전공단법」 제17조 위헌제청); 헌재 1999.10.21. 97헌바84(「관광진흥법」 제10조의4 제1항의 위헌제청); 2003.1.30. 2002헌바5(「관광진흥개발기금법」 제2조 제3항 위헌제청); 2003.12.18 2002헌가2(구 「문화예술진흥법」 제19조 제5항 등 위헌제청); 2005.3.31. 2003헌가20(구 「학교용지 확보에 관한 특례법」 제2조 제2호 등 위헌제청) 등을 들 수 있다. 헌법재판소는 이 판결들을 통해 부담금과 조세의 차이점, 특별부담금의 징수 요건 및 징수 원칙 등에 대해 판시하고 있다.

부담금이라는 형식을 남용할 수 있기 때문에 부담금 징수를 위해서는 평등원칙이나 비례성 원칙과 같은 기본권 제한입법의 한계를 준수해야 한다.

이와같이 부담금의 징수에서는 조세법률주의 원칙과 과잉금지 원칙, 그리고 평등의 원칙상 특별부담금은 ① '집단의 동질성', ② '객관적 근접성', ③ '집단적 책임성', ④ '집단적 효용성' 등의 요건을 갖춰야만 헌법적 정당성을 인정할 수 있을 것이다.[108]

(2) 방송통신발전기금의 조성

방송통신의 발전을 위해 조성되는 방송통신발전기금은 다음과 같은 재원으로 조성한다(「방송통신발전기본법」 제25조 제1항).

1. 정부의 출연금 또는 융자금
2. 「전파법」 제7조 제2항에 따른 징수금, 같은 법 제11조 제1항(같은 법 제16조 제4항에 따라 준용되는 경우를 포함한다)에 따른 주파수 할당대가 및 같은 법 제11조 제5항에 따른 보증금, 같은 법 제17조 제2항에 따라 산정된 금액
3. 제2항부터 제4항까지의 규정에 따른 분담금
4. 방송사업자의 출연금
5. 기금 운용에 따른 수익금
6. 그 밖에 대통령령으로 정하는 수입금 등

108) "특별부담금은 조세의 납부 의무자인 일반 국민들 중 일부가 추가적으로 부담하는 또 하나의 공과금이므로 국민들 사이의 공과금 부담의 형평성 내지 조세 평등을 침해하지 않기 위해서 특별부담금은, 일반인과 구별되는 동질성을 지니어 특정집단이라고 이해할 수 있는 그러한 사람들에게만 부과되어야 하고(집단의 동질성), 특별부담금의 부과를 통하여 수행하고자 하는 특정한 경제적·사회적 과제와 특별히 객관적으로 밀접한 관련성이 있어야 하고(객관적 근접성), 그리하여 그러한 과제의 수행에 관하여 조세외적 부담을 져야 할 책임이 인정될 만한 집단에 대해서만 부과되어야 할 것이며(집단적 책임성), 특별부담금의 수입이 특별부담금 납부 의무자의 집단적 이익을 위하여 사용되어야 할 것(집단적 효용성)이다". 헌재 2003.12.18. 2002헌가2(구 「문화예술진흥법」 제19조 제5항 등 위헌제청). 同旨의 결정으로는 헌재 1998.12.24. 98헌가1; 헌재 1999.10.21. 97헌바84; 헌재 2003.1.30. 2002헌바5 등을 참조.

(3) 기금의 용도

방송통신발전기금은 다음과 같은 사업에 사용된다. 이 중 방송통신에 관한 연구개발사업을 시행하고자 하는 경우에는 미리 지식경제부 장관과 협의하여야 한다(「방송통신발전기본법」 제26조 제1항 및 제3항).

1. 방송통신에 관한 연구개발 사업
2. 방송통신 관련 표준의 개발, 제정 및 보급 사업
3. 방송통신 관련 인력 양성 사업
4. 방송통신 서비스 활성화 및 기반 조성을 위한 사업
5. 공익·공공을 목적으로 운영되는 방송통신 지원
6. 방송통신 콘텐츠 제작·유통 지원
7. 시청자가 직접 제작한 방송 프로그램 및 미디어 교육 지원
8. 시청자와 이용자의 피해구제 및 권익증진 사업
9. 방송통신 광고 발전을 위한 지원
10. 방송통신 소외계층의 방송통신 접근을 위한 지원
11. 방송통신 관련 국제 교류·협력 및 남북 교류·협력 지원
12. 해외 한국어 방송 지원
13. 「전파법」 제7조 제1항에 따른 손실보상금
14. 「전파법」 제7조 제5항에 따라 반환하는 주파수 할당 대가
15. 그 밖에 방송통신 발전에 필요하다고 방송통신위원회가 의결한 사업

3 비교법적 검토

미국 FCC는 의회로부터 예산을 승인받아야 한다. 하지만 이 예산 중 대부분을 규제수수료(regulatory fee)에 의해 자체적으로 조달하게 함으로써 의회 및 행정부와의 관계에서 재정적인 독립성을 제고할 수 있도록 하고 있다. 반면, 의회는 FCC의 예산안을 적절히 통제함으로써 의회의 행정부 견제권을 효율적으로 실행하고 있는 것으로 보인다.

이에 비해 현행법상 방통위는 대통령의 소속기관이므로 기본적인 조직

운영은 당연히 국고에 의하고 있으며, 방송·통신 관련 사업을 시행하기 위해 방송통신발전기금과 정보통신진흥기금을 활용하고 있다.

방통위는 조직적인 측면에서 대통령의 소속기관인 동시에 재정적인 측면에서도 기본적으로 국고에 의해 운영되므로 조직의 독립성을 구현하기 위해 가장 중요한 인력·재원면에서 거의 중앙행정부처와 유사하게 운영되고 있는 것으로 평가된다. 예산의 독립성을 제고하기 위해서는 국고의 비중을 축소하고 미국처럼 규제수수료에 의해 운영하거나 관련 사업자에 의해 조성된 기금을 사용하는 방안을 검토해 보아야 한다. 다만 위의 두 가지 경우에는 규제 대상자들의 재정적 부담이 더욱 커져서 결과적으로는 요금 인상 등을 통해 국민들에게 비용이 전가되는 문제점이 있을 것이므로 적정한 비율에 대해 신중한 검토가 필요하다.

예산 문제와 관련하여 한 가지 주목해야 할 것은 정보통신진흥기금의 사용 용도와 관련해서이다. 지난 2008년 지식경제부·방송통신위원회·문화관광체육부·행정안전부 등 4개 관련 부처는 정보통신진흥기금의 주재원인 주파수 할당 대가의 사용과 관련하여 MOU를 체결했다. 이에 의하면, 주파수 관련 신규 수입 중 주파수 할당 대가는 부처별 사업 규모와 신규 사업 수요를 감안하여 배분하도록 되어 있다. 그런데 지식경제부 측에서 활용하는 정보통신진흥기금의 경우 활용 용도가 행정법상 특별부담금의 용도에 적합하게 사용되려면 궁극적으로 기금을 출연한 통신사업자들의 편익제고와 통신산업의 발전을 위해 사용되어야 한다. 향후 기금의 용도와 관련해서 직·간접적으로 정보통신산업의 발전을 위해 이용될 수 있도록 합리적인 배분 방식이 결정되어야 한다.

제 7 절 분쟁 해결 절차

방송사업자와 통신사업자 간 또는 사업자 상호 간의 분쟁이 발생한 경우 등으로 인해 권리를 침해당한 국민의 입장에서는 사법적 구제에 앞서 행정

적 구제를 받을 수 있는 시스템이 존재해야 한다.[109]

이 경우 법원을 통한 분쟁 해결은 최종적이고 궁극적인 해결이라는 장점이 있는 반면, 절차의 복잡성, 최종 판결까지 장기간 소요, 변호사 선임료, 감정·검증비 등 과도한 비용이 소요되어 신속하면서도 비용이 적게 드는 분쟁 해결 절차가 필요하다.

이러한 필요를 충족할 수 있는 대안적 분쟁 해결 방식(Alternative Dispute Resolution: ADR)의 방법은 덜 공식적인 분쟁 해결 수단이다. 당사자들은 전통적으로 자발적으로, 또는 계약 내용에 의해 ADR 프로세스를 추구한다. 규제자들은 산업 분쟁을 해결하기 위해 가용 가능한 제한된 자원에 대한 과도한 수요와 압력을 처리하기 위해 ADR 방식에 점점 더 의존하고 있으며, 규제 체계는 주로 '조정 또는 중재' 등의 형식을 취하고 있다.

그러나 규제 체계에서는 종국적 결정에 대한 재결 권한이 있어야 규제의 실효성을 확보할 수 있다. 그런데 이러한 규제 체계 측면에서는 우리나라와 FCC가 많은 차이가 있다.

대체적 분쟁 해결 제도의 종류로는 ① 타협(협상), ② 알선, ③ 조정, ④ 재정, ⑤ 중재 등의 방법이 있다.

타협(협상)이란 분쟁의 당사자가 제3자의 개입 없이 직접 교섭 또는 협상하여 분쟁을 해결하는 제도이다.

알선이란 알선위원이 분쟁 당사자의 의견을 듣고, 그 요점을 정리하는 등 공정하게 해결되도록 중개하여 분쟁 당사자 간에 민법상의 화해 계약을 체결하는 것을 목적으로 하는 제도이다.

조정이란 조정위원회가 특정 분쟁에 대해 법정절차에 따라 당사자를 중개하여 쌍방의 양해에 기초한 합의를 이끌어 내어 분쟁의 해결을 도모하는 제도이다.

재정이란 당사자 간의 손해배상, 환경오염 피해 등에 대한 민사상 분쟁에 관해 재정기관이 소정의 절차에 따라 법률적 판단을 내려 분쟁을 해결하는 제도이다.

---

109) Mashaw, Jerry L. et al.(1998), *op. cit.*, p. 649.

중재라 함은 당사자 간의 합의로 사법상의 분쟁을 법원의 재판에 의하지 아니하고 중재인의 판정에 의해 해결하는 절차를 말한다(「중재법」 제3조 제1호). 당사자의 합의에 의해 선출된 중재인이 중재 판정을 하는 경우 당사자 사이에서 중재 판정은 법원의 확정 판결과 동일한 효력을 가진다(「중재법」 제35조). 합의에 의해 선출된 중재인이 법률적 판단을 통한 중재 판정을 내리면, 당사자의 의사와 관계 없이 효력이 발생한다.110)

1 연방통신위원회(FCC)

1) 법적 근거: 「행정절차법(APA)」 및 1996년 「통신법」 제208조(47 U.S.C. 208)

미국의 「연방행정절차법(Federal Administrative Procedure Act: APA)」에 의하면 사건 처리 절차를 ① 공식적 심판 절차(formal adjudication), ② 공식적 규칙 제정 절차(formal rulemaking), ③ 비공식적 규칙 제정 절차(informal adjudication) 등 세 가지로 규정하고 있으며, 비공식적 심판 절차(informal adjudication)에 대해서는 특별한 규정이 없다.

기간통신사업자와 시장 참여자들의 분쟁 해결에 대해서는 FCC 집행국(Enforcement Division) 내 시장분쟁해결과(Market Disputes Resolution Division: MDRD)에서 담당한다. 이 밖에도 MDRD는 「통신법」 제224조에 의거, 통신주 부착(pole attachments)을 위한 요율 조건과 관련하여 케이블 사업자, 전기통신사업자, 유틸리티 및 사업자들의 제소도 해결한다. FCC의 분쟁 해결 절차에 대해서는 47 C.F.R. §§ 1.720~1.736에서 상세히 규정하고 있다.111)

---

110) 이하의 미국과 한국의 방송통신 분쟁 해결에 관한 제도는 염수현 · 지성우 외(2008), 『방송통신 분쟁조정 관련 법제도 개선방안 연구』, 정보통신정책연구원에서 일부 발췌 · 정리함.

111) 1996년 「통신법」 제208조[47 U.S.C. 208] 연방통신위원회에 대한 신고
(a) 누구든지, 어느 정치적 또는 지방조직, 주 위원회라도 이 법의 적용을 받는 어느 기

한편, 미국 의회는 좀 더 효율적인 민사적 구제를 위해 「행정분쟁해결법(The Administrative Dispute Resolution Act of 1996)」을 제정한 바 있으며, 이 밖에 「행정절차법(5 U.S.C 551)」에도 관련 규정이 있다.

또한 신속하고 좀 더 집중적인 분쟁 해결을 위해 MDRD는 일종의 조정(mediation) 프로그램을 운영하고 있는데, 실제로 많은 분쟁 사건이 정식적인 분쟁 해결 신청에 앞서 위원회 직원(commission staff)의 조정을 통해 해결되고 있다.

또한 MDRD는 특정 사안에 대해 '신속심리(Accelerated Docket)'라는 간이한 심리 절차를 운영하고 있는데, 이를 통해 분쟁 해결 신청일로부터 60일 이내에 담당직원(staff) 단계의 결정이 내려지게 된다. 이 절차는 분쟁 당사자에게 담장직원에 의해 감독되는 고소 전 해결 절차를 거치도록 규정하고 있기 때문에, 실제로 많은 사건이 이를 통해 해결되고 있다.

2) 행정적 분쟁 해결(Administrative Dispute Resolution, 47 C.F.R. §1.18)

「통신법」은 FCC 내의 행정절차와 FCC가 일방 당사자가 되는 일련의

간통신사업자가 이 법 규정을 위반하여 어떤 것을 하였거나 하지 아니한 사실을 간략히 기술하여 연방통신위원회에 신고할 수 있다. 연방통신위원회가 신고 내용을 해당 사업자에게 송부하면 사업자는 연방통신위원회가 지정한 합리적 기간 내에 위 신고 내용을 충족하든지 아니면 서면으로 동 신고에 응답해야 한다. 이 기간통신사업자가 주어진 기간 내에 발생했다고 주장되는 손해의 배상이라도 사업자는 신고의 대상이 된 특정 법 위반에 대해서만 신고인에 대한 책임으로부터 면제된다. 그 사업자가 주어진 기간 내에 신고를 만족시키지 못하거나 신고 내용을 조사할 합리적 사유가 있는 것으로 보이는 경우에, 연방통신위원회는 적절하다고 판단하는 방법과 수단으로 신고 내용을 조사할 의무가 있다. 신고자에 대해 직접 손해가 없다는 이유만으로 신고는 기각되지 아니한다.

(b) (1) (2)에 규정된 경우를 제외하고는, 연방통신위원회는 이 조에 의한 요금, 분류, 규칙, 운영의 조사와 관련하여 신고일로부터 5개월 이내에 조사를 종결하는 명령을 내려야 한다.

(2) 이 항의 시행일 이전에 개시된 조사와 관련하여 연방통신위원회는 동 시행일 후 12개월 이내에 조사를 종결하는 명령을 내려야 한다.

(3) (1) 또는 (2)에 의해 조사를 종결하는 명령은 최종적이고 제402조 (a)항에 따라 재심을 청구할 수 있다.

절차들에서 대안적 분쟁 해결 방법(ADR)의 활용을 지원하고 장려하기 위한 여러 제도를 시행하고 있다.

이 경우에는 개인 정보와 관련된 조항을 포함하는 행정 분쟁 해결법상의 절차는 FCC가 일방 당사자가 되지 않는 대안적 분쟁 해결 절차에도 적용되어야 한다.

3) 분쟁 해결 절차(47 C.F.R. §§1.711~1.736)[112]

(1) 비공식적인 분쟁 해결 신청(Informal Complaints; 47 C.F.R. §§ 1.716 ~ 1.719)

FCC는 해당 기간통신사업자에 대한 위원회의 조사를 개시하여 당해 사안에 대해 조사한다. 만일 6개월 내에 공식적인 분쟁 해결 신청이 이뤄지지 않을 경우에는 비공식적인 분쟁 해결 신청을 철회한 것으로 간주한다. 이 경우 당사자는 공식적인 분쟁 해결 절차를 신청할 수 있다.

(2) 공식적인 분쟁 해결 신청(Formal Complaints, 47 C.F.R. §§ 1.720 ~ 1.736)

신청인이 비공식적인 분쟁 해결 절차에서 만족할 만한 효과를 거두지 못할 경우 신청인은 공식적인 분쟁 해결 절차를 신청해야 한다.[113]

신청은 분명하고, 간결하며, 명확해야 하며, 법이나 위원회 명령 또는 규정 위반을 구성하는 사실을 포함해야 하고, 그러한 사실을 뒷받침할 증거자료도 함께 제출해야 한다. 만일 신청자가 손해배상을 원하는 경우에는 명확한 손해배상 청구의 취지를 포함해야 한다.

위원회에 대한 재정 신청은 그 신청 배경과 특정한 규제 당국, 그리고 구하고자 하는 명령을 명시하여 서면으로 제출해야 한다. 이때 신청서에는 고소 내용과 관련된 사실관계, 법적인 분석을 바탕으로 한 결론을 포함해야 한다. 만일 증거 개시(discovery)를 요청할 경우에는 분쟁 해결 신청에

---

112) 좀 더 상세한 사항에 대해서는 이희정 외(2009), 『해외 방송통신 규제기구 심판관리제도 연구 I(북미)』, 방송통신위원회의 내용을 참조.

113) 신청의 요건(47 C.F.R. §1.720).

앞서 당사자 간에 충분한 분쟁 해결을 위한 노력이 있었다는 서약서를 첨부해야 한다.

(3) 신속 심리 절차(Accelerated Docket, 47 C.F.R. § 1.730)[114]

집행국의 규제 대상이 되는 기간통신사업자와의 공식적인 분쟁 해결을 신청하고자 하는 자(complainant)는 공식적인 신청에 앞서 먼저 집행국(Enforcement Division) 내 시장분쟁해결과(MDRD)에 단독으로 신속 심리 절차를 신청할 수 있으며, 피신청인(defendant)도 신청인의 분쟁 해결 신청일로부터 5일 이내에 동일한 절차로 신속 심리 절차에 회부할 것을 신청할 수 있다.

신속 심리 절차에는 좀 더 신속한 분쟁 해결을 위해 공식적인 분쟁 해결 절자와는 다른 절차가 적용된다.[115]

신속 심리 절차에 회부된 경우, 위원회 직원(commission staff)이 분생의 당사자들 간의 사전 조정(pre-filling settlement negotiations)을 진행하게 된다. 만일 이 과정에서 조정이 이뤄지지 않으면, 분쟁 해결 신청자는 신속 심리 절차의 허가를 받았다는 내용의 서한(letter)을 첨부해 공식적인 분쟁 해결을 신청할 수 있다. 신속 심리 절차 진행 중 더 이상 당해 절차가 사건에 적합하지 않은 것으로 판단되는 경우, 업무 담당자는 언제든지 직권 또는 당사자의 신청에 의해 신속 심리 절차를 중단하고 정식 절차에 회부해야 한다.

표 4-17 신속 심리 절차 흐름도

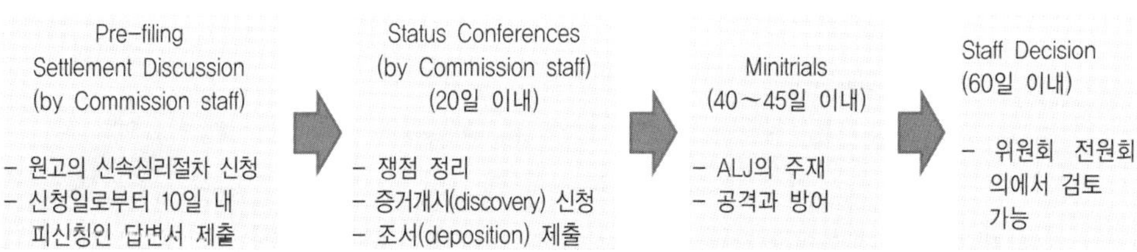

114) 상세한 내용은 13 FCC Rcd 17018(1998) 참고.

115) 47 C.F.R. §1.724 (k).

(4) 간이심판(Minitrials, 47 C.F.R. § 1.730 (g))

신속 심리 절차에서 위원회는 당사자에 대한 주장 사실의 요지(Brief) 제출 대신 간이심판 혹은 청문회 유사 절차(hearing-type proceeding)를 진행할 수 있다. 간이심판은 통상 분쟁 해결 신청일로부터 40~45일 경과 후에 개최되는데, 위원회의 행정법 판사(Administrative Law Judge: ALJ)가 이를 주재하게 된다.

간이심판 절차 종료 후 업무담당자는 권고 결정(recommended decision)을 내리는데 업무 담당자 결정에 불복하고자 하는 당사자는 위원회 미디어국(Commission's Office of Media Relations)의 공고일로부터 15일 이내에 이의를 제기해야 한다.

만일 아무도 이의를 제기하지 않는 경우에는 결정문 공고일로부터 45일 이내, 당사자가 이의를 제기한 경우에는 이의 제기일로부터 30일 이내에 위원회는 업무 담당자 결정을 인용하거나 변경하는 결정을 내려야 한다.[116)]

2 방송통신위원회

1) 방송 분쟁 해결 제도 관련 법제도 현황

(1) 방송법의 방송 분쟁 해결 제도

가. 방송사업자 간의 분쟁 해결에 관한 제도

현행 방송사업자 간의 분쟁 해결 제도는 「방송법」과 「독점규제 및 공정거래에 관한 법률(이하 「공정거래법」)」에 규정되어 있다.

① 「방송법」상의 방송 분쟁 해결 제도

먼저 「방송법」상의 규정은 「방송법」 제35조, 「방송법 시행령」 제21조, 그리고 방송통신위원회 규칙 2호에 나열되어 있다. 즉 「방송법」 제35조의3(방송분쟁조정위원회)는 "방송통신위원회는 방송사업자·중계유선방송사업자·음악유선방송사업자·전광판방송사업자 및 전송망사업자 상호간에

116) 이상의 미국의 심판절차에 대해서는 염수현·지성우 외(2008), 앞의 책 참조.

발생한 방송에 관한 분쟁을 효율적으로 조정하기 위하여 방송분쟁조정위원회를 둘 수 있다"고 규정하고 있다.

이 규정에 근거하여 「방송법 시행령」(대통령령 제20672호), 제21조의3 (방송분쟁조정위원회 구성 및 운영) 제1항에서는 법 제35조의3 제1항에 따라 방송통신위원회에 두는 방송분쟁조정위원회의 심의 사항은 다음 각 호와 같다.

1. 방송 프로그램의 공급 및 수급과 관련된 분쟁 조정
2. 방송사업구역과 관련된 분쟁 조정
3. 중계방송권 등 재산권적 이해와 관련된 분쟁 조정
4. 방송사업자의 공동사업에 관한 사항. 다만, 「독점규제 및 공정거래에 관한 법률」 제19조 제1항 각 호의 어느 하나에 해당하는 사항은 제외한다.
5. 그 밖에 방송사업의 운영에 관한 분쟁 조정

또한 방송법 시행에 관한 방송통신위원회 규칙[117]은 방송분쟁조정위원의 자격, 위촉 절차, 위원회 운영, 분쟁 조정 절차 등을 규정하고 있다. 구체적으로 방송분쟁조정위원회의 분쟁 조정 절차는 다음과 같다.

- 분쟁조정 신청 사실 통보(조정 불응 시 중지)
- 사실 관계 조사 및 합의 권고(수락 시 합의 성립)
- 분쟁조정위원회 회부(수락 거부 시 접수일로부터 30일 이내)
- 조정안 제시(회부 후 60일 이내, 30일 연장 가능)
- 조정 성립(조정안 받은 후 10일 이내, 수락 거부 시 조정 불성립)

② 「방송법」상 방송 분쟁 해결 제도의 특징

방송 분쟁 조정의 성립은 '재판상 화해'의 효력을 가지는 것으로 규정되어 있다. 재판상 화해는 법원의 확정 판결과 동일한 효력을 가지며 다만 어느 일방이 조정안을 수락하지 않을 경우, 조정이 불성립된다.

방송분쟁조정위원회의 심의 사항으로 '방송사업자의 공동사업에 관한 사항'이 규정되어 있으나(「방송법」 제21조 제3항의 4), 이중 「공정거래법」의 '부당한 공동행위 금지행위'는 제외되어 있어 실질적으로는 「방송법」상 금지행위의 규정이 없는 상태이다. 또한 방송분쟁조정위원회는 (구)방송위원

---

117) 방통위규칙 제2호, 2008.5.19.

회에서 2001년부터 설치되었으나, 실제 운영 경험은 일천하다.

이는 방송사업자 간의 분쟁이 적어서라기보다는 방송사업자들이 행정기관을 통한 분쟁 해결을 꺼리고, 공정거래위원회를 이용한 분쟁 해결 빈도가 높기 때문인 것으로 보인다.

나. 방송 분쟁 해결에 대한 공정거래위원회 관련 법령

공정거래 문제에 대한 일반적인 권한을 가진 공정거래위원회의 방송 분쟁 해결과 관련된 법규는 <표 4-18>과 같다.

표 4-18 공정거래위원회의 방송사업자에 대한 규제 근거 법령

위반 법규	위반 유형
「공정거래법」 제23조	불공정 거래행위의 금지
「공정거래법」 제3조의 2	시장 지배적 지위의 남용행위
「공정거래법」 제7조	경쟁 제한적 기업결합(기업결합의 제한 규정 위반)
「공정거래법」 제8조의 2	지주회사 등의 행위 제한 규정 위반
「공정거래법」 제11조의 2	내부거래 공시 규정 위반
「공정거래법」 제12조	기업결합의 신고 규정 위반
「공정거래법」 제19조	부당한 공동행위
「표시광고법」 제3조	부당한 표시·광고행위
「약관의 규제에 관한 법률」 제6조	불공정 약관 조항
「전자상거래 등에서의 소비자 보호에 관한 법률」 제10조	부당한 사이버몰의 운영
「전자상거래 등에서의 소비자 보호에 관한 법률」 제11조	부당한 개인 정보의 이용행위
「전자상거래 등에서의 소비자 보호에 관한 법률」 제21조	전자상거래상 법위반행위

다. 「공정거래법상」 방송 분쟁 해결 제도의 특징

「공정거래법」은 모든 사업자를 대상으로 적용하고 있기 때문에 원칙적으로 모든 방송사업자의 거래행위가 규제 대상이 된다.

「공정거래법」에서 방송사업자 간의 분쟁 해결에 해당하는 항목은 주로 '불공정거래행위'와 '시장 지배적 지위의 남용'이다. 「방송법」에서의 공정경쟁 조항이 선언적인 수준이고 방송사업자 간의 분쟁 해결에 대한 구속력이

약하기 때문에, 방송산업에서의 공정거래 규제는 「공정거래법」에 의존하는 상황이다.

다만 일반 산업을 적용 대상으로 하는 경쟁법인 「공정거래법」은 경제적 효율성만으로 평가하기 어려운 방송의 문화적·사회적 가치를 반영하기 어렵다는 문제점이 있다. 또한 「공정거래법」은 사후 규제가 원칙이기 때문에 방송산업의 특수한 시장 상황을 반영한 사전 규제(예컨대 시장 지배적 사업자의 진입 규제 등)와 충돌 가능성이 있다(<표 4-19> 참조).

표 4-19 「공정거래법」상 불공정 거래행위의 유형

유형	정의	행위
거래 거절	부당하게 거래를 거절하는 행위	공동의 거래 거절, 기타의 거래 거절
차별적 취급	부당하게 거래의 상대방을 차별하여 취급하는 행위	가격차별, 거래조건차별, 계열회사를 위한 차별, 집단적 차별
경쟁사업자 배제	부당하게 경쟁자를 배제하는 행위	부당 염매, 부당 고가 매입
부당한 고객 유인	부당하게 경쟁자의 고객을 자기와 거래하도록 유인하는 행위	부당한 이익에 의한 고객 유인, 위계에 의한 고객 유인, 기타의 부당한 고객 유인
거래강제	부당하게 경쟁자의 고객을 자기와 거래하도록 강제하는 행위	끼워팔기, 사원 판매, 기타의 거래강제
거래상 지위의 남용	자기의 거래상의 지위를 부당하게 이용해 상대방과 거래하는 행위	구입 강제, 이익 제공 강요, 판매목표 강제, 불이익 제공, 경영간섭
구속 조건부 거래	거래의 상대방의 사업활동을 부당하게 구속하는 조건으로 거래하는 행위	배타조건부 거래, 거래지역 또는 거래 상대방 제한
사업활동 방해	부당하게 다른 사업자의 사업활동을 방해하는 행위	기술의 부당 이용, 인력의 부당 유인·채용, 거래처 이전 방해, 기타의 사업활동 방해
부정한 자금·자산·인력의 지원	부당하게 특수관계인 또는 다른 회사에 대해 가지급금·대여금·인력·부동산·유가증권·무체재산권 등을 제공하거나 현저히 유리한 조건으로 거래하여 특수관계인 또는 다른 회사를 지원하는 행위	부당한 자금 지원, 부당한 자산 지원, 부당한 인력 지원

2) 통신 분쟁 해결 관련 제도 현황: 재정 제도

(1) 재정의 의의

통신사업자 간 또는 이용자와 통신사업자 간 분쟁을 해결하는 재정 절차는 「전기통신기본법」, 「전기통신사업법」, 방통위의 재정 관련 규정에 의한다.

재정이란 「전기통신사업법」 제45조 제1항에 규정된 사항, 즉 상호 접속 등 협정 또는 통신사업자 간·통신사업자와 이용자 간의 손해배상에 관해 당사자 간에 협의가 이뤄지지지 아니하거나 협의할 수 없어 분쟁 당사자 일방이 방통위에 분쟁 해결을 신청한 때에 방통위가 공정하고 신속하게 결정함으로써 신속하게 분쟁을 해결하는 제도이다.[118]

방통위의 재정은 당사자들의 선택에 의해 공신력이 높은 기관의 조정을 요청하고 당사자의 합의를 유도하는 보완적인 분쟁 해결 절차인 행정부 조정의 일종으로 볼 수 있다.[119]

재정을 규정하고 있는 「전기통신사업법」 제45조 제1항에 의하면 "전기통신사업자 또는 이용자는 어느 하나에 관하여 당사자 간 협의가 이루어지지 아니하거나 협의를 할 수 없는 경우에는 방통위에 재정을 신청할 수 있다" 고 한다.

방통위는 훈령으로 「방통위 재정규정」[120] (이하 '재정규정'이라 함)을 마련했다. 이 규정 제2조에 의하면 방통위는 재정 절차가 공정, 신속하고 경제적으로 진행되도록 노력해야 하며, 당사자와 관계인은 신의에 좇아 성실하게 협력해야 함을 규정하고 있다.

방통위의 재정의 성격은 Ofcom의 분쟁(Dispute) 처리 절차와 마찬가지로 규제적 기능을 가진 분쟁 해결 절차이다.[121]

---

118) 이상직(1998), 『통신법개론』, 진한도서, 245면; 정호경(2007), "통신위원회 재정(裁定)의 법적 성격과 불복 방법", 「법학논총(한양대)」 제24집 제2호, 218면 참조.

119) 정보통신정책연구원(2007), 『분쟁조정의 유형과 절차』, 정보통신정책연구원 내부 연구자료, 530면.

120) 방통위훈령 제12호, 2008.5.29.

121) 이희정(2007), "통신규제법 집행 과정의 비교연구: 통신위원회와 영국의 Ofcom", 「법학논총」 제24집 제3호, 183-210면; 이희정(2009), "방송통신위원회의 재정제도에 관한

(2) 재정 대상 분쟁

「전기통신사업법」상 재정 대상이 될 수 있는 분쟁은 통신사업자 간 분쟁과 통신사업자와 이용자 간 분쟁으로 구분된다.

먼저 사업자 간 분쟁은 전기통신설비의 제공·공동 이용·상호 접속 또는 공동 사용 등이나 정보의 제공에 관한 협정의 체결 및 그 이행 또는 손해배상과 관련된 분쟁이다(「전기통신사업법」 제45조 제1항 제1호).

전기통신사업자는 전기통신설비의 제공·공동 이용·상호 접속 또는 공동 사용 등이나 정보의 제공에 관한 통신사업자 간의 협정이 기간 내에 체결되지 아니하거나 체결할 수 없는 경우 방통위에 재정을 신청할 수 있다(「전기통신사업법」 제45조 제1항 제2호).

전기통신사업자는 다른 전기통신사업자가 전기통신설비의 제공·공동 이용·상호 접속 또는 공동 사용 등이나 정보의 제공에 관한 협정을 이행하지 아니하여 손해가 발생하는 경우에는 방통위에 협정의 이행 또는 손해배상을 내용으로 하는 재정을 신청할 수 있다(「전기통신사업법」 제45조 제1항 제3호).

기타 전기통신사업과 관련한 분쟁이나 다른 법률에서 방통위의 재정 사항으로 규정한 사항도 방통위에 재정을 신청할 수 있다(전기통신사업법」 제45조 제1항 제4호).

(3) 재정 절차

가. 재정신청

재정신청을 하려는 자는 재정신청서를 제출하여야 하며 재정신청의 개요에 관한 서류, 당사자 간 협의 경과에 관한 서류를 첨부하여야 하며 해당자에 한해 협정서의 사본, 지급하거나 수령하여야 할 금액 및 정산 방법에 관한 서류, 전기통신설비의 제공·상호 접속 또는 공동 사용 등이나 정보 제공의 개요를 나타내는 도면을 첨부하여야 한다(「전기통신사업법 시행령」 제40조 제1항).

연구: 그 법적 성격과 기능을 중심으로", 「행정법연구」 제24호, 23-54면.

나. 조사 및 의견 청취 등

방통위는 재정사건의 처리를 위하여 필요하다고 인정하는 때에는 당사자의 신청 또는 직권으로 조사 및 의견 청취를 하여야 한다(「전기통신사업법」 제47조).

다. 의견 진술

방통위는 재정신청을 받은 경우 그 사실을 다른 당사자에게 통지하고 기간을 정하여 의견을 진술할 기회를 주어야 한다. 다만 당사자가 정당한 사유 없이 이에 응하지 아니하는 때에는 그러하지 아니하다(「전기통신사업법」 제45조 제2항).

라. 이해관계인의 의견 수렴 절차

재정의 결과가 당사자 외 이해관계인에게 영향을 주는 경우에 위원회는 직권 또는 당사자나 이해관계인의 신청에 의하여 의견 수렴 절차를 거칠 수 있으며, 의견 수렴 절차 개최일 10일 이전에 당사자와 이해관계인에게 이를 통지하여야 한다(「방통위 재정규정」 제13조).

(4) 재정

방통위는 원칙적으로 재정의 신청을 접수한 날부터 90일 이내에 재정하여야 한다. 부득이한 사정으로 기간에 재정할 수 없는 경우에는 그 재정 기간을 90일을 넘지 아니하는 범위에서 방통위의 의결을 거쳐 1회에 한하여 연장할 수 있다(「전기통신사업법」 제45조 제3항」). 재정을 할 때에는 재정안을 작성하여 위원회에 상정, 의결하여야 한다.

(5) 재정의 효력 및 불복 절차

가. 재정의 효력

방통위가 재정을 한 경우 재정의 내용에 대하여 재정문서의 정본이 당사자에게 송달된 날부터 60일 이내에 소송이 제기되지 아니하거나 소송이 취하된 때에는 당사자 간에 당해 재정의 내용과 동일한 합의가 성립된 것으로 본다(「전기통신사업법」 제45조 제6항).

나. 불복절차

위원회 재정 중 당사사가 지급하거나 수령하여야 할 금액에 대하여 불복이 있는 자는 재정서 정본의 송달을 받은 날부터 60일 이내에 다른 당사자를 상대로 그 금액의 증감을 청구할 수 있다(「방통위 재정규정」 제25조 제2항).[122]

3 비교법적 검토

방송통신 분쟁의 경우 사업자와 이용자 간의 분쟁과 사업자 간의 분쟁으로 구별할 수 있다. 분쟁이 발생한 경우에는 권한 있는 기관에 의해 신속한 치리와 아울러 충분한 보상이 되도록 해야 한다. 현재 우리나라와 미국의 경우에는 일반적인 소비자 분쟁조정 기구를 이용하는 방법도 있을 수 있으나, 방송·통신 관련 분쟁에 대한 전문지식의 부재로 인해 효율적인 분쟁해결이 어려울 수 있다.

따라서 방송 · 통신과 같은 전문적인 분야를 담당할 수 있는 전문적인 분쟁조정 기구가 필요한 상황이지만 현재까지 이러한 문제점은 FCC나 방통위를 통해 해결될 수밖에 없는 구조이다. 미국의 경우에는 공식적 심판 절차나 공식적 규칙 제정 절차는 물론이고 비공식적인 분쟁 해결 절차에 대해서도 매우 상세하게 규정하고 있다. 또한 신속 심리 절차(Accelerated Docket)라는 간이심판 절차를 활성화함으로써 피해자들이 신속하고 효과적으로 자신들의 권리를 구제받을 수 있도록 하고 있다.

반면 우리나라에서는 통신의 경우에는 재정 제도를 운영하고 있으나, 방송 분야에서는 조정 제도만을 두고 있는바, 최근 지상파방송의 재전송 문제에서 확연히 알 수 있듯이 조정 제도는 양 당사자의 합의를 전제로 하므로 강제적인 실행력을 담보하기에는 매우 부족한 것으로 보인다. 이는 법

122) 이에 대해서는 이희정(2010), "방송통신위원회의 법집행 절차 개선 방향에 관한 연구: 행정절차에 대한 대심주의 접목의 의의와 방법을 중심으로", 「경제규제와 법」 제3권 제1호, 184-227면 참조.

제정 당시 방송에 관련된 방송사 간의 대규모 분쟁을 예견하지 못했던 「방송법」의 입법적 흠결이다.

향후 미디어 분야의 경쟁이 격화될 경우 공정거래 문제, 콘텐츠 제공 대가 산정 등 방송사업자 간의 분쟁이 다수 발생할 것으로 예상되므로 방송의 자유를 과도하게 침해하지 않으면서도 신속하게 분쟁을 해결할 수 있는 효율적인 방안이 법제화되어야 할 것이다.

제 5 장 결 론

방송과 통신을 관할하는 기구의 통합 문제와 관련해서 가장 먼저 지적해야 할 점은 기구 통합이 방송·통신 융합의 최종 목표가 아니라는 점이다.

관련 기구의 하드웨어적 통합이 방송·통신 융합 논의의 논제 중 가장 중요한 가시적인 결과물이며, 통합의 결과 정부부처의 대대적인 개편이 불가피하므로 이해 당사자들의 관심이 여기에 쏠리는 것은 당연하지만, 정책기관 통합 여부의 문제는 방송·통신 융합의 최종 목표가 아니며 효율적인 규제를 위한 수단적 의미만을 가지고 있을 뿐이다.

헌법적 차원에서 고찰해 보면 방송의 자유는 자유권적 속성과 제도적 보장으로서 양자의 성격을 모두 가진 이중적 성격의 기본권으로 보는 것이 통설적 견해이다. 입법자는 입법행위를 통해 방송의 자유나 통신의 자유 자체를 폐기하거나 이의 본질을 훼손할 우려가 있는 행위를 해서는 안 되는 의무를 지고 있다.

방송의 자유를 구체적으로 형성하기 위한 방송 제도 형성의 문제 역시 제도적 보장의 문제에 속한다. 따라서 방송의 자유 자체를 폐기하지 않거나 그 본질적 내용을 훼손할 우려가 없는 한도 내에서는 입법자의 재량의 자유가 상대적으로 넓게 인정된다. 입법자는 구체적인 제도 형성에 관해 폭넓은 재량권을 행사할 수 있으므로 당대의 시대 가치를 최대한 반영하여 방송의 자유가 효율적으로 보장될 수 있도록 관련 제도를 형성하면 되는 것이다.

2008년 정부조직 개편 시에는 일반적으로 방송정책기관과 통신정책기관이 반드시 통합되어야 한다고 보았는데 그것은 기구 통합 당시 방송위원회와 정보통신부 간의 몇 가지 중요 사항에 대한 이견을 좁히지 못했기 때문이다. 이것이 이명박 정부의 '작은 정부'의 가치와 맞물렸고, 여기에 다른 기관의 통합이 무산되면서 어느 부처이든 다른 부처에 대한 조직개편을 단행하지 않을 수 없었다는 점 등이 고려되었던 것으로 보인다.

방송·통신의 통합적 단일 정책기구로서의 방통위는 매스미디어와 관련된 정책결정에서는 표현의 자유나 문화적 가치를 상대적으로 더욱 중요시해야 하며, 민주적 절차에 입각하여 사회적·국민적 합의를 도출하기 위해 배전의 노력을 기울여야 한다.

또한 방통위의 합의제적 성격과 다른 정부조직과의 불명확한 관계로 인해 IT정책을 제대로 수행하지 못하고 IT 컨트롤 타워가 실종되어 과거 정보통신부와 같은 조직에서 '정보통신 혁명의 선구자'로서 수행해 온 역할을 제대로 수행할 수 있는 조직이 없다는 점은 시급히 해결해야 할 과제이다.[1)]

1) 김대환, "IT정책 통합 실행기구 절실하다", 「디지털타임스」 2011.3.3. "정통부가 해체되고 3년이 지난 지금, 정치권이나 관료들, 민간기업에서 다시 IT 컨트롤 타워를 복원해야 한다는 주장이 이어지고 있다. MB정부 인수위원회를 이끌며 정통부 해체를 주도했던 김형오 국회의장조차 IT 컨트롤 타워의 복원이 필요하다고 뒤늦게 후회했고, 방송통신위원회를 3년간 이끌고 있는 최시중 방통위원장도 '잘못됐다'는 평가를 내리기도 했다. 야당인 민주당뿐만 아니라 같은 여당인 한나라당 내에서도 'IT 컨트롤 타워 해체가 경솔했다'는 지적에 다수가 공감하는 분위기다. 「디지털타임스」가 창간 11주년을 맞아 총 71개사 CEO와 임원들을 대상으로 설문조사를 실시한 결과, 과거 정보통신부와 같은 새로운 IT 부처를 설립해야 한다(67.6%)는데 대부분 공감했다. 당장 통합부처의 신설이 어렵다면 기능별·역무별로 분산되어 있는 4개 정부부처의 기능을 통합적으로 조정할 시스템이 시급하다는 것이다. 특정부처에서 통합적인 정책을 만들고 싶어도 IT 기능이 산업 진흥과 R&D(지경부), 정책(방통위), 콘텐츠(문화부) 등으로 나뉘어 있기 때문에 힘을 받지 못한다는 것이다. 이번 정권이 들어서면서 정보통신부가 해체되고 방송통신위원회라는 조직이 신설된 것으로 기억한다. IT강국이라고 하는 우리나라인데 그 나라의 IT정책을 이끌어 나가고 있는 상징적인 부서가 없다는 것은 이해할 수가 없었다. IT강국과 정보통신부의 해체는 무언가 모순 같은 느낌을 그 당시 지울 수 없었다. 삼성의 옴니아와 갤럭시가 사실상 애플의 아이폰에 밀리고 있는 상황에서 가장 큰 요인으로 꼽히고 있는 것이 아이

향후 정부조직 개편에서는 이러한 역할을 수행할 수 있는 조직을 신설해야 한다는 주장이 지속적으로 제기되고 있다.[2)]

반면, 현재 방통위가 애초에 목표했던 FCC와 같은 독립성과 전문성을 가지지 못한 문제점과 법제도적 한계가 있으나 IT산업의 경쟁력 하락의 원인은 하드웨어 중심의 IT 경쟁력을 쌓아온 우리 산업의 내재적 한계의 문제이기 때문에 독립제 부처였더라도 동일한 문제가 반복됐을 것이라고 분석하는 견해도 있다.

이에 의하면 현재의 방통위를 스마트 미디어 시대에 적합한 전문성과 독립성을 가진 독립규제위원회로 전환시키는 것이 방송·통신 및 IT산업의 지속적 성장을 위해 필요 조건이며, 이럴 때에만 신문·방송 겸영 문제 등 민감한 정책 과제들에 대해 중립적으로 규제를 할 수 있다고 주장한다.

이렇게 현재 정부조직 개편을 둘러싼 논의가 활발히 전개되고 있으나 기구개편과 관련해서 기억해야 할 가장 중요한 사실은 시대와 국가를 떠나 보편타당한 방송 제도 또는 규제기관의 유형은 존재하지 않는다는 것이다. 시대와 국가의 헌법적 현실과 가치를 반영할 수 있는 기관이라면 통합형이든 분리형이든 효율적인 기구의 설립이 가능하다고 보아야 한다. 따라서 신규 서비스에 대한 공공성 유지와 산업성 제고를 동시에 강구할 수 있는 효율적인 정책 방안이 제시된다면 구체적인 기관의 구성 방식에 대해서는 탄력적인 논의가 가능할 것이다.

다만 기구 분리 주장이 정당화되기 위해서는 애초에 양 기관을 통합해야 한다는 이유, 즉 방송·통신 융합 현상에 적합한 합리적인 규제 방식과 아울러 방송의 공공성, 정치적 독립성을 지킬 수 있는 방안이 동시에 제시되

튠즈, 앱스토어이다. 기술력은 삼성이 애플보다 우위에 있을지 몰라도 사용자가 직접 느끼는 소프트웨어적인 부문과 소비하는 콘텐츠 부문이 소비자들에게 외면받은 이유라고 생각한다."

2) 서울경제 2011.12.11. "정책 부재에 대한 비판이 방통위 조직 자체의 존폐 논의를 가속화시킬 것으로 분석된다. 한 IT 전문가는 '특히 IT산업 관련 업무들이 지식경제부, 문화체육관광부 등으로 쪼개지게 된 이후 방통위만의 독자적인 IT정책을 만들기보다는 사안과 업계 사정에 따라 근시안적 결정을 내리고 있다'며 '잇따른 정책실패가 향후 새정부 출범 후 조직 변화를 가져오는 결정적 원인이 될 것'이라고 말했다."

어야 한다.

2008년 정보통신부의 해체 이후 IT 관련 정책 업무는 지식경제부(IT산업지원 정책), 방통위(방송통신 정책), 문화관광부(콘텐츠 육성 정책), 행정안전부(정보화와 정보보호 정책) 등으로 분산됐다. 과학기술부는 교육부와 통합된 이후 제대로 정책 기능을 발휘하지 못하고 있다는 비판에 따라 새로운 과학기술 컨트롤 타워로 '국가과학기술위원회'의 상설 조직화가 이뤄졌으며, 이는 사실상 과학기술부를 교육부와 통합한 것을 되돌린 것이라고 평가된다. 부처의 통합·해체는 국민의 기본권을 보장하고 효율적으로 운용되기만 한다면 당시의 사회적 필요성과 국제적 경쟁력을 확보하기 위해 얼마든지 가능한 수단적인 것이며, 절대적인 기준은 존재하지 않는다.

멀티미디어 사회에서도 여전히 한국의 방송은 여러 가지 방식을 통해 정치적·사회적 영향력을 유지할 것이기 때문에 권력과 자본으로부터 일정 부분 자유로운 영역을 창출해야 할 것이며, 방송정책기관 역시 정부의 직접적인 영향력이 차단되어야 하고, 콘텐츠·채널의 홍수 속에서도 공적 가치를 유지할 수 있는 공영방송의 제자리 찾기가 가능한 형태가 되어야 한다. 또한 통신정책기관은 한국의 차세대 미래산업으로서 IT 분야의 발전을 선도할 수 있는 효율적·창의적 기관으로 조직되어야 한다.

역사적으로 정부조직의 개편은 매번 시대적 필요성과 부처 간 정치적 힘겨루기의 타협에 의해 실행되었으며 이번에도 예외는 아닐 것이다. 그러나 미디어의 융합 시대에 국민의 표현의 자유를 제고하고 성장의 동력을 되찾아야 한다는 명제는 반드시 지켜져야 한다.

그러므로 향후 만일 방송·통신의 정책기구를 다시 재편해야 한다면 방송의 공공성과 표현의 자유를 보장하고, 통신 분야의 산업성이 조화될 수 있는 방안을 동시에 강구할 수 있도록 해야 한다.

부록 1

「1996년 통신법」

주간(interstate)의 유무선 및 국제통신 기타 다른 목적을 위한 법으로 미합중국 상원 및 하원에 의해 효력을 발휘한다.

제1편 총칙

제1조 [47 U.S.C. 151] 입법 목적, 연방통신위원회의 창설

유무선의 주간 및 국제 통상에서 통신을 규제하여 가능한 한 모든 미국인에게 인종, 피부색, 종교, 출신 국가, 성별에 근거한 차별이 없이 신속하고 효율적인 전국 및 세계적인 유무선 통신 서비스를 적절한 시설과 함께 합리적인 요금으로 이용하게 하기 위한 목적, 국가 방위의 목적, 유무선 통신의 사용을 통한 생명과 재산의 안전을 증진할 목적, 지금까지 법에 의해 여러 기관에게 부여되어 왔던 권한을 일원화하고 또한 주간 및 국제 통상의 유무선 통신에 관해 추가적인 권한을 부여함으로써 위의 정책 목적의 좀 더 효율적인 집행을 위한 목적 등을 위해 이하 규정에 따라 구성되고 이 법의 규정들을 집행하게 될 "연방통신위원회"라는 위원회를 신설한다.

제2조 [47 U.S.C. 152] 이 법의 적용

(a) 이 법 규정은 미국 내에서 발신되거나 수신되는 유무선의 모든 주간 및 국제 통신 및 전파에 의한 에너지의 전송에 적용되고, 또한 미국 내의 통신이나 전파에 의한 전송에 종사하는 자에게 적용되며, 또한 이하에 규정된 대로 모든 무선국의 허가 및 규제에 적용된다. 그러나 이 법 규정은 파나마 운하 지대에서의 유무선 통신이나 전송에 종사하는 자들이나 같은 운하지대 내에서만의 통신이나 전송에는 적용되지 아니한다. 이 법 규정은 케이블 서비스와 관련하여 제6편에서 제공하는 것처럼 이를 제공하는 미국 내의 모든 종사자 및 이 서비스와 관련한 케이블 사업자의 시설에 적용된다.

(b) 제223조 내지 제227조, 제332조, 제301조 및 제6편에의 경우를 제외하고는, 이 법은 다음의 경우에는 적용되지 않거나 연방통신위원회에게 권한이 없다. (1) 유무선 통신사업자의 주내 통신 서비스와 관련된 요금, 분류, 운영, 서비스, 시설, 규정; (2) 직접・간접으로 지배되거나 지배하거나 또는 직접・간접으로 공동의 지배(common control) 하에 있지 않은 다른 사업자의 시설과 오로지 물리적으로 연결되어서만 주간 또는 국제 통신에 종사하는 사업자; (3) 직접・간접

으로 지배되거나 지배하거나 또는 직접·간접으로 공동의 지배 하에 있지 않은 다른 사업자의 인접 주 또는 맥시코나 캐나다(동 사업자가 영업을 하는 주와 인접한)에 있는 시설과 오로지 물리적 연결을 통해서만 주간 또는 국제 통신에 종사하는 사업자; (4) (2) 또는 (3)이 적용될 수 있는 여타 사업자. 단, 주간 이동 무선통신 서비스를 제공하거나 캐나다 또는 멕시코 내의 육상 차량에 설치된 이동 무선장치에 무선 서비스를 제공하는 경우를 제외한다. 예외적으로 이 법의 제201조 내지 제205조는 다른 규정이 있는 경우를 제외하고는 (2), (3) 및 (4)의 사업자에게도 적용된다.

제4조 [47 U.S.C. 154] 연방통신위원회 관련 조항

(a) 연방통신위원회(이 법에서는 "위원회(Commission)"로 언급됨)는 상원의 조언과 동의를 얻어 대통령이 임명하는 5명의 위원으로 구성되며, 대통령은 그 중 1명을 위원장으로 지명한다.

(b) (1) 연방통신위원회 위원은 미국 시민이어야 한다.

(2)(A) 연방통신위원회 위원 및 연방통신위원회에 의해 고용된 자는 다음 사항을 할 수 없다.

(i) 연방통신위원회에 의해 규제되는 통신장비의 제조나 판매에 종사하는 자나 회사에 경제적 이해관계를 갖는 것;

(ii) 유무선 통신의 영업이나 전자파 대역의 사용에 종사하는 자나 회사에 경제적 이해관계를 갖는 것;

(iii) 위 (i) 또는 (ii)에 규정된 자나 회사를 지배하거나 또는 그러한 자나 회사로부터 주식, 채권 기타 증권을 소유하여 그 총소득 중 상당한 부분을 얻는 자나 회사에 경제적 이해관계를 갖는 것; 또는,

(iv) 이 법에 따라 연방통신위원회에 의해 상당한 정도로 규제되는 자에 의해 고용되거나 공식적인 관계를 유지하거나 또는 그러한 자의 주식, 채권 기타 증권을 소유하는 것.

단, 위의 금지 사항은 연방통신위원회에 의해 규제되는 통신, 제조 기타 판매활동에 상당한 수준의 이해관계를 가진 자나 회사에 경제적 이해관계를 가진 경우에만 적용된다.

(B) (i) 연방통신위원회는 특정한 사안이 관련된 개별적인 경우에 연방통신위원회에 고용된 자의 경제적 이해관계가 미미하다고 결정하는 경우 위 (A)호 금지 규정의 적용을 면제할 권한을 가진다. 단, 그러한 적용의 면제는 미국 연방 법전 제18편의 제208조의 제한에 따른다. 이 호의 면제 권한은 연방통신위원회 위원에게는 적용되지 아니한다.

(ii) 연방통신위원회가 이 호의 면제 권한을 행사할 경우에는 관보에 이를 게재하고 상하원 각각의 해당 위원회에 면제 조치를 통지해야 한다. 이 게재 또는 통지에는 면제를 받는 자의 신원과 직위, 면제의 대상인 경제적 이해관계에 대한 정보가 포함되어야 한다.

(3) 연방통신위원회는 그에 의해 규제되는 통신, 제조 또는 영업활동에 상당한 이해관계를 가지는 자나 회사인지를 결정할 때 다음을 고려한다(단, 다른 변수를 배제하는 것은 아니다):

(A) 해당자나 회사의 통신, 제조 또는 영업활동으로 인한 수입, 투자, 이윤 및 관리활동을 그 자나 회사의 여타 활동과 비교;

(B) 연방통신위원회가 해당자나 회사의 활동을 규제, 감독하는 정도;

(C) 해당자나 회사의 경제적 이해관계가 연방통신위원회의 조치에 의해 영향을 받을 수 있는 정도; 및

(D) 해당자나 회사의 경제활동에 관한 일반적인 인식.

(4) 연방통신위원회 위원은 재직 중 다른 직업이나 사업에 종사할 수 없다.

(5) 동일한 정당 소속의 위원이 연방통신위원회 위원 정원의 최소 다수를 초과할 수 없다.

(c) 위원은 5년의 임기로 임명되며 후임자가 승인되고 취임선서를 할 때까지 재임하되 위 임기 종료 직후의 의회 회기가 종료된 후에는 계속 재임할 수 없다. 공석 중인 위원의 보강을 위해 임명된 자는 전임자의 잔여 임기 동안만 재임한다. 연방통신위원회의 위원직에 공석이 발생해도 나머지 위원들의 연방통신위원회 권한 행사에는 아무런 지장이 없다.

(d) 각 위원은 행정부 공무원 급여표의 IV 수준의 연봉을 월급으로 지급받는다. 위원장은 위원장으로 재직하는 동안 행정부 공무원 급여표의 III 수준의 연봉을 지급받는다.

(e) 연방통신위원회 본부는 워싱턴 D.C.에 두고 이곳에서 일반적인 회의를 연다. 그러나 공중이나 당사자들의 편의상 또는 비용 절약을 위해 언제라도 미국 내 어디서든 특별 회의를 개최할 수 있다.

(f) (1) 연방통신위원회는 공무원법과 1949년 분류법 및 그 개정 규정에 따라 그 기능 수행에 필요한 공무원, 엔지니어, 회계사, 변호사, 조사관, 검사관, 기타 직원을 채용할 권한을 가진다.

(2) 각 위원은 공무원법에 관계 없지만 1949년 분류법을 적용하여 3명의 전문직 보조자와 1명의 비서를 임명할 수 있으며, 이들 보조자 등은 그 위원의 지시에 따른 임무를 수행한다. 추가적으로 연방통신위원회 위원장은 각 위원은 공무원법에 관계 없지만 1949년 분류법을 적용하여 위원장의 지시에 따른 임무를 수행할 관리직 1명의 보조자를 임명할 수 있다.

(3) 연방통신위원회는 현장 기술감시국(Field Engineering and Monitoring Bureau) 소속의 엔지니어 및 무선기술자들이 오후 5시부터 오전 8시 사이, 일요일, 기타 공휴일, 또는 이 법 제3편의 제2부 또는 5대호 협정(Great Lakes Agreement)의 목적상 선박 무선장비 및 장치의 검사와 관련된 임무 수행을 위해 근무하도록 요구되는 경우에 합리적인 초과근무 수당을 정해야 한다. 이것은 매 2시간당 또는 오후 5시를 초과하는 경우 한 시간의 일부에 대해서도 0.5일치 추가 급여(단, 오후 5시부터 오전 8시까지의 전 기간 동안 근무해도 2.5일치 근무 급여를 초과하지 못한다)를 기준으로 하며, 일요일 기타 공휴일의 근무 시에는 2일치 근무 급여를 기준으로 한다. 이 초과근무 수당은 당해 선박의 선장, 소유자 또는 대리인이 현지의 연방 관세 징수관 또는 그 대리인에게 납부하며, 이들은 징수 금액을 연방국고의 적절히 지정된 수령 계좌로 입금한다. 위 징수인 또는 그 대리인이 징수한 금액은 연방국고의 잡수입으로 처리되고 자격 있는 직원들에 대한 초과근무 수당은 연방통신위원회의 비용 및 급여로 배정된 연간 예산에서 지급된다. 국고의 일반예산으로부터 위처럼 허용되는 연간 예산이 부족한 경우에는 위 징수 금액이 배정 예산액을 초과하는 한도 내에서 필요한 추가 금액을 국고의 일반 예산으로부터 배정할 수 있다. 무선장비나 장치의 실제 검사가 이루어졌는지 여부에 관계 없이 현장 근무자가

임무의 보고를 하도록 명령을 받고 보고를 했다면 초과근무 수당은 지급된다. 관행적인 근무 시간이 위에 언급된 것과 다른 항구에서는 검사가 이루어지는 당해 항구의 관행적인 근무 시간과 부합하도록 하기 위해 책임 엔지니어가 자신과 무선 기술자들의 근무 시간을 조정할 권한을 가진다. 그러나 이 단서 규정은 어떤 경우에도 위에서 규정된 초과근무 수당이나 책임 엔지니어 또는 무선 기술자들의 일일 근무 시간을 변경하는 것으로 해석되지 아니한다. 연방통신위원회가 지정하는 자가 대신 이 항에 언급된 검사를 수행할 수 있다.

(4)(A) 아마추어 무선국 운영 면허 시험을 준비하고 관리하기 위해 연방통신위원회는 당해 시험을 위한 면허보다 상급의 아마추어 무선국 운영 면허를 가진 자가 무보수 자원봉사를 하도록 허용할 수 있다. 최상급의 아마추어 무선국 운영 면허시험의 경우 연방통신위원회는 동급의 면허를 가진 자가 자원봉사를 하도록 허용할 수 있다.

(B) (i) 아마추어 무선 서비스와 관련하여 이 법(과 이 법에 따른 연방통신위원회 규칙)의 규정 위반을 감시하기 위해 연방통신위원회는 다음의 행위를 할 수 있다:

(I) 연방통신위원회로부터 아마추어 무선국을 운영할 수 있는 면허를 취득한 자에 대한 충원 및 교육

(Ⅱ) 위 면허 소지자에 대한 무보수 자원봉사자로 수용 및 고용.

(ii) (i)에 언급된 자들에 대한 충원 및 교육을 위해 그리고 (i)에 언급된 위반의 보고를 검토, 분석, 요약하기 위해 연방통신위원회는 아마추어 무선국 운영자 단체의 무보수 자원봉사를 수용 및 고용할 수 있다.

(iii) 이 호에 따라 충원되고 훈련된 자들의 역할은 다음에 한정된다.

(Ⅰ) 부적절한 아마추어 무선 전송의 적발;

(Ⅱ) 아마추어 무선 서비스에 관련된 이 법(또는 이 법에 따른 연방통신위원회 규칙)의 집행에 필수적인 정보를 연방통신위원회 직원에 전달; 및

(Ⅲ) 아마추어 무선 서비스에 관련된 이 법(또는 이 법에 따른 연방통신위원회 규칙)의 규정을 명백히 위반한 자들에게 연방통신위원회의 일반적 지시에 따라 권고적 통지를 발송.

위 (iii)의 내용 중 어떠한 것도 이 호에 의해 충원되고 교육된 자들에게 위반자들을 제재하거나 연방통신위원회의 규칙으로만 처할 수 있는 어떠한 법집행 조치를 취할 수 있는 권한을 부여한 것으로 해석해서는 아니 된다.

(C) (i) 시민 밴드(Citizens Band) 무선 서비스와 관련하여 이 법(및 이 법에 따른 연방통신위원회 규칙) 위반을 감시하기 위해 연방통신위원회는 다음을 할 수 있다:

(Ⅰ) 시민 밴드 무선 운영자 충원과 교육

(Ⅱ) 위 무선 운영자의 무보수 자원봉사를 수용.

(ii) (i)에 언급된 자들을 충원하고 교육시키기 위해 그리고 (i)에 언급된 위반의 보고를 검토, 분석, 요약하기 위해 연방통신위원회는 시민 밴드 무선국 운영자 단체의 무보수 자원봉사를 수용할 수 있다. 이 호에 의해 언급된 자들의 서비스를 수용하고 고용할 때 연방통신위원회는 시민 밴드 무선 운영에 관심이 있는 자 및 단체가 광범위하게 포함될 수 있도록 노력한다.

(iii) 이 호에 따라 충원되고 훈련된 자들의 역할은 다음에 한정된다:

(I) 부적절한 시민 밴드 무선 전송의 적발;

(II) 시민 밴드 무선 서비스에 관련된 이 법(또는 이 법에 따른 연방통신위원회 규칙)의 집행에 필수적인 정보를 연방통신위원회 직원에 전달; 및

(III) 시민 밴드 무선 서비스에 관련된 이 법(또는 이 법에 따른 연방통신위원회 규칙)의 규정을 명백히 위반한 자에게 연방통신위원회의 일반적 지시에 따라 권고적 통지를 발송.

위 (iii)의 내용 중 어떠한 것도 이 호에 의해 충원되고 교육된 자들에게 위반자들을 제재하거나 연방통신위원회의 규칙으로만 제정할 수 있는 법집행 조치를 취할 수 있는 권한을 부여한 것으로 해석해서는 아니 된다.

(D) 연방통신위원회는 (연방통신위원회 규칙에서 정의한대로) 인증 프로그램이 그러한 서비스 사용자들의 대표로서 연방정부 공무원이 아닌 자들로 구성된 조직이나 단체에 의해 수행되는 한 사적인 지상 이동 통신 서비스 및 고정 서비스에서 전송기의 설치, 운영, 유지 및 보수 임무를 수행하는 자의 인증을 인정할 권한을 가진다.

(E) 이 항에 따라 인정된 연방통신위원회의 권한은 미국 연방 법전 제5편의 제3부 또는 개정 법률(31 U.S.C. 제665조 (b)항)의 제3679조 (b)항 규정의 적용을 받지도 않고 또한 영향을 받지 아니한다.

(F) 이 항에 따라 서비스를 제공하는 자는 그러한 서비스를 제공한다고 해서 연방 공무원으로 간주되지 아니한다.

(G) 위 (A) 및 (B)호에 언급된 자들의 서비스를 수용하고 고용할 때 연방통신위원회는 아마추어 무선국 운영에 관심이 있는 자나 단체를 광범위하게 포함하도록 노력해야 한다.

(H) 연방통신위원회는 이 항에 언급된 자들의 서비스를 규제하기 위한 행동규칙 및 기타 규칙을 제정해야 한다.

(I) 이 항의 (A)호에 따라 아마추어 무선국 운영 면허시험을 준비, 시행, 관리하기 위한 무보수 자원봉사를 수용할 때에는 그러한 권한 있는 자원봉사 서비스를 제공하고 도와주는 개인 또는 단체는 수험자들로부터 소요비용을 환급받을 수 있다. 수험자당 허용되는 비용 환급 총액은 4달러를 초과할 수 없으며, 연방 노동부의 소비자 물가지수 변동에 따라 매년 1월 1일 조정된다.

(5)(A) 상업적 무선 운영 면허 또는 인증 시험을 준비하고 관리하기 위해 연방통신위원회는 자격 있다고 인정하는 자의 서비스를 수용할 수 있다. 이렇게 고용된 자들은 서비스에 대한 보수를 받을 수 없으나 이러한 서비스가 공공 서비스이며 그들이 제출하는 비용 견적과 같은 변수들을 고려하여 연방통신위원회가 허용하는 수수료를 수험자들로부터 변제받을 수 있다.

(B) 연방통신위원회는 이 항에 의해 연방통신위원회가 적절하게 고용한 자들을 선정, 감독, 제재, 및 해고할 규칙을 제정할 수 있다.

(C) 이 항에 따라 서비스를 제공하거나 그러한 서비스와 관련하여 재화를 제공하는 자들은 그러한 서비스 또는 재화의 공급을 이유로 하여 연방 또는 어떠한 정부의 공무원으로

간주되지 아니한다.

(g) (1) 연방통신위원회는 자신에게 부여된 기능의 수행을 위해 필요하고 제6조에 의해 인정된 예산 배정의 승인에 따라 의회가 예산 배정을 하는 경우 그러한 예산의 지출을 할 수 있다(이 지출에는 임차료 및 노무비, 사무용품, 법률서적, 정기간행물, 참고서적비, 출간 및 제본비, 무선감시국과 관련 장비 설치 및 원격지의 경우 필요 시 현지 숙소 설치 부지 비용, 그러한 무선국과 장비, 기타 기술 연구활동과 관련된 실험실 및 기타 관련 장비(건당 25,000 달러를 초과하지 않는 소규모의 보조적 건물이나 구조물의 구축을 포함)의 설치, 유지 보수, 개량 비용 등이 포함된다). 연방통신위원회 위원 또는 그 지휘 하의 직원들이 명령에 따라 워싱턴 D.C. 이외의 지역에서 어떤 조사나 공무 수행을 함으로써 발생하는 모든 교통 비용을 포함한 연방통신위원회의 모든 지출은 항목별 영수증을 연방통신위원회 위원장이나 기타 연방통신위원회가 이 목적을 위해 지정하는 직원들이 승인함으로써 인정되고 지급된다.

(2)(A) 만약

(i) 연방통신위원회 위원이나 직원이 어떠한 회의, 컨퍼런스, 모임에 참석하는데 위 (1)호의 마지막 문장에 특정된 필요 비용이 발생했고;

(ii) 그러한 회의 또는 모임의 참석 또는 참여가 연방통신위원회의 기능 수행을 위한 것이고;

(iii) 그러한 참석 또는 참여가 그러한 회의, 컨퍼런스, 또는 모임을 주최하는 자의 요청에 따른 것이라면 연방통신위원회는 위의 주최자로부터 해당 필요 비용을 직접 수령할 권한이 있다.

(B) 일 회계연도 당 위 (A)호에 의해 연방통신위원회가 수령하는 비용 보상 금액과 함께 어느 회계연도의 연방통신위원회의 보상되지 않은 출장경비 총액은 당해 연도에 연방통신위원회에게 배정된 출장경비 예산을 초과할 수 없다.

(C) 연방통신위원회는 이 항에 따라 수령한 비용 보상액을 상세히 기록한 분기별 보고를 의회의 관련 위원회에 제출하고 또한 관보에 게재해야 한다.

(D) 이 항 규정은 1994년 회계연도 종료와 함께 효력이 정지된다.

(E) 회계연도 마감 후 이 항 규정에 따라 비용 보상으로서 연방통신위원회가 수령한 금액은 임무 수행을 위해 계속 이용될 수 있다.

(3)(A) 다른 법 규정에도 불구하고 그 기능 수행을 위해 연방통신위원회는 동산, 부동산 기타 재산, (미국 연방 법전 제5편의 제3109조에 따라 허용되는 무보수 자원봉사 서비스를 포함해)의 조건 없는 증여, 기증 또는 상속을 수령, 유지, 관리 및 사용할 수 있는 권한을 가진다.

(B) 무선 클럽 및 군사 친선 호출 사인을 제공하기 위해 연방통신위원회는 1986년 국세징수법(Internal Revenue Code) 제501조 (c)항 (3)호에 의해 조세 감면 자격을 갖고 연방통신위원회의 승인을 받은 아마추어 무선단체의 무보수, 무보상 자원봉사 서비스를 이용할 수 있다.

(C) 위 (A)호의 권한에 따라 수용한 재산이나 서비스는 소득세, 증여세, 상속세에 관한 연방법을 위해 연방에 대한 증여, 상속, 유증으로 간주된다.

(D) 연방통신위원회는 이 항 규정의 시행을 위한 규칙을 제정한다. 그 규칙에는 이해관

계가 충돌되거나 충돌의 외관을 가져오는 증여, 상속, 유증의 수령을 제한하는 규정이 포함되어야 한다.

(h) 연방통신위원회 위원회의 의사에 필요한 정족수는 3명이다. 연방통신위원회는 관인을 가지며 사법적으로(judicially) 공지된다.

(i) 연방통신위원회는 이 법에 저촉되지 않으면서 그 기능 수행에 필수적인 모든 조치를 취하고, 규칙과 규정을 제정하고, 명령을 발할 수 있다.

(j) 연방통신위원회는 적절한 임무 수행과 정의의 목적을 도모할 수 있는 절차를 진행할 수 있다. 어떠한 위원도 자신이 경제적 이해를 가지고 있는 청문회 또는 기타 절차에 참가할 수 없다. 당사자는 위원회에 출석하여 직접 또는 변호사를 통해 진술할 수 있다. 연방통신위원회의 모든 표결과 공식적 활동은 기록되고 그 과정은 이해당사자의 요청에 따라 공개된다. 연방통신위원회는 국가 안보에 영향을 미치는 비밀정보가 포함된 기록이나 과정의 공개를 하지 아니할 권한을 가진다.

(k) 연방통신위원회는 의회에 연차 보고서를 제출하고 의회에 제출되는 기타 보고서처럼 그 사본은 배포된다. 당해 보고서는 다음의 사항을 포함한다.

(1) 주간 및 국제 유무선 통신 그리고 에너지의 무선송에 관련된 문제의 결정에 가치가 있다고 평가되어 연방통신위원회가 수집한 정보 및 자료;

(2) 연방통신위원회의 업무와 임무의 양과 성격 및 그 직원 및 장비의 적정성을 의회가 평가하는 데 의미 있는 연방통신위원회의 기능에 관한 정보와 자료;

(3) 연방통신위원회가 전년도에 지출한 모든 자금의 항목별 내역 및 수입처, 그리고 그러한 지출이 이 법에 의한 것인지의 여부와 다음 사항에 대한 근거;

(4) 관리예산처장의 승인을 위해 제출된 모든 법안을 포함해 연방통신위원회가 필요하거나 바람직하다고 판단하는 추가적인 법안의 대의회 권고 사항.

(l) 연방통신위원회가 행하는 모든 조사 및 보고는 기록이 되며, 그 사본은 이의 제기를 한 자 및 이의 제기의 대상이 된 면허 소유자 또는 기간통신 사업자에게 각각 1부씩 교부된다.

(m) 연방통신위원회는 그 보고와 결정을 공공의 정보 및 공공의 이용에 가장 적정한 형식과 방법으로 공표해야 하며, 해당 공표물은 연방 및 각 주의 모든 법원에서 추가적인 증명이나 확인 없이 그에 담긴 연방통신위원회의 보고 및 결정의 충분한 증거가 된다.

(n) 이 조에 의해 임명된 자들의 급여는 연방정부 공무원들에게 일반적으로 적용되는 삭감 규정이 적용될 수 있다.

(o) 생명과 재산 보호에 관한 유무선 통신의 사용으로부터 최대한의 효과를 얻기 위해 연방통신위원회는 문제의 모든 국면과 이러한 시스템의 협조와 조정을 얻기 위한 최선의 방법을 조사하고 연구한다.

제5조 [47 U.S.C. 155] 연방통신위원회의 조직과 기능

(a) 대통령에 의해 위원장으로 선임된 위원은 연방통신위원회의 대표자가 된다. 위원장은 위원회의 모든 회의와 모임을 주재하고 모든 입법 및 입법에 관한 보고에서 연방통신위원회를 대표하고, 다른 공무원 또는 정부기관들과 회의 또는 협의를 요하는 모든 문제에서 연방통신위원회

를 대표하고, 연방통신위원회의 관할 내의 모든 업무를 신속하고 효과적으로 처리하기 위해 연방통신위원회의 업무를 일반적으로 조정한다. 단, 각각의 위원은 자신의 의견, 소수 의견 또는 추가적 보고를 제시할 수 있다. 위원장 직위에 공석이 발생하거나 위원장이 직무를 수행할 수 없는 경우, 위원회는 그러한 지정을 요하는 원인이나 상황이 해소되거나 치유될 때까지 위원장의 역할을 대행하도록 위원 중에서 1명을 임시로 지정할 수 있다.

(b) 필요한 경우 연방통신위원회는 그 직원을 (1) 연방통신위원회의 주요 업무 부담 운영을 근거로 기능하도록 통합된 부서로 그리고 (2) 연방통신위원회가 필요하다고 인정하는 기타 부서에 직원을 배속시킬 수 있다. 각 통합부서는 적절한 기능 수행을 위해 필요한 법무, 기술, 회계, 관리, 서무, 기타 직원을 포함한다.

(c) (1) 연방통신위원회의 적절한 기능과 신속하고 질서 있는 업무 수행을 위해 필요한 경우 연방통신위원회는 공표된 규칙 또는 명령에 의해 연방통신위원회의 업무 및 사항에 관해 청문, 결정, 명령, 증명, 보고, 또는 기타 행위를 포함하여 그 기능의 일부를 (단, 이 호 또는 이 호의 (4), (5), (6)호에 의해 위원회에게 부여된 기능과 제204조 (a)항 (2)호, 제208조 (b)항, 제405조 (b)항에 언급된 조치는 제외) 위원회의 패널, 개별 위원, 하위 부서(employee board), 또는 개별 직원에게 위임할 수 있다. 단, (행정절차법에 정의된 바의) 재결(adjudication)의 경우 직원들에게 재심 기능을 위임하는 경우에는 그러한 위임은 (8)호에 언급된 2명 이상의 직원들로 구성되는 하위 부서에 위임되어야 한다. 그러한 규칙 또는 명령은 위원회 정원의 다수결 투표에 의해서만 채택, 변경 또는 폐지될 수 있다. 교육 TV 고정 서비스(Instructional television fixed service) 승인의 경우 또는 이 법에서 달리 규정하는 경우를 제외하고는, 이 호의 어떤 점도 위원회로 하여금 미국 연방 법전 제5편, 제556조 (b)항의 (2)호 또는 (3)호에 언급된 자 이외의 자들이 이들 조항이 적용되는 청문회를 주관하도록 허용하지 아니한다.

(2) 이 (d)항에서 사용되는 "명령, 결정, 보고 또는 조치"는 제409조 (b)항에 규정된 예외가 적용될 수 있는 최초, 임시 또는 권고 결정을 포함하지 않는다.

(3) 그러한 위임에 따라 취해지는 명령, 결정, 보고 또는 조치는 (4)호에 따라 재심사되지 않는 한 위원회의 명령, 결정, 보고 또는 조치와 동일한 효력을 가지며 동일한 방식으로 증거가 되며 집행된다.

(4) 그러한 명령, 결정, 보고 또는 조치로부터 불이익을 당한 자는 연방통신위원회가 규정한 기간과 방법에 따라 연방통신위원회에 재심(review)을 청구할 수 있고, 그러한 모든 청구는 연방통신위원회가 심사한다. 연방통신위원회는 위 (1)호의 위임에 따라 취해진 명령, 결정, 보고 또는 조치의 일부 또는 전부를 그러한 기간과 방식에 따라 스스로 재심할 수 있다.

(5) 재심 청구를 심사할 때 연방통신위원회는 이유를 특정하지 않고 청구의 전부 또는 일부를 인정하거나 기각할 수 있다. 재심 청구는 사실 문제이든 법률 문제이든 청구의 기초가 되고 있는 문제를 개별 위원, 위원들로 구성된 패널, 하위 부서, 또는 개별 직원에게 이전에 심사 기회가 부여되어야 한다.

(6) 연방통신위원회가 재심 청구를 인정한다면 명령, 결정, 보고 또는 조치를 확인, 변경 또는 제한할 수 있으며, 또는 제405조에 따라 명령, 결정, 보고 또는 조치의 재청문을 명령할

수 있다.

(7) 이 항의 재심 청구는 (1)호의 위임에 따라 취해진 명령, 결정, 보고 또는 조치에 대한 사법심사의 선행 조건이다. 제402조 (a)항이 적용되는 절차에서의 재심 청구 기간 또는 제402조 (b)항)하의 상소 기간은 당해 재심 청구의 처분 명령이 공시된 날로부터 기산한다.

(8) 연방통신위원회가 (행정절차법에서 정의하는 바의) 재결 사건에서 재심 기능을 위임한 직원은 교육, 경험 및 능력에서 그러한 재심 업무를 수행할 자격을 갖추어야 하며, 재심 업무와 부합되지 않는 일을 해서는 아니 된다. 당해 직원에게는 당해 직원의 업무의 중요도에 상응한 공무원 직급 수준 또는 급여 수준이 부여되어야 하며, 어떠한 경우에도 재심의 대상 조치를 취한 직원들의 계급 수준 또는 급여 수준 이하여서는 아니 된다. 그러한 재심 업무를 수행할 때 이들 직원들은 현실적으로 가능한 한 순환하여 사건을 맡도록 해야 하며, 어느 기관의 조사 또는 수사 기능을 수행하는 임직원, 대리인의 지시 또는 감독을 받지 않아야 한다.

(9) 위원회의 비서와 직인은 이 항의 (1)호에 따라 위임된 업무 수행을 하는 개별 위원, 위원들로 구성된 패널, 그리고 하위 부서 또는 개별 직원들의 비서와 직원이 된다.

(d) 위원회의 회의는 매월 1회 이상 정기적으로 개최하며 이때 위원회의 기능과 업무량이 검토되고 위원회의 신속하고 질서 있는 업무 처리를 위해 필요하고 적절한 조치와 명령을 내려 (1) 청문회를 개최할 필요가 없는 모든 최초의 신청, 갱신, 이송 사건은 신청을 접수한 날로부터 3개월 이내, (2) 모든 청문회의 경우에는 청문회가 종료된 날로부터 6개월 이내에 최종 결정을 할 수 있도록 해야 한다.

(e) 연방통신위원회는 위원장이 선임하고 위원회의 승인 하에 관리국장을 둔다. 위원장의 지시 및 감독 하에 관리국장은 위원장이 위임한 행정 및 집행 기능을 수행한다. 관리국장은 행정부 공무원 급여표 V 수준과 동등한 급여를 지급받는다.

제6조 [47 U.S.C. 156] 예산의 권한 부여

(a) 연방통신위원회는 이 법 시행을 위해 1990년 109,831,000달러, 1991년 119,831,000달러의 예산을 배정받을 수 있다. 이와 함께 각각 1990년, 1991년의 회계연도에서 법에 의해 요구되는 급여, 지급, 퇴직금, 기타 근로에 대한 지급 및 다른 비차별적 지급으로 발생하는 증가액에 필요한 금액도 허용된다.

(b) 이 조에 의해 배정이 허용된 예산액에 덧붙여, 연방통신위원회는 1990년의 회계연도 중에 연방통신위원회가 징수하는 수수료 또는 기타 연방에 지급하는 비용의 4% 이하를 그러한 요금을 징수하는 데 소요되는 비용의 완전 배분에 지출될 때까지 사용할 권한이 있다.

(c) 1991 회계연도를 위해 (a)항에 따라 배정된 예산 중 필요에 따라 200만 달러를 초과하지 않는 금액은 메릴랜드 주 로렐에 위치한 연방통신위원회의 일렉트론 방출 시험연구실의 장비 개량 현대화에 사용된다.

(d) 이 조항 중 당해 연도에 배정된 예산 중 §159(b)에 의해 결정된 금액의 일부는 제159조에 의해 승인된 수수료로부터 제공된다.

제6편 절차 및 행정 규정

제401조 [47 U.S.C. 401] 법 및 연방통신위원회 명령을 집행하는 관할권

(a) 누군가가 이 법 규정을 준수하지 못했거나 위반했음을 주장하는 연방통신위원회의 요청에 따라 미국 법무부 장관이 신청을 하면, 미국 연방 지방법원은 그러한 자에게 이 법 규정을 준수할 것을 명령하는 직무명령장(writ of mandamus)을 발할 관할권을 가진다.

(b) 연방통신위원회의 명령이 유효할 때 누구든지 금전의 지급 이외에 이를 준수하지 못하거나 무시하는 경우, 그에 의해 손해를 입은 자, 연방통신위원회 또는 법무부 장관에 의한 연방정부는 그러한 명령의 집행을 위해 미국 연방의 적절한 지방법원에 제소할 수 있다. 청문회 후 법원이 그러한 명령이 정상적으로 이루어졌고 적법하게 송달되었으며 당사자가 그러한 명령을 준수하지 않고 있다고 판단하는 경우, 법원은 당사자나 그 자의 임직원, 대리인이 더 이상 그러한 명령 위반을 하지 말고 명령을 준수하도록 하는 금지명령(writ of injunction) 내지 기타 강제적 또는 적절한 명령을 집행해야 한다.

(c) 연방통신위원회의 요청이 있을 때 연방통신위원회가 신청할 수 있는 관할의 연방 지방검사는 연방 법무부 장관의 지휘를 받으며 이 법 규정의 집행과 그 위반의 처벌을 위해 적절한 법원에 모든 필요한 절차를 개시하고 기소할 의무가 있으며, 그러한 기소의 모든 비용은 연방법원의 비용으로 배정된 예산에서 충당되어야 한다.

제402조 [47 U.S.C. 402] 연방통신위원회의 금지, 제한, 취소, 정지명령의 질사

(a) 이 법에 의한 연방통신위원회의 명령을 금지, 제한, 취소, 또는 정지하는 절차는 (이 조 (b)항에 따라 상소할 수 있는 것을 제외하고) 미국 연방 법전 제28편의 제158장에 따라 그에 기술된 방식에 의해 이루어져야 한다.

(b) 연방통신위원회의 명령과 결정에 대한 항소는 워싱턴 D.C. 연방 항소법원에, 다음과 같은 자가 제기할 수 있다.

(1) 무선국 면허나 건설 허가 신청이 연방통신위원회에 의해 기각된 신청자,

(2) 면허장의 갱신 또는 변경의 신청이 연방통신위원회에 의해 기각된 신청자,

(3) 면허장 또는 그 면허장에 의한 권리의 이전, 양도, 처분의 승인이 연방통신위원회에 의해 기각된 신청자,

(4) 이 법 제325조에 의해 요구되는 건설 허가 신청이 연방통신위원회에 의해 기각된 신청자나 위 조에 의한 건설 허가가 연방통신위원회에 의해 취소된 허가 신청자,

(5) 연방통신위원회에 의해 변경 또는 취소된 무선국 면허 또는 건설 허가의 소지자,

(6) 위 (1), (2), (3), (4), 그리고 (9)호에 기술된 신청을 부여하거나 기각하는 연방통신위원회 명령에 의해 자신의 이익이 침해되었거나 나쁜 영향을 받는 기타의 자,

(7) 이 법 제312조에 의해 금지명령이 내려진 자,

(8) 연방통신위원회에 의해 면허가 정지된 무선기사,

(9) 이 법 제271조에 의한 LATA 간 서비스 제공 권한 신청이 연방통신위원회에 의해 기각된 신청자.

(c) 그러한 항소는 당해 결정이나 명령의 공지가 있는 날부터 30일 이내에 법원에 항소의 통지를 제출함으로써 이루어진다. 그러한 항소의 통지는 항소가 이루어지는 절차의 성격에 대한 간략한 진술을 포함해야 한다. 또한 항소인이 근거하고 있는 주장들을 각각의 번호로 분리하여 간략하게 포함하고 있어야 하며, 항소의 통지와 위 진술의 정본이 연방통신위원회에 송달증명을 포함해야 한다. 그러한 통지의 제출이 있는 경우, 법원은 그 절차 및 쟁점의 결정 관할권을 가지고 연방통신위원회 또는 항소의 당사자에게 공정하고 적절하다고 판단하는 가처분 조치(temporary relief)를 명령으로 부여할 권한을 가진다. 가처분 조치를 부여하는 명령은 그 범위 및 신청에서 긍정적 또는 부정적일 수 있으며, 항소가 이루어지는 사안에 대해 현상 유지를 허락하거나 또는 항소의 대상인 명령에 따라 중단되거나 악영향을 받는 상태나 지위를 회복하게 할 수 있으며, 법원이 달리 명령하지 않는 한, 청문회 및 항소심 결정 그리고 항소심에서의 법원의 종국 결정에 대해 연방통신위원회가 이를 준수할 때까지 유효하다.

(d) 위의 항소 제출 시, 항소인은 그러한 통지 제출일로부터 5일 이내에 연방통신위원회의 기록에 의해 항소의 이해당사자로 되어 있는 자들에게 항소 통지의 제출과 계류를 통지해야 한다. 연방통신위원회는 미국 연방 법전 제28편의 제2112조에 규정된 대로 항소의 대상인 명령이 발해진 기록을 법원에 제출해야 한다.

(e) 그러한 항소 제출 후 30일 이내에 이해당사자는 소송 참가의 의사와 이해관계의 성격을 증명하는 확인된 진술을 항소인과 연방통신위원회 양자 모두에 송달했다는 증명과 함께 법원에 제출함으로써 항소 절차에 참가할 수 있다. 당해 연방통신위원회 명령의 취소나 변경으로 손해를 입거나 그 이해관계를 침해받을 자는 이해당사자로 간주되어야 한다.

(f) 법원에 의한 그러한 항소의 심리 및 결정 절차에 대한 기록과 자료는 법원이 규칙으로 정하는 정보와 자료를 포함하고 있어야 하며, 그러한 방식과 시간에 따라 작성되어야 한다.

(g) 법원은 제5편의 제706조에 따라 규정되는 방식으로 기록에 근거해 항소에 대해 심리하고 결정을 해야 한다.

(h) 법원이 연방통신위원회의 명령을 취소하는 결정과 명령을 내리는 경우 법원은 그 결정을 이행하도록 하기 위해 연방통신위원회에게 사건을 환송해야 하며, 그러한 결정의 상소 절차를 밟지 아니하는 경우 연방통신위원회는 즉각 법원의 명령을 이행해야 할 의무를 부담하며, 법원이 달리 명령하지 아니하는 한, 위 항소 절차와 기록에 근거해 이행해야 한다.

(i) 법원은 항소에 관련된 사안의 성질과 그 결과에 따라 그 재량으로 항소인 또는 기타 소송참가인에게 유리하게 또는 불리하게 비용에 대한 결정을 내릴 수 있으나 연방통신위원회에 비용을 부담시킬 수는 없다.

(j) 위 법원의 결정은 항소인, 연방통신위원회, 기타 소송 참가인, 또는 미국 연방 법전 제28편의 제1254조에 의한 법원의 확인에 의해 동 조에 의해 이루어진 상고 신청에 따라 연방대법원이 이송명령 영장(writ of certiorari)을 허용해 재심사하지 않는 한 최종적이다.

제403조 [47 U.S.C. 403] 연방통신위원회의 자발적인 조사

연방통신위원회는 이 법에 의해 연방통신위원회에 이의 제기가 허용되거나, 또는 이 법 규정에 의해 문제가 제기될 수 있거나, 또는 이 법 규정의 집행에 관한 어떠한 사건이나 사안에 대해서도 언제든지 스스로 조사할 권한을 가진다. 연방통신위원회는 금전의 지급명령을 제외하고는 조사가 이루어지는 사안에 대해 명령을 내리고 이를 집행할 권한을 포함해, 이 법 규정에 따라 이의신청이 제기된 것과 동일한 권한을 가지고 자발적인 조사 절차를 진행할 수 있다.

제404조 [47 U.S.C. 404] 조사의 보고

위의 조사를 하는 경우 연방통신위원회는 반드시 이와 관련해 보고서를 작성할 의무가 있으며, 이 보고서는 연방통신위원회의 전제 요건과 결정, 명령과 함께 결론을 기술해야 하며, 손해배상이 부과되는 경우 그 근거 사실의 발견을 포함해야 한다.

제405조 [47 U.S.C. 405] 재고

(a) 연방통신위원회 또는 제5조 (c)항 (1)호에 의한 위임에 따라 연방통신위원회 내에 지정된 담당기관에 의한 어느 절차에서 명령, 결정, 보고, 또는 조치가 이루어진 후에, 관련 당사자 또는 그러한 조치에 따라 자신의 이익이 침해되었거나 부정적 영향을 받는 자는 그러한 조치 등을 취한 기관에만 재고(reconsideration)를 요청할 수 있다. 재고의 사유가 충분한 경우 연방통신위원회 또는 제5조 (c)항 (1)호에 따라 지정된 기타 관할 기관은 그 재량으로 재고를 허용하는 것은 적법하다. 재고의 신청은 당해 명령, 결정, 보고, 또는 조치의 통지가 이루어진 날로부터 30일 이내에 제출되어야 한다. 어떠한 신청도 연방통신위원회의 특별한 명령 없이는 누구든지 연방통신위원회의 명령, 결정, 보고, 또는 조치의 준수를 면제하지 아니하거나 그 집행을 연기하는 방식으로 작용되지 아니한다. 재고 신청의 제출은 그러한 재심을 청구하는 자가 (1) 그러한 명령, 결정, 보고, 또는 조치를 초래한 절차의 당사자가 아니거나, 또는 (2) 연방통신위원회 또는 연방통신위원회 내 지정된 담당기관이 의결할 기회를 가지지 못한 사실 문제나 법적 문제에 근거한 경우를 제외하고, 그러한 명령, 결정, 보고, 또는 조치의 사법심사의 전제 조건이 되지 아니한다. 연방통신위원회나 연방통신위원회 내의 지정된 담당기관은 재고 신청에 대해 그 전부 또는 일부를 인정 또는 기각하거나 적절한 경우에는 추가적인 절차를 명하는 명령을 그 간략한 사유와 함께 내려야 한다. 단, 그러한 신청이 청문회 없이 부여된 승인장에 관한 것인 경우에는 연방통신위원회 또는 연방통신위원회 내의 지정된 담당기관은 그러한 신청의 제출일로부터 90일 이내에 그러한 조치를 취해야 한다. 재고는 연방통신위원회가 설정하는 그러한 일반적 규칙의 적용을 받는다. 단, 새로이 발견된 증거, 원래의 증거 채택 이후에 이용 가능하게 된 증거, 연방통신위원회 또는 연방통신위원회 내의 지정된 담당기관이 원래의 절차에서 채택되었어야 했다고 믿는 증거를 제외한 어떠한 증거도 재고에서 채택될 수 없다. 재고 신청이 제402조 (a)항이 적용되는 절차에서 제출되어야 하는 시한 또는 제402조 (b)항에 의해 제소가 이루어져야 하는 시한은 연방통신위원회가 당해 명령, 결정, 보고, 또는 조치를 공지한 날로부터 기산된다.

(b)(1) 제204조 (a)항에 의한 청문회를 종결하거나 제208조 (b)항에 의한 조사를 종료하는 명령의 재고 신청을 받은 날로부터 90일 이내에 연방통신위원회는 그러한 신청을 인정 또는 기각하

는 명령을 내려야 한다.

(2) (1)에 의해 내려진 명령은 최종 명령이 되고 제402조 (a)항에 따라 항소할 수 있다.

제406조 [47 U.S.C. 406] 시설 제공 명령

미국 연방 지방법원은 이 법의 적용을 받는 어떠한 사업자(carrier)가 이 법 규정을 위반해 관련자가 위 사업자로부터 유무선의 주간 또는 국제 통신, 또는 무선을 통한 에너지의 주간 또는 국제 전송으로 서비스를 위 사업자가 유사한 통신이나 전송을 다른 자에게 유사한 조건으로 제공하는 것과 같은 요금이나 조건으로 수신하지 못하도록 하고 있음을 주장하는 자의 주장에 대해 그러한 사업자에게 위 관련자에게 그러한 통신이나 전송 시설을 제공하도록 명하는 명령을 발할 수 있는 관할권을 가진다. 단, 그러한 명령에 따라 집행될 서비스에 대해 사업자에게 적절한 보상을 하는 사실 문제가 변론 절차에서 제기된 경우에는, 그러한 사실 문제가 결정되지 않았음에도 불구하고 당해 사실 문제의 결정 전에 법원이 적절하다고 판단하는 조건으로 법원에 일정 금액을 공탁(security)할 것을 명하는 우선 직무명령장(writ of peremptory mandamus)을 발할 수 있다 또한 위의 명령에 의한 구제는 이중으로 부여되는 것이며, 이 법에 의해 제공되는 다른 구제 조치를 배제하거나 이에 영향을 미치지 아니한다.

제407조 [47 U.S.C. 407] 지급명령 집행 청구

사업자가 부여된 기한 내에 지급명령을 이행하지 아니한 경우 이의신청자 또는 그 명령으로부터 이익을 받는 자는 자신이 거주하거나, 사업자의 주된 사무소가 소재하거나, 사업자의 회선이 통과하는 곳의 연방 지방법원 또는 당사자들에 대해 일반적 관할권을 가지는 주 법원에 전제가 되는 연방통신위원회 명령과 손해배상을 청구하는 사유를 간략하게 기술한 청구서를 제출할 수 있다. 연방 지방법원에 제출된 그러한 소송은 모든 면에서 다른 민사 손해배상청구 소송과 같이 진행된다. 단, 그러한 소송의 변론 절차에서 연방통신위원회의 명령과 발견은 일단 제기된 사실에 대한 일응의 추정 증거(prima facie evidence)가 되며, 청구인은 법원의 재판비용을 부담하지 아니하며, 청구인이 상소하지 않는 한 추후의 절차에서의 비용도 부담하지 아니한다. 청구인이 최종적으로 승소하는 경우 소송비용의 일부로 합리적인 변호사 비용을 산정하고 징수하는 것이 허용된다.

제408조 [47 U.S.C. 408] 지급명령 이외의 명령 발효 시기

이 법에 달리 규정한 경우를 제외하고는 지급명령 이외의 연방통신위원회의 모든 명령은 연방통신위원회가 다른 발효일을 지정하지 않는 한, 명령의 공지가 주어진 날로부터 30일 경과 후 효력을 발생한다. 모든 그러한 명령은 그 명령에 특정된 기간 동안 또는 연방통신위원회나 관할권 있는 법원이 대체명령을 발할 때까지 계속 유효하다.

제409조 [47 U.S.C. 409] 절차에 관한 일반 요건--증인과 선서 증언

(a) 청문을 위해 연방통신위원회가 지정하는 바의 (행정절차법에 정의된 바의) 재결(adjudication)의 모든 경우에, 청문을 행하는 모든 자는 최초, 중간 또는 권고 결정을 준비하고 작성해 제출해

야 한다. 단, 당사자가 연방통신위원회에 출석할 수 없거나, 기록상 그 기능의 시의적절한 수행이 연방통신위원회에 기록이 최초 또는 최종 결정을 위해 확인이 긴급하고 불가피하게 요구되는 경우는 예외로 한다.

(b) 청문을 위해 연방통신위원회가 지정하는 바의 (행정절차법에 정의된 바의) 재결의 모든 경우에, 그 절차의 당사자는 최초, 중간 또는 권고 결정에 대해 근거 자료와 함께 예외 설정을 위한 요청을 제출할 수 있으며, 이는 연방통신위원회 또는 연방통신위원회 내의 담당기관에 의해 그러한 예외 처리가 제5조 (d)항 (1)호에 따라 위임된 담당기관에 전달되어야 한다. 단, 이 경우에 후자는 예외가 요청되는 결정을 한 기관과 동일한 기관이 아니어야 한다.

(c) (1) 청문을 위해 연방통신위원회가 지정하는 바의 (행정절차법에 정의된 바의) 재결의 모든 경우에, 그 청문이나 재심사의 변론에 참가했거나 참가 준비에 가담했던 자는 누구든지 (법에 따라 허용되는 일방적인 신청사건에 필요한 경우를 제외하고는) 청문담당 공무원, 연방통신위원회, 또는 제5조 (d)항 (1)호에 의거하여 연방통신위원회에 의해 지정된 기능을 수행하도록 위임된 담당기관에 대해 모든 당사자에게 통지와 참여의 기회를 부여하지 않은 한, 직접적으로 또는 간접적으로 당해 사건에 관해 추가적인 변론을 할 수 없다.

(2) 최초 면허의 신청 결정에 적용되지 아니한다고 기술하고 있는 행정절차법 제5조 (c)항 규정은 연방통신위원회에서 최초의 면허 신청의 경우 이후 적용될 수 없다.

(d) 이 조의 위 규정 및 제5조 (d)항의 규정이 행정절차법 규정과 저촉되는 한도에서 이 조 및 제5조 (d)항의 규정은 행정절차법에 따라 대체되고 수정되는 것으로 된다.

(e) 연방통신위원회는 이 법의 목적 달성을 위해 소환에 의해 증인의 출석과 증언을 요구할 권한을 가지며 조사 중인 사안에 관한 서적, 문서, 요금표, 계약, 협정, 서면이 제출을 요구할 권한을 가진다. 연방통신위원회에 소환된 증인은 연방법원에 출두한 증인에게 지급되는 것과 같은 일비와 여비를 지급받는다.

(f) 증인의 참석과 서면 증거 제출은 미국의 어느 장소에서든지 지정된 청문회 장소에서 요구될 수 있다. 위 소환에 불응하는 경우 연방통신위원회 또는 연방통신위원회에서 행해지는 절차의 당사자는 이 조에 따라 증인의 참석과 증언 및 장부, 문서, 서면의 제출을 요구할 때 연방법원의 도움을 구할 수 있다.

(g) 조사가 행해지는 관할권 내의 연방 지방법원은 기간통신 사업자, 면허 소유자, 또는 기타의 자에게 발급된 소환장에 불응할 경우 그러한 기간통신 사업자, 면허 소유자, 기타의 자 등이 연방통신위원회에 출두해 (그리고 법원이 명령하는 경우 장부와 서류를 제출하도록) 당해 사안에 대한 증거를 제출하도록 하는 명령을 발할 수 있다. 법원의 그러한 명령에 불응하는 것은 법정모독죄로 법원에 의해 처벌될 수 있다.

(h) 증인의 증언은 당사자의 면전에서, 그리고 연방통신위원회에 계류 중인 절차나 조사에서, 소송 이유 또는 절차가 신청과 답변에서 문제가 된 후 언제든지 선서 증언(deposition)에 의해 행해질 수 있다. 또한 연방통신위원회는 계류 중인 절차나 조사에서 선서 증언에 의해 증언이 채택되도록 명령할 수 있다. 그러한 선서 증언은 어느 당사자의 변호사나 당해 절차나 조사의 이해당사자가 아닌 한, 연방법원의 판사, 연방통신위원회 위원, 법원의 서기, 주법원의 판사, 시장, 시의 치안판사, 군법원 판사, 기타 연방 보통법원 판사, 공증인 앞에서 이루어질 수 있다. 우

선 상대방 또는 그의 변호사에게 선서 증언 진술을 할 것을 제안하는 합리적 통지를 해야 한다. 통지는 증인의 성명과 그러한 선서 증언의 시간과 장소를 기술해야 한다. 누구든지 위에 기술된 바대로 연방통신위원회에 출두해 증언하고 서면 증거를 제출하도록 요구되는 것과 동일한 방식으로 출두해 진술하고 서면 증거를 제출하도록 강제할 수 있다.

(i) 이 조에 규정된 바와 같이 모든 증인은 진실만을 밝히도록 경고를 받고 선서(증인이 요청할 경우 확인)해야 하며, 신중하게 조사된다. 증언은 진술을 채택하는 치안판사에 의해 또는 그의 지휘에 따라 서면으로 기록되어야 하며, 서면으로 기록한 후에 진술자가 서명해야 한다.

(j) 선서 증언을 하고자 하는 증인이 해외에 체류하는 경우, 선서 증언은 연방통신위원회에서 지정한 자의 앞에서 또는 연방통신위원회에 제출되어야 하는 서면 동의로 당사자들이 합의하는 자 앞에서 이루어질 수 있다. 모든 선서 증언은 연방통신위원회에 즉시 제출되어야 한다.

(k) 선서 증언이 이 법에 승인된 대로 이루어진 경우 증인과 선서 증언을 담당한 치안판사 또는 기타 공무원은 연방법원에서 유사한 임무 수행에 지급되는 것과 마찬가지의 실비를 각각 지급받는다.

(m) 연방통신위원회의 소환장이나 적법한 요구 사항에 불응하는 경우 출석과 증언, 적법한 조사에 대한 응답, 또는 자신의 관할 하에 있는 장부, 서신, 요금표, 계약, 협정의 제출을 거부 또는 무시하는 자는 경범죄로서 관할권 있는 법원의 판결로 100달러 이상 5,000달러 이하의 벌금 또는 1년 이하의 징역 또는 양자를 병과한다.

제410조 [47 U.S.C. 410] 합동위원회의 이용: 주 위원회와의 협조

(a) 제409조의 규정 이외에 연방통신위원회는 이 법의 시행에서 발생하는 어떠한 문제든지 당해 절차에 따라 영향을 받거나 관련된 유무선 통신이 발생하거나 제안되는 각 주로부터 연방통신위원회에 의해 결정되는 자로 구성되는 합동위원회에 회부할 수 있다. 당해 사안에 대응하기 위해 합동위원회는 행정절차법 제11조에 규정된 바에 따라 연방통신위원회에 의해 지정되는 검사인에게 법률상 부여되는 모든 관할권과 권한을 가지며, 동일한 임무와 의무를 가진다. 합동위원회의 조치는 연방통신위원회가 규칙으로 정하는 효력을 가지며, 그 절차는 연방통신위원회가 규칙으로 정하는 방식으로 수행되어야 한다. 각 주의 위원회 구성원은 각 주 위원회 또는 주 위원회가 없는 경우에는 주지사에 의해 지명되고 연방통신위원회에 의해 선임된다. 연방통신위원회는 어느 지명후보자를 거부할 재량(discretion)을 가진다. 합동위원회 구성원은 연방통신위원회가 제공하는 실비수당을 받는다.

(b) 연방통신위원회는 사업자에 대해 규제 관할권을 가지는 주 위원회와 그 주 위원회와 연방통신위원회의 관할권 적용을 받는 사업자의 요금구조, 회계, 요금, 운영, 분류와 규제 간의 관계에 대해 협의할 수 있다. 연방통신위원회는 규칙과 명령에 따라 당해 조치가 허용되는 사안에 관련해 주 위원회와 함께 합동 청문회를 개최할 수 있다. 이 법 시행 시 연방통신위원회는 주 위원회가 제공하는 협조, 서비스, 기록, 시설을 이용할 수 있다.

(c) 연방통신위원회는 입법예고에 따라 개시되는 주간 및 주내 운영 사이의 기간통신 사업자의 재산 및 비용의 관할을 분리하는 절차를 연방과 주 합동위원회에 회부해야 한다. 또한 이 법 제409조의 경우를 제외하고 연방과 주의 공동 관심사인 기간통신 사업자 통신에 관한 기타 다른

문제도 연방과 주 합동위원회에 회부할 수 있다. 합동위원회는 이 조 (a)항에 따라 설치되는 합동위원회와 동일한 관할, 권한, 임무, 의무를 가지며 위원회에 의한 즉각적인 심사와 조치를 위해 권고 결정을 준비해야 한다. 또한 합동위원회의 주 구성원은 당해 절차에서 예정된 구두 변론에 연방통신위원회와 함께 전원이 참석해야 한다. 연방통신위원회는 합동위원회의 권고 결정이나 당해 절차에서 요구되는 추가적 결정 조치를 검토할 때 합동위원회의 주 구성원에게 당해 심의에 참여권을 보장해야 하나 의결권은 부여하지 아니한다. 합동위원회는 연방통신위원회의 3명의 위원과 주 위원회들의 전국적 조직에 의해 지명되고 연방통신위원회에 의해 승인된 4명의 주 위원들로 구성된다. 연방통신위원회의 의장 또는 연방통신위원회가 지정하는 다른 위원은 합동위원회의 의장이 된다.

제411조 [47 U.S.C. 411] 공동 소송

(a) 이 법 규정의 집행을 위한 절차에서 그러한 절차가 연방통신위원회에 의해 행해지든 아니면 연방의 어느 법원에서 원래 개시되었든 상관없이 사업자 외에 심사, 질의, 조사, 명령에 의한 요금, 규칙, 운영에 이해관계가 있거나 영향을 받는 모든 자를 당사자로 포함시키는 것은 적법하다. 그러한 추가된 당사자에 대해서는 사업자에 대해 법에 따라 승인된 것과 동일한 정도와 방법으로 그리고 동일한 규정을 적용하여 법원의 결정이 이루어질 수 있다.

(b) 금전의 지급명령 집행을 위한 소송에서 연방통신위원회가 단일 명령으로 손해배상 수령을 명할 수 있는 모든 당사자는 공동 원고가 될 수 있고 그러한 손해배상을 명령받는 사업자인 당사자 모두는 공동 피고가 될 수 있다. 당해 소송은 공동 원고 중 1인이 공동 피고 중 1인에게소송을 유지할 수 있는 지방법원에서 전체의 공동 피고에 대해 전체의 공동 원고에 의해 유지될 수 있디. 또한 그 소송이 제기된 법원에서 발견되지 않은 공동 피고 중 일부의 자에 대한 송달은 당해 사건의 피고인 사업자가 주된 사무소를 두고 있는 법원의 관할에서 이루어질 수 있다. 당해 공동 소송(joint suit)의 경우 위 원고 중 일부에게라도 그 원고에 대해 책임이 있는 것으로 판단된 경우에는 피고에게 승소 판결을 내릴 수 있다.

제412조 [47 U.S.C. 412] 제출문서의 기록, 절차에서의 사용

이 법에 의해 연방통신위원회에 제출되는 기간통신 사업자 간의 요금표, 분류, 계약, 협정, 기타 약정의 사본과 이 법에 의해 연방통신위원회에 제출된 사업자 및 기타의 자의 연차 및 기타 보고서에 포함된 통계, 표, 그리고 수치들은 연방통신위원회 서기의 보관 하에 공적인 기록으로 유지되어야 하며, 연방통신위원회에 의한 조사의 목적으로 그리고 모든 사법절차에서 당사자의 의도를 추정하기 위해 인정된다. 위에 언급된 바와 같이 공적 기록이 된 요금표, 분류, 계약, 협정, 약정의 사본은 연방통신위원회의 관인 하에 서기가 인증함으로써 원본과 동일한 증거 능력을 갖는 것으로 인정된다. 단, 그러한 계약, 협정, 약정의 공개가 외국 통신사업자와의 경쟁에서 미국 통신사업자에게 불리한 경우, 공익을 위해 연방통신위원회는 외국의 유무선 통신에 관한 계약, 협정, 약정을 비밀로 할 수 있다.

제413조 [47 U.S.C. 413] 송달대리인의 지정

연방통신위원회에 계류 중인 절차나 재심 절차에서 연방통신위원회의 모든 통지, 소송서류, 명령, 결정, 요구 사항의 송달이 해당 사업자를 대표해 이루어지도록 워싱턴 D.C. 내에 서면으로 대리인을 지정하는 것은 이 법의 적용을 받는 모든 사업자의 의무이다. 또한 연방통신위원회의 총무국에 지정을 서면으로 제출하고 지정을 변경할 때도 이와 유사한 방법으로 제출해야 한다. 송달대리인 지정 후 연방통신위원회의 모든 통지, 소송서류, 명령, 결정, 요구 사항은 그 사본을 대리인에게 워싱턴 D.C. 내의 사무실 또는 거소에 남김으로써 당해 사업자에게 개별적으로 송달한 것과 마찬가지의 효력을 가질 수 있다. 그러한 대리인 지정이 없을 경우 연방통신위원회에 계류 중인 절차나 통지, 연방통신위원회의 명령, 결정, 요구 사항의 송달은 이를 연방통신위원회의 총무국 사무실에 게시함으로써 이루어질 수 있다.

제414조 [47 U.S.C. 414] 이 법의 구제 조치는 유일한 것이 아님

이 법의 어느 부분도 보통법이나 다른 법률상의 다른 구제 수단을 축소 또는 변경하지 않으며, 이 법 규정은 그러한 구제 수단에 추가적인 것이다.

제415조 [47 U.S.C. 415] 소송의 제한

(a) 사업자의 적법한 요금 징수의 전부 또는 일부에 대한 모든 소송은 청구 원인이 발생한 때로부터 2년 내에 제기되어야 하며, 그 후에는 제기할 수 없다.

(b) 사업자에 대해 제기하는 과다 요금(overcharges) 이외의 손해배상 청구는 이 조 (d)항에 근거해 그 청구 원인이 발생한 때로부터 2년 내에 제기해야 하며, 그 후에는 제기할 수 없다.

(c) 과다 요금 반환소송은 이 조 (d)항에 근거하여 청구 원인이 발생한 날로부터 2년 내에 사업자에 대해 제기되어야 한다. 단, 과다 요금의 반환 청구가 위 2년의 소멸 시효 기간 내에 사업자에게 서면으로 제출되었다면 위 2년은 그 사업자가 그 청구의 전부 또는 일부의 불허를 청구자에게 서면으로 통지한 날로부터 진행된다.

(d) (b)항 또는 (c)항의 완성될 때까지 사업자가 그 서비스에 관해 합법적인 요금의 회수를 위해 (a)항에 따라 제소를 하거나 제소하지 않고 그 서비스 요금을 징수했다면, 시효 기간은 소송이 제기되거나 요금이 사업자에 의해 징수된 때로부터 90일간 연장된다.

(e) 생략

(f) 연방통신위원회의 금전 지급 명령의 집행에 대한 신청은 명령일로부터 1년 내에 연방 지방법원이나 주 법원에 제출되어야 한다.

(g) 이 조에서 사용되는 '과다 요금'은 연방통신위원회에 적법하게 제출된 요금표의 요금을 초과한 서비스 요금을 의미하는 것으로 본다.

제416조 [47 U.S.C. 416] 명령에 관한 규정

(a) 연방통신위원회의 모든 명령은 워싱턴 D.C. 내에 있는 사업자의 지정 대리인에게 즉각 또는 법률에 의해 제공되는 기타 방법으로 송달되어야 한다.

(b) 이 법에 달리 규정한 경우를 제외하고는, 연방통신위원회는 스스로 적절하다고 판단하는 방

식으로 통지 후 자신의 명령을 정지 또는 변경할 수 있다.

(c) 모든 당사자 그 대리인, 종업원, 재산관리인, 수탁자는 위 명령이 유효한 한 이를 준수해야 할 의무를 진다.

부록 2

「방송통신위원회의 설치 및 운영에 관한 법률」

[시행 2011.1.1] [법률 제10165호, 2010.3.22, 타법 개정]

제1장 총칙

제1조(목적) 이 법은 방송과 통신의 융합환경에 능동적으로 대응하여 방송의 자유와 공공성 및 공익성을 높이고 방송·통신의 국제경쟁력을 강화하며 방송통신위원회의 독립적 운영을 보장함으로써 국민의 권익 보호와 공공복리의 증진에 이바지함을 목적으로 한다.

제2조(운영 원칙) ① 방송통신위원회는 방송과 통신 이용자의 복지 및 보편적 서비스의 실현을 위하여 노력하여야 한다.

② 방송통신위원회는 방송·통신 기술과 서비스의 발전을 장려하며 공정한 경쟁환경의 조성을 위하여 노력하여야 한다.

③ 방송통신위원회는 방송통신사업이 공공의 이익에 부합될 수 있도록 필요한 대책을 마련하여야 한다.

제2장 방송통신위원회의 설치 등

제3조(위원회의 설치) ① 방송과 통신에 관한 업무를 수행하기 위하여 대통령 소속으로 방송통신위원회(이하 "위원회"라 한다)를 둔다.

② 위원회는 「정부조직법」 제2조에 따른 중앙행정기관으로 보되, 다음 각 호의 사항에 대하여는 「정부조직법」 제16조를 적용하지 아니한다.

1. 제12조 제1항 제2호에 따른 방송사업자의 허가·재허가·승인·등록·취소 등에 관한 사항
2. 제12조 제1항 제11호에 따른 방송 프로그램 및 방송광고의 운용·편성에 관한 사항
3. 「방송법」 제46조에 따른 한국방송공사 이사의 추천에 관한 사항
4. 「한국교육방송공사법」 제9조 및 제13조에 따른 한국교육방송공사 임원 및 이사의 임명에 관한 사항
5. 「방송문화진흥회법」 제6조에 따른 방송문화진흥회 임원의 임명에 관한 사항
6. 그 밖에 방송의 독립성 보장을 위하여 필요한 사항으로서 대통령령으로 정하는 사항

제4조(위원회의 구성 등) ① 위원회는 위원회의 위원장(이하 "위원장"이라 한다) 1인, 부위원장 1인을 포함한 5인의 상임인 위원으로 구성한다.

② 위원회 위원(이하 "위원"이라 한다)은 정무직 공무원으로 보한다.

③ 위원은 「정부조직법」 제10조에도 불구하고 정부위원이 된다.

제5조(임명 등) ① 위원장 및 위원은 방송 및 정보통신 분야의 전문성을 고려하여 다음 각 호의 어느 하나에 해당하는 자 중에서 대통령이 임명한다. 이 경우 위원장은 국회의 인사청문을 거쳐야 한다.

1. 방송학・언론학・전자공학・통신공학・법률학・경제학・경영학・행정학 그 밖에 방송・언론 및 정보통신 관련 분야를 전공한 자로서 대학이나 공인된 연구기관에서 부교수 이상의 직에 있거나 있었던 자 또는 이에 상당하는 직에 15년 이상 있거나 있었던 자
2. 판사・검사 또는 변호사의 직에 15년 이상 있거나 있었던 자
3. 방송・언론 또는 정보통신 그 밖의 관련 분야에 관한 경험이 있는 2급 이상 또는 이에 상당하는 공무원 또는 고위공무원단에 속하는 직에 있거나 있었던 자
4. 방송・언론 또는 정보통신 관련 단체나 기관의 대표자 또는 임・직원의 직에서 15년 이상 있거나 있었던 자
5. 방송・언론 또는 정보통신 분야의 이용자 보호활동에 15년 이상 종사한 경력이 있는 자

② 위원 5인 중 위원장을 포함한 2인은 대통령이 지명하고 3인은 국회의 추천을 받아 제1항에 따른 임명을 한다. 이 경우 국회는 위원 추천을 함에 있어 대통령이 소속되거나 소속되었던 정당의 교섭단체가 1인을 추천하고 그 외 교섭단체가 2인을 추천한다.

③ 부위원장은 위원 중에서 호선한다.

제6조(위원장) ① 위원장은 위원회를 대표하고 위원회의 회의를 주재하며 소관사무를 통할한다.

② 위원장은 필요한 경우 국무회의에 출석하여 발언할 수 있으며, 그 소관사무에 관하여 국무총리에게 의안의 제출을 건의할 수 있다.

③ 위원장은 국회에 출석하여 위원회의 소관사무에 관하여 의견을 진술할 수 있으며, 국회의 요구가 있을 때에는 출석하여 보고하거나 답변하여야 한다.

④ 위원장이 부득이한 사유로 직무를 수행할 수 없을 때에는 부위원장과 위원회가 미리 정한 위원 순으로 그 직무를 대행한다.

⑤ 국회는 위원장이 그 직무 집행에 있어서 헌법이나 법률을 위배한 때에는 탄핵의 소추를 의결할 수 있다.

제7조(위원의 임기) ① 위원의 임기는 3년으로 하되, 1회에 한하여 연임할 수 있다.

② 위원의 결원이 있을 때에는 결원된 날부터 지체없이 보궐위원을 임명하여야 하며, 보궐위원의 임기는 전임자의 잔임 기간으로 한다.

제8조(신분 보장 등) ① 위원은 다음 각 호의 어느 하나에 해당하는 경우를 제외하고는 그 의사에 반하여 면직되지 아니한다.

1. 장기간 심신장애로 인하여 직무를 수행할 수 없게 된 경우
2. 제10조의 결격 사유에 해당하는 경우
3. 이 법 또는 그 밖의 다른 법률에 따른 직무상의 의무를 위반한 경우
4. 이 법 또는 그 밖의 다른 법률에 따른 위원회의 소관 직무와 관련하여 부당한 이득을 취한 경우

② 위원은 직무를 수행함에 있어 외부의 부당한 지시나 간섭을 받지 않는다.

제9조(겸직 금지 등) ① 위원은 공무 외의 영리를 목적으로 하는 업무에 종사하지 못하며 다른 직무를 겸할 수 없다.

② 위원은 정치활동에 관여할 수 없다.

③ 제1항에 따른 영리를 목적으로 하는 업무의 한계에 관하여 필요한 사항은 대통령령으로 정한다.

제10조(결격 사유) ① 다음 각 호의 어느 하나에 해당하는 자는 위원이 될 수 없다.

1. 「정당법」 제22조에 따른 당원
2. 방송·통신 관련 사업에 종사하거나 위원 임명 전 3년 이내에 종사하였던 자
3. 「국가공무원법」 제33조 각 호의 어느 하나에 해당하는 자
4. 탄핵 결정에 따라 파면된 자

② 제1항 제2호에 따른 방송·통신 관련 사업에 종사하는 자의 구체적 범위는 대통령령으로 정한다.

③ 위원은 제1항 각 호의 어느 하나에 해당하게 되는 때에는 그 직에서 당연 퇴직한다.

제 3 장 위원회의 소관사무

제11조(위원회의 소관사무) ① 위원회의 소관사무는 다음 각 호로 한다.

1. 방송에 관한 사항
2. 통신에 관한 사항
3. 전파 연구 및 관리에 관한 사항
4. 그 밖에 이 법 또는 다른 법률에서 위원회의 사무로 정한 사항

② 제1항에 따른 위원회의 소관사무에 관한 세부적인 사항은 대통령령으로 정한다.

제12조(위원회의 심의·의결 사항) ① 위원회는 소관사무 중 다음 각 호의 사항을 심의·의결한다.

1. 방송·통신 기본계획에 관한 사항
2. 방송사업자의 허가·재허가·승인·등록·취소 등에 관한 사항
3. 전기통신사업자의 허가·취소 등에 관한 사항
4. 주파수의 효율적 사용에 관한 사항
5. 방송·통신 관련 기술정책의 수립에 관한 사항
6. 방송 프로그램의 유통상 공정거래 질서의 확립에 관한 사항
7. 방송·통신 서비스의 고도화 및 보편적 서비스에 관한 사항
8. 방송·통신사업자 상호 간의 공동사업이나 분쟁의 조정 또는 사업자와 이용자 간의 분쟁의 조정
9. 전기통신설비의 제공·공동 이용·상호 접속 또는 공동 사용 등이나 정보 제공에 관한 협정의 인가 등에 관한 사항
10. 방송사업자·통신사업자의 금지행위에 대한 조치 및 과징금 부과에 관한 사항
11. 방송 프로그램 및 방송광고의 운용·편성에 관한 사항
12. 방송·통신에 관한 연구·조사 및 지원에 관한 사항

13. 시청자 불만처리 및 방송・정보통신 이용자 보호・복지에 관한 사항
14. 방송・통신 관련 기금의 조성 및 관리・운용에 관한 사항
15. 방송・통신 관련 국제 협력 및 통상에 관한 사항
16. 방송・통신 관련 남북 교류・협력에 관한 사항
17. 위원회의 예산 편성 및 집행에 관한 사항
18. 소관 법령 및 위원회 규칙의 제・개정 및 폐지에 관한 사항
19. 이 법 또는 다른 법률에 따라 위원회의 심의・의결 사항으로 정한 사항

② 위원회는 제1항 제1호의 방송에 관한 사항을 심의・의결하는 경우 방송영상정책과 관련된 사항은 문화체육관광부 장관과 협의하여야 하고, 제1항 제6호의 사항을 심의・의결하는 경우에는 공정거래위원회의 의견을 들어야 하며, 제1항 제16호의 사항을 심의・의결하는 경우에는 통일부 장관의 의견을 들어야 한다.

제 4 장 위원회의 운영

제13조(회의) ① 위원회의 회의는 2인 이상의 위원의 요구가 있는 때에 위원장이 소집한다. 다만, 위원장은 단독으로 회의를 소집할 수 있다.

② 위원회의 회의는 재적 위원 과반수의 찬성으로 의결한다.

③ 위원은 의안을 제의할 수 있다.

④ 위원회의 회의는 공개를 원칙으로 한다.

⑤ 위원회는 위원회 규칙이 정하는 바에 따라 회의록을 작성・보존하여야 한다.

⑥ 위원회의 회의 운영과 관련하여 그 밖에 필요한 사항은 위원회 규칙으로 정한다.

제14조(위원의 제척・기피・회피) ① 위원이 다음 각 호의 어느 하나에 해당하는 경우에는 그 직무 집행에서 제척된다.

1. 위원 또는 그 배우자나 배우자이었던 자가 당해 사안의 당사자가 되거나 당해 사안에 관하여 공동권리자 또는 의무자의 관계에 있는 경우
2. 위원이 당해 사안의 당사자와 친족 관계에 있거나 있었던 경우
3. 위원이 당해 사안에 관하여 증언이나 감정을 한 경우
4. 위원이 당해 사안에 관하여 당사자의 대리인으로서 관여하거나 관여하였던 경우
5. 위원이 당해 사안의 대상이 된 처분 또는 부작위에 관여한 경우

② 위원회는 직권 또는 당사자의 신청에 의하여 제척의 결정을 한다.

③ 위원에게 심의・의결의 공정을 기대하기 어려운 사정이 있는 경우 당사자는 기피 신청을 할 수 있고, 위원회는 의결로 이를 결정한다. 다만, 동일한 안건에 대하여 2인 이상의 위원을 기피할 수 없다.

④ 위원이 제1항 또는 제3항의 사유가 있는 경우에는 당해 사안에 대하여 회피할 수 있다.

제15조(전문위원회 등의 설치) ① 위원회는 그 소관사무에 관하여 실무적인 자문이나 심의・의결 사항에 관한 사전 검토 또는 위원회로부터 위임받은 사무의 효율적 수행을 위하여 필요할 경우에는 위원회 소속으로 전문위원회 또는 특별위원회 등을 둘 수 있다.

② 제1항에 따른 전문위원회・특별위원회 등의 구성 및 운영 등에 관하여 필요한 사항은 대통령령으로 정한다.

제16조(연차 보고서) ① 위원회는 매 회계연도 종료일 이후 3개월 이내에 당해 회계연도의 위원회 업무 수행에 관한 보고서를 국회에 제출하여야 한다.

② 위원회는 제1항의 보고서를 공표하여야 한다.

제17조(사무조직) ① 위원회의 사무를 처리하기 위하여 위원회에 필요한 사무조직을 둔다.

② 사무조직의 직원은 방송통신 직렬의 일반직 공무원으로 하되, 대통령령이 정하는 바에 따라 방송통신 직렬 외의 공무원을 둔다.

③ 사무조직의 구성 및 운영 등에 관하여 필요한 사항은 대통령령으로 정한다.

제 5 장 방송통신심의위원회

제18조(방송통신심의위원회의 설치 등) ① 방송 내용의 공공성 및 공정성을 보장하고 정보통신에서의 건전한 문화를 창달하며 정보통신의 올바른 이용환경 조성을 위하여 독립적으로 사무를 수행하는 방송통신심의위원회(이하 "심의위원회"라 한다)를 둔다.

② 심의위원회는 9인의 위원으로 구성한다. 이 경우 심의위원회 위원장(이하 "심의위원장"이라 한다) 1인, 부위원장 1인을 포함한 3인의 위원을 상임으로 한다.

③ 심의위원회 위원(이하 "심의위원"이라 한다)은 대통령이 위촉한다. 이 경우 3인은 국회의장이 국회 각 교섭단체 대표의원과 협의하여 추천한 자를 위촉하고, 3인은 국회의 소관 상임위원회에서 추천한 자를 위촉한다.

④ 심의위원장 1인, 부위원장 1인을 포함한 상임위원 3인은 호선하고, 보수 등 처우에 관하여 필요한 사항은 심의위원회 규칙으로 정한다.

⑤ 심의위원의 임기는 3년으로 하되, 1회에 한하여 연임할 수 있다. 다만, 사고로 결원이 생긴 경우에 위촉되는 보궐 심의위원의 임기는 전임자의 잔임 기간으로 한다.

⑥ 심의위원장이 부득이한 사유로 직무를 수행할 수 없는 때에는 부위원장, 심의위원회가 미리 정한 심의위원 순으로 그 직무를 대행한다.

⑦ 심의위원회의 구성과 운영에 관하여 그 밖에 필요한 사항은 대통령령으로 정한다.

제19조(심의위원의 결격 사유) ① 다음 각 호의 어느 하나에 해당하는 자는 심의위원이 될 수 없다.

1. 「국가공무원법」 제2조 또는 「지방공무원법」 제2조에 따른 국가공무원 또는 지방공무원. 다만, 「교육공무원법」 제2조 제1항에 따른 교육공무원이나 「법원조직법」 제4조 또는 제5조에 따른 대법관 또는 판사의 경우를 제외한다.
2. 「정당법」 제22조에 따른 당원
3. 방송・통신 관련 사업에 종사하는 자
4. 「국가공무원법」 제33조 각 호의 어느 하나에 해당하는 자

② 제1항 제3호에 따른 방송・통신 관련 사업에 종사하는 자의 구체적 범위는 대통령령으로 정한다.

제20조(심의위원의 신분 보장 등) ① 심의위원은 직무를 수행함에 있어 외부의 부당한 지시나 간섭을 받지 아니한다.

② 심의위원의 신분 보장에 관하여는 제8조 제1항을 준용한다. 이 경우 동항 제2호 중 “제10조”는 “제19조”로 본다.

③ 심의위원장, 부위원장 등 상임인 위원의 겸직 금지 등에 관하여는 제9조를 준용한다.

제21조(심의위원회의 직무) 심의위원회의 직무는 다음 각 호와 같다.

1. 「방송법」 제32조에 규정된 사항의 심의
2. 「방송법」 제100조에 따른 제재 조치 등에 대한 심의·의결
3. 「정보통신망 이용 촉진 및 정보 보호 등에 관한 법률」 제44조의7에 규정된 사항의 심의
4. 전기통신 회선을 통하여 일반에게 공개되어 유통되는 정보 중 건전한 통신윤리의 함양을 위하여 필요한 사항으로서 대통령령이 정하는 정보의 심의 및 시정 요구
5. 전기통신 회선을 이용하여 유통되는 정보의 건전화에 관한 사항
6. 심의위원회의 사업계획·예산 및 결산에 관한 사항
7. 심의위원회 규칙의 제정·개정 및 폐지에 관한 사항
8. 다른 법령에 의하여 심의위원회의 심의 사항으로 정한 사항

제22조(회의 등) ① 심의위원회의 회의는 정기회의와 임시회의로 구분한다.

② 심의위원회의 회의는 공개한다. 다만, 공개하는 것이 적절하지 않은 상당한 이유가 있는 경우에는 심의위원회의 의결로 공개하지 않을 수 있다.

③ 심의위원회의 회의는 재적 위원 과반수의 출석과 출석 위원 과반수의 찬성으로 의결한다.

④ 심의위원회는 그 소관 직무 중 일부를 분담하여 효율적으로 수행하기 위하여 소위원회를 두거나 특정한 분야에 대한 자문 등을 수행하기 위하여 특별위원회를 둘 수 있다.

⑤ 심의위원회의 회의 운영, 소위원회 또는 특별위원회의 구성 및 운영에 관하여 그 밖에 필요한 사항은 대통령령으로 정한다.

제23조(심의위원의 제척·기피·회피) 심의위원의 제척·기피·회피에 관하여는 제14조를 준용한다. 이 경우 “위원”은 “심의위원”으로 본다.

제24조(심의 규정의 제정·공표 등) 심의위원회는 제21조에 정한 직무를 수행함에 필요한 다음 각 호의 심의 규정을 제정·공표한다.

1. 「방송법」 제33조에 따른 방송 심의에 관한 규정
2. 제21조 제3호 및 제4호를 심의하기 위한 정보통신에 관한 심의 규정

제25조(제재 조치 등) ① 심의위원회는 방송 또는 정보통신의 내용이 제24조의 심의 규정에 위반된다고 판단하는 경우에는 다음 각 호의 어느 하나의 제재 조치 등을 정할 수 있다.

1. 「방송법」 제100조 제1항에 따른 제재 조치·권고 또는 의견 제시
2. 「정보통신망 이용 촉진 및 정보보호 등에 관한 법률」 제44조의7에 따른 불법정보 유통에 대한 취급의 거부·정지 또는 제한

② 심의위원회는 제1항의 제재 조치를 정하려는 때에는 미리 당사자 또는 그 대리인에게 의견을 진술할 기회를 주어야 한다.

③ 심의위원회는 제1항의 제재 조치를 정한 때에는 위원회에 지체없이 제재 조치의 처분을

할 것을 요청하여야 한다.

④ 심의위원장은 제21조 제1호 내지 제4호에 따른 직무를 수행하기 위하여 필요한 경우에는 방송사업자 또는 「정보통신망의 이용 촉진 및 정보보호 등에 관한 법률」 제2조 제1항 제3호의 정보통신 서비스 제공자에게 관련 자료의 제출을 요구할 수 있다.

⑤ 위원회는 제3항에 따라 심의위원회로부터 제재 조치의 처분을 요청받은 때에는 「방송법」 또는 「정보통신망의 이용 촉진 및 정보보호 등에 관한 법률」이 정하는 바에 따라 해당 사업자 등에 대하여 그 제재 조치의 처분을 명령하여야 한다.

제26조(사무처) ① 심의위원회의 사무를 처리하기 위하여 심의위원회에 사무처를 둔다.

② 사무처에 사무총장 1인과 필요한 직원을 두되, 심의위원장이 임명한다.

③ 사무처의 조직에 관하여 필요한 사항은 대통령령으로 정하고, 그 운영과 보수 등에 관하여 필요한 사항은 심의위원회 규칙으로 정한다.

④ 심의위원, 사무총장, 그 밖의 사무처 직원은 「형법」 또는 다른 법률에 따른 벌칙 적용에 있어서는 각각 공무원으로 본다.

제27조(청렴 및 비밀 유지 의무) ① 심의위원, 제22조에 따른 특별위원, 제26조 제2항에 따른 사무처의 직원은 이 법에 따라 심의를 받는 방송·정보통신 관련 사업에 종사하는 자로부터 금품 그 밖의 이익을 제공받아서는 아니 된다.

② 심의위원, 제22조에 따른 특별위원, 제26조 제2항에 따른 사무처의 직원 또는 그 직에 있었던 자는 직무상 알게 된 정보를 타인에게 누설하거나 직무상 목적 외에 사용하여서는 아니 된다.

제28조(예산) 국가는 다음 각 호의 기금 또는 국고에서 심의위원회의 운영 등에 필요한 경비를 지급할 수 있다. <개정 2009.5.22, 2010.3.22>

1. 「방송통신발전기본법」 제24조에 따른 방송통신발전기금
2. 「정보통신산업진흥법」 제41조에 따른 정보통신진흥기금
3. 그 밖에 대통령령으로 정하는 기금

제29조(심의위원회 규칙) 심의위원회는 제21조 제7호에 따라 심의위원회 규칙을 제정·개정·폐지하려는 때에는 20일 이상의 예고와 심의위원회의 의결을 거쳐야 한다. 이 경우 심의위원회는 이를 관보에 게재·공표하여야 한다.

부칙 <제10165호, 2010.3.22> (방송통신발전기본법)

제1조(시행일) 이 법은 공포 후 6개월이 경과한 날부터 시행한다. 다만, …<생략>…, 부칙 제6조 제1항, 같은 조 제2항(제36조부터 제40조까지, 제69조 제8항 및 제89조 제3항의 개정 규정에 한한다)부터 제5항까지 및 같은 조 제7항·제8항 및 제10항은 2011년 1월 1일부터 시행한다.

제2조부터 제5조까지 생략

제6조(다른 법률의 개정) ① 및 ② 생략

③ 방송통신위원회의 설치 및 운영에 관한 법률 일부를 다음과 같이 개정한다.

제28조 제1호를 다음과 같이 한다.

1. 「방송통신발전 기본법」 제24조에 따른 방송통신발전기금

④부터 ⑩까지 생략

제7조 생략

참고 문헌

국내 문헌

강승식(2002). "미국에서의 독립규제위원회와 권력분립", 「한양법학」 제13집, 287-321면.

———(2007). 『미국 헌법학 강의』, 궁리.

강재원 · 이상우(2006). "방송 · 통신 융합서비스의 규제 방향: IPTV에 대한 규제를 중심으로", 「한국방송학보」 제20권 제2호, 7-43면.

강주영(2010). "예산의 공법적 함의: 예산법률주의를 중심으로", 「동아법학」 제48호, 105-134면.

강형철(2004). 『공영방송론』, 나남.

계경문(2009). "방송통신위원회의 법적 지위와 권한", 「외법논집」 제33권 제2호, 347-378면.

고동희(2008). "방송통신위원회의 출범 의의 및 규제업무 개선 방안", *Hanyang Business Review* 제20권, 11-23면.

고민수(2005.10.8). "독립행정위원회의 헌법적 정당성: 방송위원회의 법적 지위의 체계정당성을 중심으로", 「한국행정학회 2005년 추계학술대회 발제문」.

———(2006). "방송 · 통신 융합과 입법적 과제", 「공법연구」 제34집 제4호 제1권, 93-118면.

고수자(2005). "디지털 시대의 방송 자유와 규제에 관한 연구: 독일 연방헌법재판소의 방송 판결을 중심으로", 「사회이론」 제28호, 39-69면.

고홍길(2008). "방송통신 융합 걸맞은 기본 체제 마련", 「국회보」 제502호, 34-35면.

공용배 · 손승우 · 지성우(2006). 『방송통신의 법제적 개념 정립 방안』, 방송위원회.

곽상진(2001). "공영방송의 급부활동과 헌법적 한계", 「헌법학연구」 제7권 제3호, 111-145면.

구광모(1989). "미연방통신위원회의 구조적 특성과 교훈", 「중앙법학」 제14집,

161-190면.
국회입법조사처(2007). 『정부위원회의 조직개편 방향』, 국회.
권영성(2011). 『헌법학원론』, 박영사.
권오상(2008). "위원회 조직으로서 FCC에 대한 고찰", 「정보통신정책연구」 제20권 제14호, 22-42면.
권형둔(2004). "공영방송의 기본 공급이론과 인터넷", 「공법연구」 제33집 제1호, 349-372면.
김광웅(2004). 『비교행정법』, 박영사.
김국진(2007a). 『방송통신 융합의 이해(개정판)』, 나남.
———(2007b). "방송통신위원회 논의의 한계와 개선 방안", 「방송문화연구」 제15권 제1호, 9-34면.
김권집 · 박수정(2005). 『한국행정조직론』, 이화.
김대규(2010). 『방송위원회와 정보통신부의 통합과정 사례연구』, 석사학위 논문(서울대).
김대규 · 윤석민(2010). "방송위원회와 정보통신부의 통합 과정: 인사와 조직문화를 중심으로", 「한국방송학보」 제24-3호, 50-97면.
김대식(2008). "〈방송통신위원회〉 시대의 방송정책과제에 관한 연구: 규제기구의 법리적 문제를 중심으로", 「방송연구」 제66호, 23-47면.
김도연(2006). "방송통신 융합 추진 방향", 「방송과 콘텐츠」 제3호, 102-121면.
김동욱(1999). "통신방송 융합에 대응하는 방송통신위원회의 설계에 관한 연구", 「한국정책학보」 제8권 제2호, 205-230면.
———(2006.9.27). "행정 기능의 분류와 행정조직", 「방송통신융합추진위원회 기구법제분과위원회 워크숍 발제문」.
———(2008). 『새 정부조직설계』, 법문사.
———(2009). "융합과 경쟁 환경에서의 방송통신 규제정책", *Telecommunications Review* 제19권 제1호, 40-50면.
김명환 · 강제상(2010). "정부위원회 분류체계의 재정립을 통한 유형화", 「사회과학연구」 제35권 제1호, 1-26면.
김민전 역(1997). "미국의 연방 예산과정", 「국회사무처 법제예산실 예산정책자료」 제97-01호.
김민호 · 지성우(2010). 『정보법의 의의와 과제』, 한국정보화진흥원.
김백유(2010). 『헌법학(II)』, 조은.
김성수(1990). "특별부담금의 개념과 정당화 문제", 「한독법학」 제8권, 465-474면.
———(2003). "특별부담금의 정당화 문제", 「공법연구」 제31집 제3호, 217-239면.
김성현(2010). 『방송통신위원회의 법적 지위: 행정조직과 권한 통제 상의 문제점을 중심으로』, 석사학위 논문(연세대).
김영주(2008). “방송·통신의 융합과 규제기구의 일원화”, 「국회도서관보」 제45권 제4호, 6-17면.
김유환(1994). “행정위원회제도에 관한 연구: 미국의 독립규제위원회에 관한 논의를 배경으로”, 「미국헌법연구」 제5권, 123-167면.
―――(2005). “통신·방송규제를 위한 행정위원회의 조직과 운영절차”, 「정보법학」 제9권 제1호, 181-199면.
김일환·김민호(2007). “개인 정보보호기구 법제 정비의 원칙과 방향에 관한 공법 체계적 고찰”, 「토지공법연구」 제36집, 255-280면.
김정기(2003). 『전환기의 방송정책: 미국 FCC 정책과의 비교분석』, 한울.
김정섭·박주연(2011). “방송통신위원회(KCC)의 미디어 규제 이념에 관한 연구: ‘방송통신위원회 설치 및 운용에 관한 법률’ 내용분석”, 「한국방송학보」 제25권 제6호, 204-247면.
김정태(2010). 『방송법 해설』, 커뮤니케이션북스.
김종석·김태윤(2004). 『독립규제위원회의 발전 방향』, 한국경제연구원.
김준억(2007). “방송통신위 설치법안의 의미와 전망”, 「방송문화」 제304호, 34-41면.
김창규(2007). “방송통신통합위원회 설립 방안 논의의 점검과 개편 방향”, 「여의도저널」 제10호, 7-26면.
김철수(2007). 『헌법학개론』, 박영사.
김형성(2005). 『헌법학』, 일진사.
김호정(2007). “대통령 소속 위원회 운영과 행정조직 법정주의”, 「외법논집」 제27집, 501-525면.
김희수 외(2002). 『미국의 1996년 통신법 개정의 영향 분석(Ⅰ), (Ⅱ)』, 정보통신정책연구원.
디지털 컨버전스 미래포럼(2010). 『디지털 컨버전스의 미래 이슈와 미디어 정책』.
류지태·박종수(2012). 『행정법신론』, 박영사.
명승환·이용훈 외(2011). 『행정학개론』, 아카데미북.
문재완(2008). 『언론법』, 늘봄.
박상원(2009). “방송통신위원회 조직 출범에 대한 조직 형성과정 분석: 김대중 정부와 노무현 정부의 논의 과정 비교를 중심으로”, 「국가정책연구」 제23권 제3호, 115-163면.
박상인 외(2011). 『바람직한 방송통신 정책 주관 정부조직에 관한 연구』, 이용경 의원실.
박석희·정진우(2004). “합의제 행정기관 현황분석과 유형 분류에 관한 연구”, 「행정논총(서울대)」 제42권 제4호, 163-187면.
박선영(2002). 『언론정보법 I』, 법문사.
박숙자(2001). "여성부 신설에 따른 국회 차원의 대응과 여성 관련 입법활동", 「의정연구」 제7권 제2호, 222-228면.
박용상(1988). "미국 연방통신위원회에 관한 고찰", 「법조」 제384호, 1-34면.
박지웅 · 이지은(역)(2007). 『우리가 싫어하는 생각을 위한 자유』, 간장[원저: Lewis, Anthony(2007), *Freedom for the Thought That We Hate: A Biography of the First Amendment*, New York: Basic Books].
박진현(2001). "미국의 심사수수료 및 규제수수료 제도", 「정보통신정책」 제13권 제21호, 58-59면.
박천오 외(2000). "Kingdon모형을 통해서 본 여성부 신설 과정", 「정부행정」 제1권, 121-139면.
백기복(2004). 『조직행동연구(제3판)』, 창민사.
백완기(2007). 『행정학』, 박영사.
서성아(2011). "독립규제기관의 독립성이 조직성과에 미치는 영향: 공정거래위원회를 중심으로", 「한국행정학보」 제45권 제2호, 241-267면.
설원태(2008). "미디어정책 기구 개편: 공정경쟁과 규제 완화가 핵심", 「신문과 방송」 제447호, 22-25면.
성낙인(1998). 『언론정보법』, 나남.
———(2011). 『헌법학』, 법문사.
송종길(2001a). "미국 FCC보고서 '디지털 전환 시기의 TV의 공익의무' (I)", 「해외산업동향」 제123권.
———(2001b). "미국 FCC보고서 '디지털 전환 시기의 TV의 공익의무' (II)", 「해외산업동향」 제124권.
신영진 · 김성태(2008). "방송 · 통신 융합의 추진 과정과 발전 방안에 관한 연구: 이해관계자 중심의 네트워크 분석과 AHP 분석을 중심으로", 「정책분석평가학회보」 제18권 제2호, 175-203면.
안정민(2006). 『방송규제와 방송행정기관에 관한 공법적 고찰』, 박사학위 논문(연세대).
———(2008). "미국 연방통신위원회(Federal Communications Commission)의 설립과 운용 과정: 독립규제기관의 성격과 그 통제 수단을 중심으로", 「언론과 법」 제7권 제1호, 269-308면.
염수현 · 지성우 외(2008). 『방송통신 분쟁조정 관련 법제도 개선 방안 연구』, 정보통신정책연구원.
오병철 외(2011). 『FCC 의사결정 과정과 의사제도 조사』, 방송통신위원회.

오석홍(1995, 2008). 『행정개혁론』, 박영사.

우윤석(2005). “정부생산성 향상을 위한 대통령 자문위원회의 위상과 문제점에 관한 연구”, 「생산성논집」 제19권 제4호, 103-129면.

유영옥(1997). 『행정조직론』, 학문사.

유해종 외(1993). 『행정학대사전』, 고시원.

윤석민(2004). “IPTV의 국내외 도입 현황과 정책상의 쟁점들”, 한국정보법학회. 『IP 미디어 신상품의 성공적 시장진입을 위한 전략 연구』.

윤석민·이현우(2008). “이명박 정부 하의 방송통신 정책결정 체계 재편과 방송정책의 변화 방향”, 「방송문화연구」 제20권 제1호, 35-68면.

윤수진(2004). 『방송·통신 융합의 법적 연구』, 박사학위 논문(고려대).

이기한(1995). “미국의 독립규제위원회의 규제행정 연구: 규제행정의 경제적 효과 분석을 중심으로”, 「법학논총(단국대)」 제4권, 71-92면.

이남표(2012.3.23.). “방송개혁 과제의 검토와 제안”, 「미디어공공성포럼 토론회 발제문」.

이상규(2001). 『미국행정법』, 법문사.

이상식(2001). “방송환경 변화에 따른 방송·통신법제 연구”, 방송위원회(편), 『방송·통신 융합에 대비한 규제기구 체계 수립 방안』.

이상직(1998). 『통신법개론』, 진한도서.

이성중(2006). 『미연방통신위원회의 전파 관련 조직과 역할』, 한국전파진흥원.

이승선(1999). “매체 융합 서비스에 대한 할거주의적 관할권 경쟁 연구”, 「방송학보」 제13호, 267-308면.

이영주(2007.7.11). “공영방송 정책론의 단절: 쁘띠 부르주아 언론장의 문제”, 「크로스 미디어/채널 환경에서의 공영방송의 선택과 좌표(언론개혁시민연대 세미나 발제문)」.

이용경(2008). 『미디어 소유규제 어떻게 논의할 것인가?: 미국 FCC의 정책 논의과정 분석』, 2008 국정감사 정책보고서, 국회.

이욱한(2004). “독일 연방헌법재판소의 TV방송 판결에 관한 소고”, 「공법학연구」 제5권 제3호, 381-409면.

이원우(2009). “행정조직의 구성 및 운영절차에 관한 법원리: 방송통신위원회의 조직 성격에 따른 운영 및 집행절차를 중심으로”, 「경제규제와 법」 제2권 제2호, 96-119면.

이원철(2010). “미국연방통신위원회(FCC) 집행국 조직과 사무”, 「전파방송통신저널」 제26호, 60-67면.

———(2011). 『해외 주요국 방송·통신 융합 관련 법제 개관(2)』, 한국방송통신전파진흥원.

이익현 외(2010). 『미국 행정법개론』, 한국법제연구원[원저: Strauss, Peter L(1989). *Introduction to Administrative Justice in the United States,* Durham: Carolina Academic Press].

이종범(1999). “개혁 딜레마와 조직의 제도적 대응: 행정쇄신위원회의 조직화 규칙과 전략”, 「정부학연구」 제5권 제1호, 185-227면.

이종수 · 윤영진(2005, 2008). 『새행정학』, 대영문화사.

이창원(2007). “참여정부 이후 정부의 조직개편안 통합 논의”, 「한국조직학보」 제4권 제2호, 19-66면.

이희정(2007). “통신규제법 집행 과정의 비교연구: 통신위원회와 영국의 Ofcom”, 「법학논총」 제24집 제3호, 183-210면.

———(2009). “방송통신위원회의 재정제도에 관한 연구: 그 법적 성격과 기능을 중심으로”, 「행정법연구」 제24호, 23-54면.

———(2010). “방송통신위원회의 법집행 절차 개선 방향에 관한 연구: 행정절차에 대한 대심주의 접목의 의의와 방식을 중심으로”, 「경제규제와 법」 제3권 제1호, 184-227면.

이희정 외(2009). 『해외 방송통신 규제기구 심판관리제도 연구 I(북미)』, 방송통신위원회.

임동욱(2009.4.10). “방송통신위원회 출범 1주년 평가”, 「미디어 공공성 포럼 세미나 발제문」.

임승순(2005). 『조세법』, 박영사.

임준 · 정경오 · 황주연(2010). 『방송통신 진화에 따른 규제 체계 고도화 방안 연구: 사후규제를 위한 Solution과 이행 방안을 중심으로』, 정보통신정책연구원.

장용근(2005). 『예산의 법적 성격 및 예산통제에 관한 연구』, 한국법제연구원.

정보통신부(2004). 『국민소득 2만불로 가는 길: IT839전략』.

정보통신정책연구원(2004). 『통신서비스 산업과 방송산업의 균형 발전 방안 연구』.

———(2005). 『KISDI 이슈 리포트』 05-02.

———(2007). 『분쟁조정의 유형과 절차』, 정보통신정책연구원 내부 연구자료.

정용준(2008). 『이명박 정부의 방송정책과 방송통신위원회의 독립성, 새 정부의 방송정책 방향성 모색: 방송구조 개편, 방통 융합, 탈규제 공정경쟁』, 한국방송학회 연구보고서.

정윤식(2004). “통신방송 융합법제 및 정책분석”, 「정보통신정책연구」 제11권 제3호, 49-87면.

정인숙(2005). 『방송통신 융합형 서비스의 도입에 따른 규제모델 연구』, 한국언론학회 연구보고서.

———(2009). 『방송산업과 정책의 이해(3차 개정판)』, 커뮤니케이션북스.

정재황(2010). 『신헌법입문』, 박영사.

정종섭(2011). 『헌법학원론』, 박영사.

정종섭・황승흠・황성기(2005). 『국가재정에 관한 국회의 기능 강화 방안에 관한 연구』, 국회예산결산특별위원회 연구보고서.

정하명(2003). "미국 행정법상의 독립규제위원회의 법적 지위", 「공법연구」 제31집 제3호, 141-163면.

정호경(2007). "통신위원회 재정(裁定)의 법적 성격과 불복 방법", 「법학논총(한양대)」 제24집 제2호, 217-239면.

조상희(2009). "미국 연방통신위원회(FCC)의 신문・방송 겸영 허용 결정 검토", 「행정법연구」 제21호, 165-187면.

조석준・임동빈(2010). 『한국행정조직론』, 법문사.

조성국(2006). "독립규제기관의 사건처리절차: 미국 FTC 사건처리절차를 중심으로", 「행정법연구」 제9권 제2호, 105-126면.

조소영(2009). "독립규제위원회의 전문성 제고를 위한 시스템에 관한 연구: 방송통신위원회의 기능과 역할을 중심으로", 「공법학연구」 제10권 제1호, 475-500면.

―――(2010). 『주요 국가의 방송통신법제에 관한 비교법적 연구(Ⅵ): 미국』, 법제연구원.

조순용(2005). 『방송정책 및 규제기구 변화에 관한 고찰: 김대중 정부의 방송정책을 중심으로』, 석사학위 논문(건국대).

지성우(2003). "방송허가제의 헌법적 근거와 문제점에 관한 연구", 「토지공법연구」 제20집, 245-263면.

―――(2004). "방송과 유사방송 서비스의 규제에 관한 연구", 「헌법학연구」 제10권 제1호, 381-412면.

―――(2005). "멀티미디어 시대에 있어 방송 개념의 가변성에 관한 연구", 「성균관법학」 제17권 제3호, 115-140면.

―――(2008a). "방송・통신 융합에 따른 행정기구 개편 과정의 회고와 전망", 「성균관법학」 제20권 제1호, 35-63면.

―――(2008b). "방통융합 시대의 국가기간방송의 운영 체계", 「언론과 법」 제7권 제1호, 175-216면.

최우정(2008). "'방송통신위원회 설치 및 운영에 관한 법률'에 대한 법리적 문제점에 관한 연구: 공영방송을 중심으로", 「방송문화연구」 제20권 제1호, 187-218면.

최정일(2008). "일반경쟁 규제기관과 산업별 전문 규제기관의 역할 배분에 관한 소고", 「디지털 미디어트렌드」 제27호, 5-22면.

최창호 · 하미승(2010). 『새행정학개론』, 삼영사.
한국방송광고공사(2004). 『방송통신 융합과 방송정책 추진체계 개편 연구』.
한국방송진흥원(2001). 『방송 · 통신 융합시대 정책일원화를 위한 규제 · 정책기구 개편 방안』.
한국방송협회(2009). 『방송통신융합과 미디어법제 연구』.
한국헌법학회(2007). 『헌법주석서』, 법제처.
한수웅(2011). 『헌법학』, 법문사.
함인선(2010). "디지털시대의 정보통신법제의 현황과 과제 : 방송통신위원회를 중심으로 하여", 「법학논총(전북대)」 제30집 제2호, 427-449면.
허만섭(2010). "방송통신위원회의 조직진단문서: 방통위는 비전 부재, 정체성 혼란, 업무비효율, 극심한 사기 저하 앓고 있다", 「신동아」 제609호, 88-95면.
허 영(2001). 『헌법이론과 헌법』, 박영사.
———(2011). 『한국헌법론』, 박영사.
홍선기 · 황근(2005.2.16). "방송 · 통신 융합에 대비한 정부정책 평가", 「방송 · 통신 융합의 정책 이념과 실제(뉴미디어방송협회 주관 세미나 발제문)」.
홍성방(2010). 『헌법학(하)』, 박영사.
홍정선(2012). 『행정법원론(하)』, 박영사.
홍준형(2011). 『행정법』, 법문사.
황근(2008a). "기능과 직무: 애매모호한 역무 구분 부처 간 갈등 개연 가능성", 「신문과 방송」 제447호, 42-47면.
———(2008b). "방송통신위원회의 구조와 역할에 대한 평가 연구", 「미디어경제와 문화」 제6-3호, 169-211면.
황영호 · 장용석(2011). "정부의 정책사업과 정부조직 간 네트워크 분석: 노무현 정부와 이명박 정부 비교를 중심으로", 「한국정책학보」 제20권 제3호, 31-62면.
황주성(2011). 『디지털 컨버전스의 글로벌 트렌드와 정책 시사점』, 정보통신정책연구원.
황주성 외(2010). 『컨버전스미디어 지형분석』, 정보통신정책연구원.

국외 문헌

Allen, Louis A.(1958). *Management and Organization*, New York: McGraw-Hill.

Alvarez, Michael R. & Thad, Hall E.(2006). "Controlling Democracy: The Principal-Agent Problems in Election Administration", *The Policy Studies Journal* 34(4): 491-510.

Banks, Jeffrey S. & Weingast, Barry R.(1992). "The Political Control of Bureaucracies under Asymmetric Information", *American Journal of Political Science* 36(2): 509-524.

Bethge, Herbert(1987). *Der Verfassungsrechtliche Standort des öffentllich-rechtlichen Rundfunks*, Metzner: Frankfurt.a.M.

Breyer, Stephen G. & Stewart, Richard B.(1985). *Administrative Law and Reglatory Policy: Problem text and cases*(2nd ed.), New York: Aspen Law & Business.

Broadcasting Research Unit(1986). *The Public Service Idea in British Broadcasting: Main Principle*, London: BRU.

Bullinger, Martin(1980). *Kommunikationsfreiheit im Strukturwandel*, Baden-Baden: Nomos Verlag.

Carter, Lief H. & Harrington, Christine B.(2000). *Administrative Law and Politics,* New York: Longman Publishing Group.

Choper, Jesse et al.(2007). *Constitutional Law: cases, comments, question* (10th ed.), St Paul: Thomson & West.

Coase, Ronald H.(1959). "The Federal Communications Commission", *The Journal of Law & Economics,* Vol. 2, 1-40.

CRS(2008). *Congressional Review of Agency Rulemaking: An Update and Assessment of the Congressional Review after a Decade,* Washington: CRS.

Denhardt, Robert B. & Grubbs, Joseph W.(2003). *Public Administration: An Action Orientation*, Thomson Wadsworth: Belmont.

FCC(2001). *Report to congress: On the Public Interest Obligation of Television Broadcaster as the Transition to Digital Television,* Washington: FCC.

———(2004). *About FCC*, Washington: FCC.

———(2009). *Strategic Plan 2009-2014*, Washington: FCC.

———(2011). *Fiscal Year 2012 Budget Estimates Submitted to Congress*, Washington: FCC.

Fraleigh, Douglas M. & Tuman, Joseph S.(2011). *Freedom of Expression in the Marketplace of Ideas*, Thousand Oaks: Sage.

GAO(2010). *FCC Management: Improvement Needed in Communication, Decision-Making Process and Workforce Planning*, Washington: GAO.

Garcia-Murillo, Martha & MacInnes, Ian(2001). "FCC organizational structure and regulatory convergence", *Telecommunications Policy* 25(6): 431-452.

Geradin, Damien(2001). "Regulatory Issues Raised by Network Convergence: The Case of Multi-Utilities," *Journal of Network Industries* 2: 113-126.

Gilardi, Fabrizio(2002). "Policy Credibility and Delegation to Independent Regulatory Agencies: A Comparative Empirical Analysis", *Journal of European Public Policy* 9(6): 873-893.

Herrmann, Günter(2004). *Rundfunkrecht*(2. Aufl.), München: C.H.Beck.

Hickman, Kristin E. & Pierce, Jr. Richard J. (2010). *Federal Administrative Law*, New York: Thomson Reuters & Foundation Press.

Huber, Peter William, Kellogg, Michael K., & Thorne, John(1999). *Federal Telecommunications Law*(2nd ed.), New York: Aspen Law & Business.

Isensee, Joseph & Kirchhof, Paul(2001). *Handbuch des Staatsrechts der Bundesrepublik Deutschland Bd. IV*, C. F. Müller: Kalrsruhe.

Jarras, Hans D. & Pieroth, Bodo(2007). *Grundgesetz(9. Aufl.)*, München: C. H. Beck.

Lemay, Michael C.(2002). *Public Administration*, Thomson Wadsworth: Belmont.

Lepawsky, Albert(1955). *Administration: The Art and Sciense of Organization and Management*, New York: Knopf.

Löffler, Martin & Ricker, Reinhant(2000). *Handbuch des Presserechts*(4. Aufl.), München: C. H. Beck.

Mashaw, Jerry L. et al.(1998). *Administrative Law: The American Public Law System*, Berkley: Publishers West Group.

McQuail, Dennis(1995). "Western European Media: The Mixed Model under Threat", in Downing, John et al., *Questioning Media: A Critical Introduction*, Thousand Oaks: Sage.

McTaggart, Craig(2003). "A Layered Approach to Internet Legal Analysis", *McGil Law Journal* 48: 571-625.

Moe, Terry(1982). "Regulatory Performance and Presidential Administration",

American Journal of Political Science 26(2): 197-224.
Napoli, Philip M.(2001). *Foundations of Communications Policy: Principles and process in the regulation of elctronic media*, Cresskill, NJ: Hampton Press.
Pfiffnner, John M. & Prethus, Robert V.(1946). *Public Administration*, New York: The Ronald Press.
Pfiffner, John M. & Sherwood, Frank P.(1960). *Administrative Organization*, Englewood Cliffs, NJ: Prentice-Hall.
Ricker, Reinhart & Schiwy, Peter(1997). *Rundfunkverfassungsrecht*, München: C. H. Beck.
Rossum, Ralph A. & Tarr, Alan G.(2007). *American Constitutional Law*(7th ed.), Belmont: Thompson Wardsworth.
Sachs, Michael(2002). *Verfassungsrecht II—Grundrechte*(2. Aufl.), Heidelberg: Springer Verlag.
Sarat, Austin(2010). *Speech and Silence in American Law*, New York: Cambridge University Press.
Shafritz, Jay M. & Hyde, Albert C.(2007). *Classics of Public Administration*, Thomson Wadsworth: Belmont.
Stern, Klaus(2006). *Das Staatsrecht der Bundesrepublik Deutschland Bd. IV/1*, München: C. H. Beck.
Stern, Klaus & Bethge, Herbert(1968). *Funktionsgerechte Finanzierung der Rundfunkanstalten durch den Staat*, München: C. H. Beck.
Stock, Martin(1981). *Zur Theorie des Koordinationsrundfunks*, Baden-Baden: Nomos Verlag.
Sunstein, Cass R.(1990). *After the Rights Revolution—Reconceiving the Regulatory State*, Cambridge: Harvard University Press.
Urwick, Loenard D. (1955). *Introduction to the Study of Public Administration*, New York: Macmillan.
Urwick, Lyndall(1938). *Scientific Principles and Organization*, New York: American Management Association.
Vigoda-Gadot, Eran(ed.)(2002). *Public Administration: an interdisciplinary critical analysis*, New York: Marcel Dekker.
Waterman, Richard W. & Meier, Kenneth J.(1998). "Principal-Agent Models: An Expansion?", *Journal of Public Administration Research and Theory* 8(2): 173-202.

Weingast, Berry R.(1984). "The Congressional Bureaucratic System: A Principal Agent Perspective", *Public Choice* 44: 147-191.

White, Leonard D.(1955). *Introdction to the study of public administration*, New York: Macmillan.

Wieland, Joachim(1984). *Die Freiheit des Rundfunks*, Berlin: Dunker & Humbolt.

Wiley, Jr. John S.(1986). "A Capture Theory of Antitrust Federalism", *Harvard Law Review* 99(4): 713-789.

Worsham, Jeff & Gatrell, Jay(2005). "Multiple Principals, Multiple Signals: A Signaling Approach to Principal-Agent Relations," *Policy Studies Journal* 33(3): 363-376.

Zuckman, Harvey(1999). *Modern Communication Law,* West Group: St. Paul.

찾아보기

저자 소개

지성우

[학력 및 경력]

- 성균관대학교 법학사/석사
- 독일 만하임대학교 법학석사/박사
- 현 성균관대학교 법학전문대학원 부교수
- 방송위원회 연구센터 연구위원
- 방송통신융합추진위원회 전문위원
- 방송통신위원회 주파수정책자문위원
- 한국헌법학회 이사
- 유럽헌법학회 연구이사
- 언론법학회 기획이사

[대표 논문]

- "방송통신의 법제적 개념 재정립 방안"
- "방송의 자유의 입법 형성 기준에 관한 연구" 등 다수

정보통신행정연구소 연구총서	3
방송통신 정책과 조직	

한국 방송통신위원회와 미국 연방통신위원회(FCC)에 대한 비교법적 연구

펴낸날 / 제1판 제1쇄 2011년 12월 30일
지은이 / 지성우
펴낸이 / 임춘환
펴낸곳 / 도서출판 대영문화사
주소 / 서울 용산구 청파동 1가 178-2 ㉾ 140-869
등록 / 1975년 12월 26일 제3-16호
전화 / (02)716-3883, (02)714-3062
팩시밀리 / (02)703-3839
우체국 온라인 / 011353-02-009106

ISBN 978-89-7644-398-4
ISBN 978-89-7644-395-3(세트)

〔값 15,000원〕